日本の裏金

【上】首相官邸・外務省編

古川利明［著］

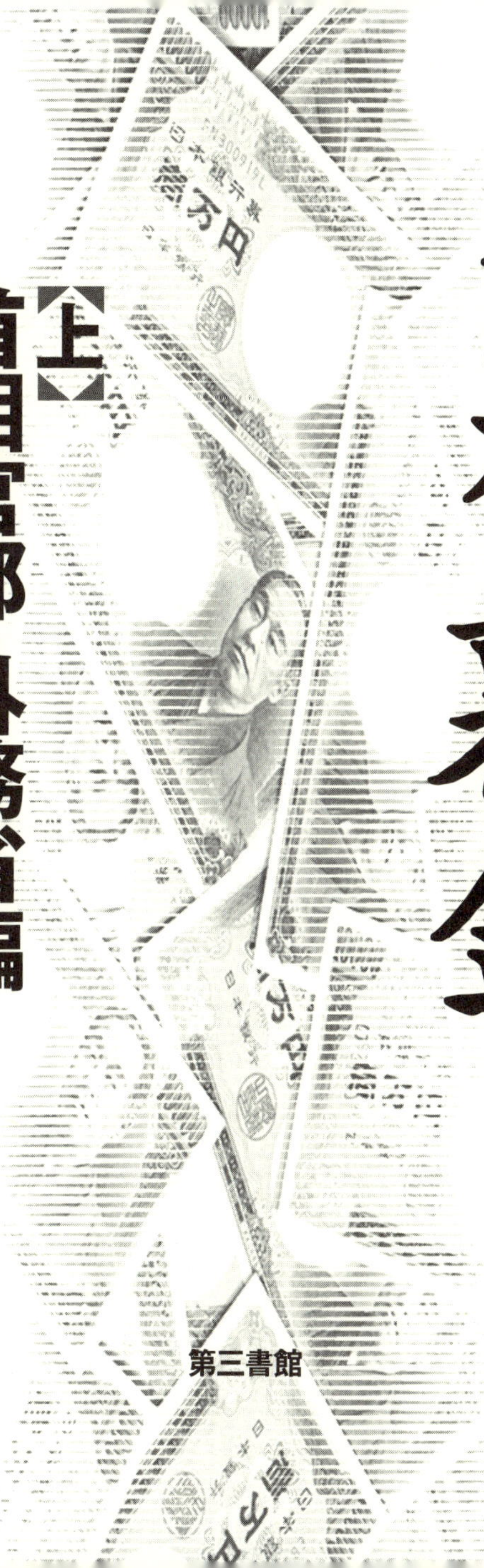

第三書館

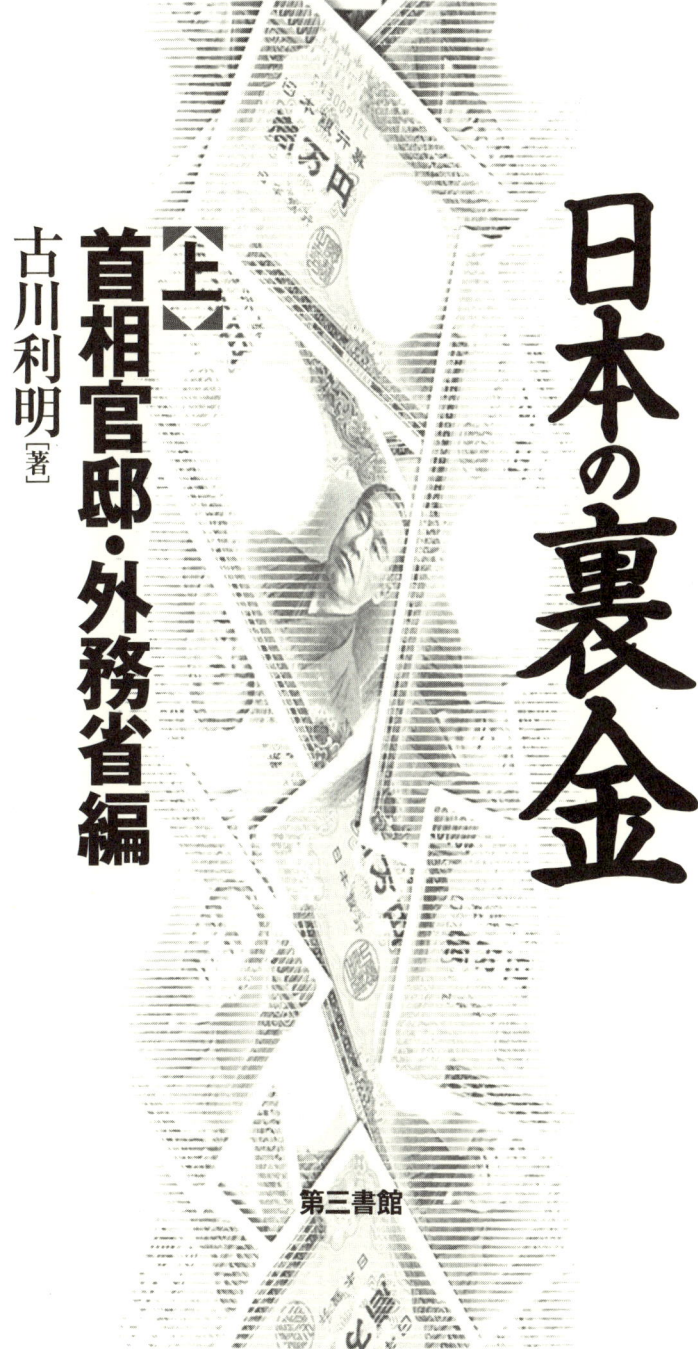

お金は、まったく奇妙な生き物だ。人間に最大の喜びをもたらすという点では愛に等しく、最大の不安の対象としては死に等しい。

——ジョン・ケネス・ガルブレイス『不確実性の時代』（斎藤精一郎訳、講談社文庫、一九八三年）

はじめに

「教育基本法改正案」成立に巨額の官房機密費が使われた?

２００６年12月15日、教育基本法改正案が参議院本会議で可決、成立した。

前日まで徹底抗戦の構えを見せていた民主党が、安倍首相の問責決議案の上程にも同調せず、急におとなしくなってしまって、やすやすと法案成立を許してしまった。この姿勢は国民の目には、はなはだ奇異なものに写った。

このとき、ささやかれたのが、「官邸の裏金が動いた」という噂である。

これは勝手な揣摩《しま》臆測《おくそく》や思いこみだけの陰謀史観によるものではない。

この国の戦後政治史において、野党対策などに日常的に裏金が使われてきたことは公然の秘密であり、それは毎年官邸機密費として予算化されてきた。「外交機密費」も官邸に上納され、それに使われた。ことに時代を画するような大きな法案や条約案の成立・批准に際して、必ずといっていいほど、莫大な官房機密費等が野党対策などにそそぎ込まれてきたのだ。

古くは１９６５年の日韓基本条約批准のとき。この条約が締結されるまでにも右翼の大物児《こ》玉誉士夫《だまよしお》などに莫大な裏金が政府から渡された。いざ国会で日韓案件が審議されて成立するまで、五五年体制下における見せかけの自社対立のもと、野党切り崩しのために連日のように「国会対策費」という名の裏金が投入された。自民党本部からの機密費もふくめて総額で億単位にのぼった記録が残っている（本書第一章の（2）にくわしい）。

また、1988年の消費税導入を決めた臨時国会では、外務省からの上納分も合わせると、機密費を計五億円増額して、公明党・民社党を懐柔することを中心に、タガの外れたような機密費が投入された。このとき、野党議員に連日のように飲ませ食わせて、「帰りの車代は一本（百万円）」という指示が官邸から出たという（本書第一章（3））。

こういう流れがあるから、2005年夏の、郵政民営化法案が衆院で可決したものの参院で否決されて小泉純一郎首相が衆院解散するに至った、いわゆる郵政国会において、同じような裏金の飛び交った噂が流れたのは当然のこと。

「時代が変わったから、今どき、そんなことはない」と否定する人もいるが、首相官邸の「官房機密費」は当時も今も同じように予算化され、「毎月一億円」といわれ、「官房長官室の金庫にいつも八千万。なくなると夜間にいつの間にか補充」（武村正義元官房長官）と証言される裏金は、今日も確実に官房長官経由で使われている。

安倍晋三首相はこうした官房機密費を執行する官房長官、さらには「自民党の機密費」である党の政策活動費を扱う幹事長をいずれも小泉政権下で経験している。それゆえ、このような「権力の裏金」がどう動いたか、動かなかったか、明らかにしてほしいものだ。

これまでの事例について、官房長官経験者をはじめとする政権中枢にいた人間の証言があるからこそ、２００６年末の教育基本法改正案成立をめぐる裏金の噂は真実味をおびているのである。

田中真紀子も触れられなかった外務省の巨額裏金の暗部

外務省の「外交機密費」をめぐる闇は暗くて深い。

年間55億円もの「外交機密費」を「外国とのやりとりには外交上の機密があって当然」という口実のもとに予算計上しておきながら、その実、本来の用途にはほとんど使っていなかった事実が判明している。

この「外交機密費」が首相官邸にいったん「上納」されてマネーロンダリングを経たのち、ひとりの外務省ノンキャリアが勝手に十二億も水増し請求する手口で引き出し、競走馬十数頭購入などに乱費していた「松尾事件」は記憶に新しい。

外交官など多くの職員や高級官僚たちが松尾にタカるかたちで、何年間も裏金を私的流用していたことが明らかになっている（第一章（５）～（７）参照）。

田中真紀子が外務省を追われたのも、彼女が外務省の裏金システムに触れようとしたからだといわれている。

本書は外務省ノンキャリア事務官・松尾克俊の個人犯罪とされている機密費流用事件の徹底

調査をもとに、在外公館をふくめた外務省裏金の全構造をうかび上がらせる。

首相官邸の裏金は〝権力の源泉〟であり、〝権力の味〟は甘い

首相官邸の裏金は大臣や国会議員の外遊するときの餞別などを通してバラまかれ、その恩恵枠を広げることで、「共犯者」を増やすしくみになっている。官房長官に「行きますよ」と言えば、「ハイ」と百万円入りの封筒が渡されてあたりまえ、の世界が出来上がっているのだ（第一章（8））。

官房機密費が政治家のスキャンダルもみ消しに使われたという話も後を絶たない。２０００年に発覚した森内閣の中川秀直官房長官（２００６年9月から安倍内閣発足にともない、自民党幹事長）の女性問題と覚せい剤使用疑惑のスキャンダルに絡み、大物右翼に官房機密費が支出されたという関係者の証言が出ている。

橋本龍太郎元首相については捜査当局が、官邸の裏金を使って自分の女性問題もみ消しを図ったとして業務上横領容疑での立件を検討していたとの話もある（第一章（8））。

官邸の裏金と権力のありかが一致した、わかりやすいエピソードは海部俊樹元首相をめぐる証言だろう。海部政権が経世会（竹下派）のバックアップで成立するときの条件は、「官房機密費は金丸信に渡す」ということだったという。海部首相が盆暮れに現金三億円を、みずから金丸信のところに運んだ、という話も残っている。

官邸の機密費がマスコミ対策に使われて、政府自民党に有利な報道姿勢をとらせるよう仕向けられていることも裏金の重要な使用目的となっている。「竹村健一200万、田原総一朗1000万……」といったリストが流出している。

選挙にまつわる裏金の構造も根深いものがある。沖縄の最初の首席公選ではCIAの裏金72万ドルが秘密裏に支給された。1998年の沖縄県知事選では自民党の裏金から二～三億円、官房機密費から一億円以上が大田昌秀知事の三選阻止のために投入されたという自民党沖縄県連の証言がある（第一章（10））。

2006年に明らかになった岐阜県庁など地方自治体レベルでの裏金システムの露顕ラッシュ。その裏金づくりのシステムと使い方は、首相官邸や中央官庁のそれと同じ構造のものであり、「日本の裏金」がこの国のすみずみまで浸透している構造的なものであることが判る（本書第二章（1））。

「権力の裏金」をチェックするシステムがこの国には欠落している

首相官邸の官房機密費や外務省機密費の使途について、会計検査院のチェックは全く期待できない。「日本で一番働かない役所」といわれる会計検査院は、自らの役所の予算額の枠の内でだけ、他官庁の予算執行上のミスを指摘するという、ダレた検査をずっと続けていた（第二章（2））。

また、地方自治体予算における「監査請求―住民訴訟」という方法は、国家予算については法的に確立されていない現状では、国家予算の裏金についてはは国民によるチェックが事実上、不可能に等しい（第二章（2））。

これだけ巨額の裏金が政府与党の周辺に歴然と存在し、なおかつそれらの不透明な使途が大きく取り沙汰されながら、当事者の政治家たちがこぞって口をぬぐっている、そんな先進国は日本しかない。

「日本の裏金」は〝美しくない国〟日本の恥部、日本政治のどうしようもない暗部となっている事実を、この本は明らかにする。「美しい国」づくりを目指す政治家は何よりもまず、この「日本の裏金」についてきちんと国民に説明し、襟を正す必要があるのではないか。

「まさに、これはけもの道だ」（後藤田正晴）

二〇〇七年一月十五日、大阪高裁は元大阪高検公安部長だった三井環に対し、懲役一年八カ月の一審実刑判決を支持、被告の控訴を棄却した。現役の検察トップが、自分の買ったマンションに転居する前に住民票を移して市役所から証明書を欺し取った容疑で逮捕という、とんでもないこの事件には「検察の裏金」の深い闇があった。（下巻第三章（1）〜（6））

三井が裏金不正流用を告発しようとした元上司の昇進人事をめぐって小泉内閣と検察が衝突。遂に小泉総理と原田明夫検事総長が後藤田正晴の事務所で秘密トップ会談。ここで一種の「裏金容認談合」が行なわれた。後藤田はこの直後、「まさに、これはけもの道だ」とつぶやいた。（下巻第三章（8））

三井逮捕とそれに関連する、検察とヤクザの「裏取引」は、山口組幹部の保釈工作金二億円のうちの一部が検察トップへ渡ったのでは、という疑惑に発展した。（下巻第三章（10））

警察の裏金は警察システム全身の血管をふさぐ血瘤となっている。「警察会計の仕事の99・9％は裏金づくり」といわれる日常的ニセ領収書の数は、全国津々浦々で年間推定計数十万枚

にも達する。（下巻第四章（1）〜（5））

各県の警察本部の裏金が警察庁へ「上納」されているのは公然の秘密。警視庁から現金一億円を警察庁に運ぶのを目撃した証言もある。（下巻第四章（5））　その「上納裏金」の原資として、拳銃を摘発した数によって増額される「捜査費」の裏金化とその（警察庁への）キックバックが指摘されている。（下巻第四章（7））

こうした検察と警察の裏金の実態を知って驚く人、怒る人、あきれる人、それぞれであろうが、まちがいなく、これが私たちが治安を託している組織の実態なのである。

本書は大蔵大臣経験者である藤井裕久、官房長官経験者である武村正義、加藤紘一他の各氏および、官房副長官経験者である石原信雄、鈴木宗男の両氏や、衆院事務局職員として、議長や副議長秘書などを歴任して国対の裏側に深くかかわってきた元参院議員の平野貞夫氏とのインタビュー、さらには名前を出せない多くの関係者の皆さんのご協力による取材によって構成した。首相官邸と外務省、検察と警察をめぐって、いかに裏金が重要な役割をはたしているか、どれだけ深く裏金の「毒」にまみれているかを具体的な事実で示した。読者のみなさんの日本の権力構造イメージを修正していただければ幸いである。

目次

2　野党買収と自民党政権維持に使うCIA裏金　29

3 外務省は首相官邸の「機密費ロンダリング」機構 54

4　森内閣にトドメ刺す外務省松尾の機密費流用　76

第二章 「裏金」＝権力の味 285

下巻（検察・警察編）目次

第一章　官房機密費と外交機密費の闇

2001年元旦の読売新聞朝刊に、社会部のサツ回り記者たちによる、1本のスクープ記事が掲載された。

それは、外務省のあるノンキャリア幹部が、億単位にも上る外交機密費を自分の預金口座にプールし、流用している疑いが浮上したため、警視庁が内偵捜査に動いている、という内容だった。

事件は、一見、「トカゲの尻尾」による、単なる公金の使い込み事案のようにしか見えなかったが、じつはそこには〝個人犯罪〟のレベルを遥かに超え、日本国の権力最中枢に位置する「首相官邸」へと流れ込む、深い闇が存在していた。

外交機密費と、さらにその奥にある官房機密費は、日本の「権力の裏金」の中でも、まさしく「保守本流」中の超本流ともいうべきものである。

1　天皇のポケットマネーで始まった機密費

伊藤博文は、天皇のポケットマネーで政友会を旗上げ

機密費のルーツを辿《たど》ると、そもそもその「出所」は、皇室の内帑金《ないどきん》、すなわち、「天皇のポケットマネー」だった。

一九四五（昭和二十）年の敗戦の時点で、皇室は当時の金額で三十七億円の資産を有しており（ちなみに、三井、三菱、住友といった財閥で三―五億円程度だったから、いかにそれがケタ外れで莫大だったかがわかるだろう）、この豊富な財源をバックに、少なくとも明治期においては、内閣機密費は天皇家から下賜されていた実態が、宮内庁がまとめた『明治天皇紀』には出てくる。

また、原敬（一八五六―一九二一。政友会の総裁として一九一八年に首相に就任）の日記には、次のようなくだりがある。

「伊藤博文が政友会を結成するにあたり、天皇のご内帑金をもらった。伊藤に対抗するため、山県有朋もまた天皇のご内帑金に頼った」

天皇のポケットマネーをもらって政党を旗上げしたというのである。

戦前は、天皇から機会あるごとにこうして現金がポンポンと贈られていたといい、藤樫準二の『天皇とともに五十年』（毎日新聞社、一九七七年）には、次のような昭和初期の記述がある。

「毎年、盆暮れになると前官礼遇の重臣たち、総理大臣、閣僚、陸海軍幕僚長、枢密顧問官といった連中にはお呼出状が出され、宮中でおもむろに侍従長から『畏《かしこ》きあたりの思召《おぼしめし》によりまして……』と、奉書で包んだ金一封のボーナスを、ご紋つきの黒塗りのお盆にのせて、うやうやしく賜与《しょ》したものであった。当時、総理大臣の年俸が一万円か一万五千円程度だったが、枢《すう》密《みつ》顧問官級にはなんでも三千円ずつのボーナスを賜っていたというから、如何《いか》に多額であったかが想像できよう」

「機密費」という名称にまつわる、一見、非常に神聖不可侵のように思えつつも、どこか「つかみ金」的な胡散《ウサン》臭さが常に付きまとう「ヌメヌメさ」とは、こうした経緯に由来しているものと思われる。

「会計検査院といえども、機密費の行衛《ゆくえ》を知らぬ、調べない」

事実、戦前の一九二九（昭和四）年に、日本書院という出版社から出された山浦貫一の「機密費物語」（『政治家よ何処へ行く』所収）には、「およそいいころ加減で、捉《とら》えどころのないものに機密費がある」との書き出しで、当時の機密費の実態を、こう記している。
〈役所の機密費だと、ちゃんと予算計上して国庫から支出している。しかも国民の懐から出るものとさえ判明している。けれども、その行衛《ゆくえ》に至っては皆目わからない。国庫財政の会計監督たるしかり、しかして無上の権力を会計検査の上に持たされている会計検査院といえども、機密費の行衛を知らぬ。調べないものとしてある。

例えば予算面においては、外務省が大関で二百五十万円という莫大な、恋ではないが、行衛も知れぬ金の道かなと申すべき機密費が計上されている。便宜上、話を外務省からほぐしていくことにしよう。

二百五十万円の機密費は、海外駐在の大公使、領事などに分けられる。外務大臣が二十万円、情報部が約二十万円もらう。

大公使たちはこれを交際費に使う。もっともその交際たるや、駐在国の情報を集めるために、いろいろな輩にポケットからつかみ出してくれる金や、夜会をやったり、舞踏会を催したり、とにかく効き目のあるところを目標にして、しかも、でたらめに使うのである。外務大臣の二十万円、これは多くは次官任せである。次官は大臣を代理して、いろんな外国人を御馳走したり、または時々買収もしなければならないし、極めて秘密に外国の情報を取る必要のある場合、役人以外の人でも出さなければならぬ。が、多くは接待費に使われる。例えば外国の使臣を招んだり、天長節の大夜会を催したり、何しろ交際官庁のことだから、いろいろと使い道があることは想像外である。機密費のほかに三千五、六百円の宴会費という費目が掲げられてあるけれども、それんばかしの金は外国及び外国人相手にはとうてい足りるものではない。〉

ここにある記述は、後述する「平成の世」における「それ」と、何ら変わりばえがないのであるが、それはさておき、内閣の機密費ついては、同書ではさらにこう続いている。

内閣機密費で労働者を集め、国技館で大演説会。大成功

〈まず内閣総理大臣には七万円がある。これは書記官長が預かって勝手に使う。宴会費が大部分だ。首相官邸で誰々を招待したとか、園遊会を催したとか、または貴族院の誰かれを築地の待合へ招んだとか、何しろ一国の親玉の交際費だから、大概そんなことでおしまいとなってしまうが、しかしそれだけではない。時の政府となると、いろいろなる者に金を撒《ま》かなければならない。政界無宿の浪人から、なんとか通信社…懐柔策と情報集めのためである。七万円ではもちろん足りない。首相のポケットから足し前されるのもあろうし、献納金もあるであろう。加藤総理などは、ああいう正直者で、鼻っ張りの強い男だから、そんな金は余り使わないけれども、原敬氏などはかなり使ったものである。貴族院の懐柔には、殊にたくさんの費用を要したであろう。

昨今の議会中、これは三派連立内閣の当時、院外団の連中が例の純正普選の暴力団に対抗するため、国技館で大会をやるからというので、五千円の金を、江木長官に要求したが、最初出さなかった。そこで憤慨した連中は皮肉にも「江木長官胴上げ式」を計画した。これは胴上げをして叩きつける計画であった。これに恐れをなして、ついに機密費の中から五千円出したが、これで深川辺りの労働者を集めて国技館で大演説会をやり、純正組を威圧して成功したことがある。この五千円は効き目のある金として当時玄人の間に評判がよかった。時にはまるっきり効き目のないことがある。そこが機密費使用法の上手下手の分かれるところのようである。〉

ここの部分の記述も、また、現在においてもほぼ同様にあてはまる。

戦前の内閣機密費は、このように「書記官長」が扱っていたが、戦後はそれが「官房長官」へと引き継がれている。また、接待宴会費に加えて、情報収集や懐柔、国会対策、さらには脅しまがいにカネを要求する裏社会の人間に、スキャンダル対策として支払うという部分においては、今日においてもあてはまる。

「神聖にして他より嘴《くちばし》を容《い》るべからざるを機密費とする」

機密費は、国会（当時は帝国議会）が初めて開設された一八九〇（明治二十三）年より以前の時点で、政府予算の項目の中に存在した。最初の衆院選が行なわれるこの年の一月十九日の朝野新聞には、次のような記事がある。

〈政府の費目中神聖にして他より嘴《くちばし》を容《い》るべからざるものを機密費とす。年々会計検査院の検査に付する場合は、ただ主務大臣より機密費として若干円某吏に相渡すとの書付及び該官吏の受取書を持って十分とし、毫《ごう》もその上に支出の有様を明白ならしむるを要せず、殊に青木外務大臣のごときは、機密費は下渡したる官吏の受取書をも不要なりしと主張し、それさえ検査院に回送せざる由。〉

ここにあるように、機密費の個別具体的な受取先や金額を明かすのではなく、とりあえず「該官吏の受取書を持って十分」という会計処理の手続きは、戦後は、「簡易証明」として戦後にも引き継がれているが、それについては後述する。

なお、大日本帝国憲法の発布に伴って制定された戦前の会計検査院法（一八八九年五月施行）では、その第二十三条において、「政府ノ機密費ニ関スル計算ハ、会計検査院ニ於イテ検査ヲ行フ限ニ存ラス」と、機密費は会計検査院の検査の対象外であることが明記されていた。

国会解散で消滅させられた「機密費大リストラ予算」

興味深いのは、この機密費が明治時代の国会開設当初の時点において、最重要の課題として徹底的に追及され、ついには解散に追い込まれてしまうという、「政局」になっていた点である。

一八九〇（明治二十三）年に行なわれた第一回衆議院総選挙では、総議席数三〇〇のうち、立憲自由党（一三〇議席）や立憲改進党（四一議席）といった「民党」（＝自由民権運動の流れをくみ、政府に反対の立場を取っていた政党で、現在でいうところの野党）が勝利し、過半数を制していた。

しかし、当時の首相・山県有朋は「政府の政策は政党、すなわち、議会によって左右されてはならない」との超然主義を取っていたため、初めのうちは悠長に構えていた。

ところが、政府は最大民党だった立憲自由党の猛烈な抵抗に遭い、予算審議が難航してしまった。で、これを切り抜けるべく、政府は立憲自由党内でも、板垣退助に近い土佐派を切り崩すことで、ようやく成立にこぎつけることができたのだが、じつは、このとき、当時の法制局長官・井上毅と大蔵次官・渡辺国武が大量に機密費をバラまいたからできたことであった。

翌一八九一（明治二十四）年の一月十日、予算案に関する全院委員会で、民党側の赤川霊巌が、さっそく、この機密費について追及している。

「政府委員の説明によると、機密費は、名が既に機密で内々の内費である以上、どんな事柄に使うということを明言するのが至って難しい、それで機密費という名がついたのだと答えられた。私は一銭一厘ぐらいの費用なら格別言わないが、外務省については四万円という大金、全体で二十七、八万円という莫大な金が、わが四千万同胞の汗の結晶が何に使われているかわからないということならば、機密費を賄賂に投ずることもあるのではないか」

これに対する、外務省会計局長・室田議文の答弁。

「政府全体で二十万円、外務省は（明治）二十四年度で四万円。これは外交政略上必要なもので、中身を明言することはできない。外務の機密というものは八、九割ほとんど契約に基づいてやらなければならない性質のものである。前年度において四万五千三百三十三円であったので、二十四年度はそれを四万円に減額した」

機密費の問題が、初めて召集された国会で大きく取り上げられたことを受け、続く第二回の帝国議会では、行政費の削減と地租の軽減を訴えていた民党側は、これと抱き合わせで機密費の削減も要求。それに反対していた政府との間での攻防が激化していた。

一八九二（明治二十五）年度の予算案は、九一年十一月二十八日に衆議院に提出されていたが、予算委員会での審議の中で、多数を占めていた民党側は、大臣や次官の俸給削減と合わせて、「機密費の削減、もしくは全廃」の査定要求を突きつけたのである。

具体的には、「外務省はとりあえず四万円とし、なお、調査の上、削減。警視庁府県の分は半額。内閣、司法省の分は全廃。軍事費の中の分は前年度と同額とする」という、極めてラディカルな内容だった。

政府側は吏党（現在の与党）の議員たちとともに徹底抗戦したが、十二月二十五日で審議は終了し、当初の予算委員会の査定通り機密費削減予算案が、衆院の予算委で可決した直後に、何と、解散詔書が突如、発せられ、この「機密費大リストラ予算案」は廃案になってしまったのである。

このように、明治時代の国会の開設当初から、機密費が最大の政治問題として存在し、それによってわが国の憲政史上、初めての「解散総選挙」が行なわれたことは、我々の記憶の中にはっきりととどめておいてよい。

明治期の、あの自由民権運動の中から国会開設要求が突きつけられ、そうして民衆の熱い支持を受けて誕生した当時の「民党」が、その頃、既に存在していた、この「機密費の問題」に果敢に切り込んでいっていたのだ。

そうした問題から目を逸らせようとして、政府権力の側が、機密費を使って民党の議員たちを切り崩し、予算案を成立させていったところに、「機密費」が抱えている本質的な問題が存在している。

「寄与を奨励することを適当と認めて使用する」報償費

外交機密費は正式には「外務省報償費」、また、官房機密費は「内閣官房報償費」という。

戦前は、これらを一括して「機密費」と呼んでいたものを、ＧＨＱによる一連の戦後改革の中で、「こうした非民主的な予算が軍事国家によって乱用されたことが、国を破滅に導く大きな要因となった。これこそが民主主義を破壊する第一歩であり、これを放置したままにしておくと、独裁政治を生み出す」との観点から、廃止を通告していたものである。

そのため、当時の大蔵省がこうしたGHQの方針をかわすべく、従来の機密費に代わるものとして、苦し紛れに「報償費」という名目を編み出したのだという。

もともと、「報償」が持っている意味とは、「被った損害に対する償い」である。その意味では、この「報償費」という言葉は、「融通無碍」とでもいうのか、いかようにも解釈できる、じつに都合のいい言葉ではある。

戦前の機密費は、内閣のほかには、陸・海軍、外務省、司法省、内務省警保局に予算計上されてきたが、うち、内閣と外務省に関しては、戦後は、予算名目上はこの「報償費」と「交際費」とに分割され、今日まで命脈を保ってきている。そして、司法省の分については下巻で述べる法務・検察の「調査活動費」、内務省警保局については、警察の「捜査費（捜査用報償費）」として受け継がれている。

表向きの「内閣官房報償費」の定義は、次のようなものとされており、この機密費の問題が時折、国会で取り上げられるたび、政府見解は、ほぼこれに沿った答弁を踏襲している。

「例えば国の事務または事業に関し、特にその労苦に報い、更にそのような寄与を奨励することを、適当と認める場合において使用する経費、または部外の協力者に対して、謝礼的または代償的な意味において使用する経費である」（一九八二年六月二十五日の衆院予算委における官房長官・宮沢喜一の答弁）

こんなヌエのような物言いを理解できる国民・納税者は、おそらく一人としていないだろう。

「本当は厳密な意味での領収書は不要」（元会計検査院高官）

ある会計検査院の高官だった人物は、一九八三年八月二十二日付け毎日新聞朝刊の連載企画『金権』（第二十六回）の中で、「（報償費は）本当は厳密な意味での領収証はいらないんです」とあらかじめ断ったうえで、戦後、機密費から報償費へと名称変更した経緯を、こう説明している。

「報償費は戦前の陸軍や内務省など各省にあった機密費そのものだ。戦後、ＧＨＱに、予算の科目として機密費などは認められないといわれ、大蔵省が苦しまぎれに報償費という、日本でもなじみのない名を考えだしたらしい。ＧＨＱにも、恐らくいい加減な説明をしてパスしたものだ」

戦後もこうして、「報償費」という予算費目の名称に変えることで生き残ってきた「機密費」であるが（※以降、特別な断りがない限り、基本的に「機密費」の表記で統一する）、ただ、機密費の予算自体は、官邸及び外務省以外にも付いている。しかし、この二つが突出して額が多い。

読売新聞のスクープ（〇一年一月一日付け朝刊）によって機密費流用事件が明るみにされた時点における、二〇〇〇年度当初予算における各省庁別の機密費の額は、外務省五十五億六千五百七十八万円、内閣官房十六億二百四十五万円に続いて、防衛庁が二億一千三十九万円、警察庁一億三千七十五万円、総務省八千二十七万円、国土交通省二千九十七万円、法務省二千三百五十六万円、厚生労働省一千十七万円、財務省百二十一万円——となっていた。

このうち、約二億一千万円が計上されていた防衛庁だと、訓練中の事故で死亡した自衛隊員の遺族に支払われる「賞じゅつ金」がその約半分を占めていた（ただ、残りの約一億円は陸・海・空の各自衛隊に配分され、方面総監や師団長に対して、月額数万—二十万円程度渡されており、いわゆる「ヤミ手当」として支給されていた格好である）。

総務省（約八千万円）の大半の七千九百万円は消防庁分で、消防署員が火災現場などで死亡した場合に支払われる「賞じゅつ金」に充てられている（九九年度は三人に対し計五千九十万円が支払われている）。残る本省分の百二十七万円は懸賞ポスターの賞金や表彰費用だという。厚生労働省の一千百十七万円のうち、約八百五十万円は麻薬などの薬物捜査を行なうセクションの捜査情報提供者への謝礼に充てられている、と説明している。

また、それぞれ約一億三千万円、約二千三百万円が機密費として予算計上されていた警察庁、法務省については、使途は「捜査協力の謝礼費用など」としている。

しかし、両者とも単なる「行政官庁」に過ぎず、「被疑者の逮捕、送検」といった捜査活動は全く行なっていないので、下巻で詳述するように、法務・検察においては「調査活動費」、警察においては「捜査費・捜査用報償費」と同様、ほぼ一〇〇％裏金に流用されているものとみて、間違いないだろう。

「チェックがない」から「何に使っても構わない」デタラメへ

官邸と外務省の機密費、中でもとりわけ官房長官が使う「官房機密費」については、「権力の裏金」のうちでも、その最中枢に位置する。

それは、権力機構上、そうなっているという理由もあるだろうが、そうしたこととリンクして闇に包まれている最大の理由は、官房機密費については、「個別具体的な支払い先の領収書の提出が、事実上、免除されている」という点に尽きる。

「事実上」という、奥歯に物が挟まったような表現を使ったのは、機密費が会計検査院の検査の対象外であることが憲法に明記されていた戦前はともかく、戦後は、日本国憲法の第九十条に「国の収入支出の決算は、すべて毎年会計検査院がこれを検査し」とあるからである。

ここに「すべて」とあるように、本来、憲法上の規定においては、会計検査院が検査できない〝聖域〟は存在しない。

ところが、こうした官邸、外務省の機密費はもとより、戦前の機密費の流れを汲む、法務・検察の調査活動費、警察の捜査費・捜査用報償費は、軒並み、その「国家機密」、「外交機密」、さらには「捜査上の秘密」をタテに、個別具体的な支払い先への領収書の提示を拒み、また、会計検査院の側もそれを了承、もしくは黙認してきた。とどのつまり、こうした「使途に対して、チェックが働かないしくみ」が、「何にでも使っても構わない」という、デタラメな予算執行を許容してきたのである。

そこにあるものとは、偏に「権力中枢に対するタブー」ということに他ならないが、そうしたことを認める「方便」として使われてきたのが、「簡易証明」という制度である。

「簡易証明」とは、会計検査院法の第二十四条に基づく会計検査院規則の「計算証明規則」の第十一条に規定されている「例外規定」のことである。

この規定にある文言とは、「特別な事情がある場合には、会計検査院の指定により、又はその承認を経て、この規則の規定と異なる取扱をすることができる」というものだ。本来であれば、会計検査院の検査対象となる国などの関係機関は、計算書（会計経理の実態を表す書類）と証拠書類（予算の起案文書や、代金を相手先に支払ったことを証明する領収証など）を必ず提示しなければならないのだが、それをパスできるという解釈が、この「計算証明規則第十一条」にある「例外規定」なのである。

ただ、これはあくまで会計検査院の「裁量」によって、「適用の例外」を認めているだけに過ぎず、法令上は、こうした機密費関連の支出も含め、すべて会計検査院による検査対象であるということと重ねて付記しておく。

「簡易証明」という名のつかみ金一括前渡制度の前例踏襲

「簡易証明」とは、書いて字のごとく、本来、やるべき「証明」を簡略に省いてしまうことである。

具体的には、検査の際、こうした簡易証明が認められている機関（具体的には、官邸、外務省、法務・検察、警察であるが）においては、「使途の秘密性保持」ということに加えて、「予算執行の緊急性」との理由（屁理屈？）も加わり、内部において「取扱責任者」とされる人物が会計担当者からあらかじめ一括して現金を受け取った段階で発行する領収書の提出だけでOKというものである。

つまり、「そこから先」の、個別具体的な支払い先の「領収書」については、内部でいちおうきちんと保管しておいて、「もし、会計検査院の側から提示要求があった場合は、そうした領収書も見せて下さいよ」という制度なのである（もっとも、会計検査院がこうした個別具体的な支払い先の領収書の提示を求めることは、まず、ないといってよいが）。

「取扱責任者」とは、こうした予算を執行する「組織の長」である。本書下巻の第三章で説明するように、「調査活動費」における法務・検察の場合は「各検事正」（もしくは、検事長、検事総長）であり、また、下巻第四章で触れている「捜査費」における警察の場合だと「各警察本部長」、さらに、「外交機密費」については「各大使」ら、そして、「官房機密費」においては、「官房長官」である。

こうして、「取扱責任者」に一括して渡されるスタイルを取るものとしては、この他に外務省関連では「政府開発援助報償費」、また、財務省（国税）、金融庁、国土交通省（海上保安庁）も所管している「捜査費」、さらには、公正取引委員会所管の「審査活動費（うち、情報収集経費）」、厚生労働省所管の「麻薬取締活動費」「労働関係調査委託費」「日雇労働者実態調査委託費」などがある。

「簡易証明」のスタイルは、既に触れたように、機密費が政府予算として計上されていた明治期において既に見られる。で、このような〝サル知恵〟というべきものは、官僚機構において、途方もない長い年月を経ても「前例踏襲」されていく代物のようである。

官房長官の使う毎月一億の官房機密費は領収書一切不要

ここで、現在の官房機密費の予算執行のプロセスを説明しておく。

「取扱責任者」である官房長官が支出命令書（正確には「支出負担行為即支出決定決議書」）を決裁することで、内閣府（〇一年一月の省庁再編以前は総理府）の大臣官房会計課長を通じ、小切手が現金化されて官房長官の元に届き、その際、官房長官が官房機密費の「受取人」として、内閣府会計課長宛ての領収書を書く（詳しくは後述するが、官房機密費のうちのこうした「官房長官扱い分」の予算執行は、基本的には「月割り」にしており、その金額はだいたい一億円前後である）。

現金が官房長官室の金庫に入った段階で、「予算執行」は完了したという形式を取っている。官房長官室の金庫に入った現金の「使途」については、その「裁量権」はすべて官房長官にある。それゆえ、官房長官はその時々の状況判断に応じて、例えば、議員が外遊する際に餞別として渡したり、重要法案を国会で成立させる際に、野党議員への切り崩しなどに、この官房機密費を使ったりする。

官房機密費の予算執行が、外務省の機密費や、さらには法務・検察の調査活動費、警察の捜査費と決定的に異なるのは、こうした「個別具体的な支払い先」に対する領収書を一切、残さない点である。

「取扱責任者」が一括して受け取ったことを示す領収書の提示だけでＯＫという、「簡易証明」を認めているという点では、官房機密費も他と同じである。

しかし、官房機密費以外は、外交機密費でも、また、法務・検察の調査活動費や警察の捜査費でも、「そこから先」の個別具体的な支払い先の領収書はきちんと作成しておく（もっとも、法務・検察と警察においては、下巻に見る通り、そのほとんどすべてが「架空」であるのだが）。

官房機密費の場合はそれらと違い、そうした「個別具体的な支払い先」を示す証拠書類をも、一切、残さないのである。そこが、まさに「権力の闇ガネの保守本流」といわれる所以なのである。

なぜ、官房機密費の予算執行において、そうした個別具体的な支払い先の領収書を取らないのか、という理由は、筆者の取材では解明することができなかった。これはおそらく、「昔からそういうしきたりでやってきた」というしかないのだろう。

こうした事情を、会計検査院のある元高官は、一九八三年八月二十二日付け毎日新聞朝刊の連載企画「金権」の中で、次のように述べている。

〈一　ただ、一般の交際費などは、料亭から花輪屋に至るまで使った領収書が必要だが、報償費については、支出官（会計課長など）から誰に渡したか、例えば官房長官とか総務課長とかが受け取ったことを示すサインなどがあればそれでいい。

一　検査官は報償費の支出メモと受領サインがそろっていれば、その先の使途を追及することはまずない。そして会計検査院長には「間違いなく支出されている心証を得た」という報告が行われる。〉

そして、この会計検査院の元高官は、ニヤニヤ笑いながら、こうも付け加えていたという。

「部外協力者の謝礼といったって、ひそかに渡して領収書を取らないからこそ、〝効果〟があるんでしょう。領収書をくれなんていったとたん、相手は協力してくれなくなるはず」

「官房長官室の金庫に現金が入れば『執行済み』」（石原信雄）

こうした状況を受ける形で、旧・自治省事務次官を経て、竹下内閣から村山内閣までの間、事務の官房副長官を務めた石原信雄（在任八七年十一月―九五年二月）は、次のように話す。

「共産党あたりからは、『渡した相手からちゃんと領収書を取れ』という意見も出ているけれども、通常の予算であれば、例えば、箱モノならそれが役所に引き渡された後に代金を業者に支払って、その領収書を役所が受け取るが、官房機密費は官房長官が『受取人』としてまとめて領収書を書き、官房長官室の金庫に現金が入った時点で、『執行済み』なんです。そもそも機密費とはそういう性格の予算なんです。（執行にあたっては）年間計画を立て、月ごとにやっている。だいたい毎月の金額は決まっており、年度の途中での増額補正はやらない。（官房機密費の予算執行は）総理大臣の意を体し、官房長官が行なう。というのは、総理大臣はそもそものすごく強い権限を持っているので、総理が直接、カネにタッチするといろんな弊害が起こる。それでワンクッション入って、官房長官が扱うのです。そのへんはバランスというか、知恵なんでしょう。だから、官房長官は並みの大臣とは違う。だから、女房役なんです」

「右も左も判らぬ内に機密費の説明。月々一億円」（武村正義）

また、細川内閣時代に、官房長官を務めた武村正義（在任九三年八月―九四年四月）は、こう筆者に語っていた。

「官房長官に就任して、まず、最初に秘書官と挨拶をして、それからすぐ右も左もわからないうちに、（首相官邸内に常駐している、当時は内閣官房の内閣参事官室の）首席参事官（※正式名称は「首席内閣参事官」）と、（総理府の）会計課長がやってきて、機密費の説明があった。詳しくは記憶にないが、『（官房長官が扱う分の官房機密費の額は）月々、一億円ぐらいで、（官房機密費全体の予算の中から）最初に内調（※「内閣情報調査室」のこと。内閣官房の一部局）でまず、二億円ほど抜かれていて、（支払い先については）記録を残さないしきたりになっていますと』と説明があった。私のときは、政権交代ということもあったのかもしれないが、前任の官房長官（※ちなみに、武村の前任は自民党の河野洋平）からは機密費に関しては、引き継ぎはなかった。以前、加藤紘一の帳簿が出てきたが（※〇二年四月、共産党が「加藤紘一が官房長官時代の機密費の使途を記した内部文書」を入手し、公表した件を指す）、あれはおかしい。たぶん、官房長官から本人の事務所に持って行った分の帳簿じゃないのかな。私は帳簿には残さなかった。だから、記憶しかない。だいたい月初めに決裁して、それで月割りで一億円ぐらいになる。私は在任が八カ月余りだったので、私の手で執行した官房機密費はだいたい八億円前後の金額だったと思う。こうした月割りのシステムがいつごろから始まったのかは知らないが、かつて、選挙なんかで一気に使って底を突いたので、それで月割りになったというふうに聞いている。月割りにしておけば、（年度の）途中でなくなるということもないし」

オモテの裏金が尽きると、「ウラの裏金」が出てくる

本書のテーマは「権力の裏金」であり、特に本章では、外交機密費と合わせて、官房機密費を扱っている。

最初に断っておくが、こうした政府内における「権力の裏金のホントウの全貌」など、とても筆者のような非力な取材力では解明しきれるものではない。

「月割りにして一億円前後」という官房機密費の執行額というのも、じつは「オモテの予算枠」に過ぎない。「裏金」とは、オモテに出せないから裏金というのであって、正規に予算計上された「官房機密費」のごとく、「オフィシャルな裏金」という表現自体が、そもそも矛盾している。

結論から先に言うと、こうした「権力最中枢の裏金」は、さまざまな細工を凝らすことで、オモテに見えないようにすることはできる。あっさり言ってしまえば、「官房機密費」の名目以外でも、政権中枢にいる人間が動かすことのできる裏金的なカネは、いくらでも存在する。

自民党のある官房長官経験者の一人は、こう話す。

「官邸の機密費が底を突いてしまい、そのときは大蔵省の主計局にかけあって出してもらった。今から思えば、おそらく、外務省（の機密費）から融通してくれたのだと思う。そのときは、官邸（の予算）には一切、手を付けずにカネを持ってきてくれた」

機密費以外の名称でなくても、例えば、「沖縄振興関連予算」や「ＯＤＡ予算」に加え、調査研究や講演等に対して支払うことになっている「諸謝金」の一部については、事実上、機密費的に流用されている実態もある。

また、選挙や国会対策に充てるカネでも、官邸の機密費だけでなく、例えば、自民党だと「政策活動費」なる名目の、実質的な「党の機密費」が存在する。

さらにもっと言えば、各省庁が補助金などを付け、天下りを送り込んでいる特殊法人などの外郭団体や、また、特別会計の中にも裏金的に使える予算項目はある。また、政治家個人が業者から賄賂として受け取るカネは、まさに「裏金」以外の何物でもない。

そういうところまで扱おうとすれば、取材しきれるものでもないし、キリがないので、本章ではまずはあくまで正規に予算計上される政府の「機密費」という部分に絞って稿を進める。

「オモテの裏金」の官房機密費と外交機密費は年間70億

戦前の機密費を受け継ぐ形で、予算措置上の名称を「報償費」と変え、戦後、予算書に初めて登場するのが、官邸は一九四六（昭和二十一）年度の百五十万円（なお、その前年度は「機密費」として、二百二十五万八千円を計上）、また、外務省においては、翌四七（昭和二十二）年度の百五十五万五千円である。

それから、年々、予算額は双方とも膨らんでいき、二〇〇一年の読売新聞のスクープをきっかけに、警視庁がこうした一連の機密費流用事件を摘発した時点での、二〇〇〇年度予算においては、官房機密費（正式名称・内閣官房報償費）が十五億千九百万円（うち、官房長官扱い分十三億三百万円、内閣情報調査室分二億千六百万円）。外交機密費（正式名称・外務省報償費）が五十五億六千六百万円（うち、本省分十九億千六百万円、在外公館分三十六億五千万円）である。

戦後の経済復興と相まって、税収の増加から政府予算が拡大していく背景をもとに、外交機密費の「官邸への上納」も含め、機密費が一気に増額される大きなきっかけとなったのが、一九六〇年代の、戦後処理を巡る日韓交渉だった。

1965年の日韓基本条約締結に動いた、莫大なカネ

ポツダム宣言の受諾によって太平洋戦争が終結し、朝鮮は日本の植民地支配から解放されたが、その後の東西冷戦によって、朝鮮半島の北半分はソ連や中国が強く後押しする朝鮮民主主義人民共和国（北朝鮮）、南半分は同様にアメリカの影響下に置かれた大韓民国（韓国）とに分断された。

先の大戦において甚大な被害を与えたことに対する「償い」、すなわち、「戦後補償」を巡る日本と韓国との交渉は、サンフランシスコ平和条約の調印によって、日本が正式に主権国としての独立を回復した一九五一（昭和二十六）年の時点で既に始まっていたが、賠償金の支払い額や竹島（韓国名・独島）の領有権問題などで難航した。

長期化していた日韓交渉が決着していく契機となったのは、一九六一（昭和三十六）年五月、韓国で、陸軍少将だった朴正煕が軍事クーデタによって政権を掌握したことによる。

朴政権は「韓国の経済発展のためには、日本からの賠償金が必要不可欠」との判断から、軍事政権のナンバー2だったＫＣＩＡ（韓国中央情報部）部長・金鍾泌の指示で、ＫＣＩＡ側の人間が、日本の政財界中枢の人物たちと水面下での接触を始めた。

日本側では、自民党内でも、岸信介、佐藤栄作といった官僚出身の政治家は概ね交渉には前向きだった。ところが、党人派のドンだった大野伴睦が、戦後すぐに在日朝鮮人の青年に襲われ、前歯を折られていたことから、「大の韓国嫌い」として有名で、これが「日韓交渉最大の障壁」といわれていた。

この大野伴睦説得の「切り札」として使われたのが、右翼の大物で、政財界のフィクサーとしても名が通っていた児玉誉士夫だった。ＫＣＩＡ側は本国の了解も取ったうえで、この児玉と接触し、自民党内で交渉締結に反対する人物たちに対する切り崩しにかかったのだが、まず、この過程で莫大なカネがかかったという。

だが、児玉はカネに見合っただけの動きを見せ、きちんと大野伴睦への説得を行なう一方、後に韓国との賠償ビジネスをリードすることになる瀬島龍三をKCIAの人物に紹介するなど、行き詰まっていた交渉に風穴を開けた。

日韓基本条約の正式調印は、佐藤内閣時代の一九六五（昭和四十）年六月のことだが、既に池田内閣時代の六二（昭和三十七）年十一月、KCIA部長・金鍾泌と外相・大平正芳との会談で、「無償援助三億ドル、有償援助二億ドル、民間協力資金一億ドル以上の供与を行なう」との内容で、事実上の決着をみていた。これも根回しに動いていたのは児玉だったが、有償・無償の援助だけで計五億ドルという金額は、当時の韓国政府の年間予算のじつに一・五倍に達していた。

懸案はこうして日本から韓国に対して支払われることになる資金の「名目」だった。

植民地支配清算の意味を込めて、「賠償金の請求権」にこだわる韓国側と、こうした「戦争責任」に直結する表現をできるだけ回避し、あくまで「経済協力」の面を強く出したいとする日本側との思惑が最後まで対立していた。

〇五年一月に韓国で公開された日韓条約関連の文書からは、そうした両者のぶつかり合いが見て取れ、最終的には「請求権及び経済協力協定」という、じつに「玉虫色」とでもいうのか、双方の顔を立てた形で決着している。

韓国側からすれば、これは「戦後賠償の請求」であり、日本側からすれば「経済協力」なのである。もちろん、日韓両政府が交渉を急いだ背景には、ベトナム戦争へ本格的に介入していくこととリンクして、日韓両国を「アジアにおける反共の防波堤」にしたいとするアメリカの思惑も強く働いていた。

2　野党買収と自民党政権維持に使うＣＩＡ裏金

裏金による賠償ビジネスと、賠償案件可決のための裏金

戦後の「賠償ビジネス」は、サンフランシスコ平和条約が締結された一九五一（昭和二十六）年の九月を機に、本格化していくことになる。

その際、中国（当時の交渉相手は、中華人民共和国の成立に伴い、台湾に逃れていた蒋介石の国民党政権による中華民国）など多くのアジア諸国は賠償請求権を放棄していたため、実際に日本が「正式な賠償金」を支払ったのは、インドネシア、ビルマ、フィリピン、南ベトナムの四カ国で、総額で十億ドルに上った。賠償金の支払いは一九七六（昭和五十一）年に完了したが、こうした過程で「賠償ビジネス」という名の莫大な利権が、現地国と日本との間で生み出されることになる。

例えば、インドネシアに対しては、一九五七（昭和三十二）年の岸・スカルノ会談で決着し、総額八百三億円を日本側が支払うことで合意している。

このとき付けられた条件が、「十二年間に、毎年二千万ドル相当を『現物』で支払い、それはインドネシア政府が必要な物資を日本企業に注文し、代金の支払いは日本政府が保証する」と

いうものだった。要するに、「ひも付き援助」である。

ここに三井物産や三菱商事、伊藤忠商事といった大手商社が参戦して、熾烈な受注競争を繰り広げた。商社にしてみれば、インドネシア側からの注文さえ取りつければ、代金の取りっぱぐれがないため、何とも「ボロい商売」だったのである。

商社はインドネシア側——具体的にはスカルノに対してだが——に、コミッション、つまり、賄賂を渡すことで受注を取る一方、また、日本においても、こうした予算配分に力を持つ自民党の有力議員に食い込むことで、ビジネスを有利に運ぼうとした。そして、その裏金によるビジネスの構図は対韓国賠償ビジネス、さらには、その後の途上国に対するＯＤＡ（経済開発援助）にもダイレクトに受け継がれている。

前述したように、日韓交渉は揉めに揉めた末、六五年六月に日韓基本条約として正式に調印されたのだが、これはあくまで経済分野に偏重していたため、戦時中の強制連行や従軍慰安婦の問題など、日本の植民地支配下で多大な苦痛を与えた民衆に対する救済措置（具体的には、在日韓国人の賠償請求権問題など）は、全く棚上げにされた。

このため、日韓基本条約の内容が発表されるや否や、「在日韓国人六十万人の人権を日本政府に売り渡し、その見返りに本国の軍事独裁政権は、日本からの経済援助を手に入れた」と、在日韓国人、さらにはそれを支持する左翼陣営からは猛烈な反発が起こった。

「このような日韓条約の存在は、南北朝鮮の分断を固定化させるものだ」とする主張が、こうした反対運動を勢いづかせ、その五年前に改定された日米安保騒動を再現しかねない情勢になっていた。

こうした背景から、「日韓条約批准問題」が、同年秋に召集された臨時国会での最大争点と化し、条約批准に全面的に反対する社会党、共産党などの抵抗で、審議は冒頭から大荒れとなった。

最初に審議入りした衆院では十一月六日、特別委員会で自民党単独による強行採決で切り抜けたものの、続く参院では、十二月十一日の本会議において、それまで態度を曖昧にしていた民社党を賛成に抱き込むことで、最終的に批准へとこぎつけることができたのだが、じつはこのときの「野党対策」で、巨額のカネを投入したのだという。

「野党対策の機密費不足で銀行から借金した」（平野貞夫）

当時、衆院日韓条約特別委の筆頭理事だった園田直が、後に衆院副議長を務めた際、衆院事務局職員として園田の秘書を経験している平野貞夫（元参院議員、元参院財政金融委員長）は、「そのとき、園田から直接、聞いた話」として、こう述べている。

「揉めに揉めたこのときの日韓条約の交渉締結、さらにはそれを批准するかどうかの日韓国会において、野党対策で膨大なカネを使った。当時は機密費自体も少なく、銀行からの借金で何とか乗り切った。それを返済していくためにも、翌年度の予算で内閣と外務省の機密費を大幅に増やすことになった」

このときの日韓国会において、当時、自民党が「国会対策費」の名目で、総額で億単位に上る支出を行なっていたことを、一九六七（昭和四十二）年三月二十三日の衆院予算委員会で、公明党書記長だった矢野絢也が、一九六五（昭和四十）、六六（同四十一）年に自民党から自治省に届け出のあった収支報告書をもとに、追及している。

それによると、このときの日韓国会の時期とぴったりと重なる昭和四十年下半期の自民党の国会対策費の支出は計十九件、総額一億一千九百四十万円に達しており、うち、三百万円以上の高額な十一件の支出は、すべて国会審議のヤマ場と一致していた。

「（昭和）四十年九月二十一日　三百万円　中野四郎」——この日は、政府・与党が臨時国会の召集日を十月五日と決定した日である。「中野四郎」は、当時の自民党の衆院国対委員長。

「十一月五日　三百六十万円　中野四郎」——この日、最後まで態度を鮮明にしていなかった民社党が水面下で条約賛成を決める。翌六日、衆院の日韓特別委員会で日韓案件が、強行可決される。

審議の舞台は参院に移る。

「十二月一日　三百万円　田中角栄」「十二月一日　三百万円　中野四郎」「十二月一日　四百

五十万円　塩見俊二」――言わずと知れた田中角栄は当時の自民党幹事長、塩見俊二は同党の参院国対委員長である。この日は、自民党が参院の議院運営委員会で本会議の開会決定を強行採決している。

日韓案件そのものは十二月十一日、参院本会議で自民、民社の賛成多数で承認、可決して成立したものの、その後、社会党は「これは自民党の暴挙だ」と猛反発したため、通常国会開会のメドが立たなくなった。

しかし、その後の自社両党の話し合いで、十二月十九日になって、衆院議長・船田中の辞表提出で国会は正常化し、翌二十日には通常国会の召集が決まっている――「十二月二十日　三千万円　田中角栄」「十二月二十一日　三千三百万円　田中角栄」

昼間は反対を叫びながら、夜は自民党と酒を飲みに行く

このときの「矢野質問」の顛末については、毎日新聞の連載『金権』の第十回から第十六回の計七回にわたり、「消された議事録」のタイトルの記事でまとめている（一九八三年八月五日付け朝刊―同月十二日付け朝刊）。

なぜ、「消された議事録」かというと、公明党の矢野絢也によって、この自民党の国対費を取り上げた質問が、後に「不穏当な質問である」と自民党側から猛抗議が出され、予算委員長の職権で、議事録から削除されてしまったからである。裏を返せば、政府・与党としては、この

問題はそれだけ触れて欲しくない「タブー」だったわけである（当時、自民党の国対費については、共産党ですら追及していなかった）。

この毎日新聞の記事によると、社会党参院議員だった加藤シズエは、当時、党内では数少ない日韓条約賛成派で、この日韓国会中、外務委員会で、ソウルに総領事館を置くかどうかで採決を取ったことがあった。

加藤は党から特段の指示を受けていなかったため、「賛成」の起立をすると、同僚の社会党の議員もつられて立ち上がったため、委員長を務めていた自民党の議員が突然、速記を止めさせ、社会党理事に「ここで社会党は反対するハズだが、どうなっているんだ」と問いただす場面があった、という。

こうした光景を受けて、加藤シズエはこう語っている。

「このころ、昼間は反対を叫びながら、夜になると自民党と酒を飲みに行く人が何人もいた」

実際、このときの日韓国会では、「自民党が強行採決する」という情報が流れたため、社会党の秘書団が本会議場や委員会室の前でピケを張ったことがあったが、国対委員長の指示で、「もう話がついた」とピケが解除させられたことがあった。

こうした〝妙な動き〟を繰り返していた社会党議員の行動のウラについて、ある元社会党職員は、この毎日新聞の連載記事の中で次のように証言している。

「社会党のだれが、どこの料亭で自民党のだれと会い、〝オレのところは、何日ごろこれこれの法案を出す〟〝それじゃあ、オレのところは、何日間寝るヨ（審議を拒否する）〟と裏取引する。そんなことは全部、知っている。しかし、この種の話はカンオケまで持っていく話だ」

法案を通すのに党の機密費か首相官邸の機密費を出す

この当時、社会党の国対委員長だった山本幸一は、連載記事の中で、「日韓などでは妥協できなかった」と、自民党との裏取引については全面否定しつつも、自民党議員との〝夜の交際〟については、次のように認めていた。

「誘われれば、三回に一回は付き合わねばならない。九段（東京千代田区）あたりの料理屋で一回三千円から五千円程度の食事を一緒にした。必ず誤解されぬように副委員長を連れていった。かけマージャンの付き合いもあったが、相手は大野伴睦、川島正次郎（ともに元自民党副総裁）といった大物としかやらなかった。十五万円ほど勝ったが、オレが強すぎるので、相手が敬遠した」

もっとも、元自民党事務局勤務の伊藤惇夫は『永田町「悪魔の辞典」』（文春新書、二〇〇四年）の中で、こう記している。

〈その一方、社会党は野党第一党の地位に安住し、自民党との心地よい住み分けの中で、「小さな幸せ」を味わっていた。労組のトップから社会党の国会議員となり、10年間在職して年金をもらう。その途中で国会の常任、特別委員長にでもなれば、在任中は黒塗りの専用車を乗り回せるし、叙勲ではワンランク上の勲章をもらえる。これが革新の雄・社会党議員の理想の生きかただった。

「委員長、それではこれから負けてきます」

「おう、じゃあこれをもっていけ」

自民党時代、55年体制華やかなりし頃の国会対策委員会の部屋で何度か見かけた光景である。「負けてきます」は、社会党の議員と接待マージャンをやり、わざと負けて小遣いを渡してきます、という意味。社会党の「国対族」といわれた連中はみな、こうして自民党から飲ませ食わせの上に、小遣いの支給まで受けていた。〉

日韓国会で自民党と手打ちして、民社党のモチ代三倍増

このときの毎日新聞の連載記事では、当時、民社党政審会長だった今澄勇の次の証言も掲載している。

「（※そのときの日韓国会で、後に批准賛成に回ることになる民社党が自民党と）手を打った、という意味はすぐわかった。十二月末、民社党にも議員に十万円ずつ〝モチ代〟を配る慣例があったが、その年は三十万円だった。党の幹部に聞くと〝政府・自民党から日韓のお礼をもらったんで、多いんだ〟と説明されたヨ」

要するに、「カネ」で法案を買っているようなものだが、自民党では、公明党の矢野絢也に、

国会でこうして「国会対策費」の問題が取り上げられたり、さらにその後、田中角栄が首相の時代には一連の「金権政治」批判を受けたことで、三木内閣時代の一九七五（昭和五十）年を最後に、自民党の政治資金収支報告書からは「国対費」の項目は消えている。代わりに「政策活動費」などの名目に代えることで、幹事長決裁で支出できる「党の機密費」として、現在に至っている。

こうした国対のカネは、党（＝自民党の政策活動費）から出す場合と、官邸（＝官房機密費）から出す場合と、二通りがある。

ある官邸中枢関係者は言う。

「法案を通すのに、党の機密費から出す場合は『幹事長—国対委員長』のライン、官邸から出す場合は『官房長官』の決裁でやるが、それをどういう按配でやるかは、まさに阿吽の呼吸。だから、官邸と党とはきちんとコミュニケーションを取ってもらわないと困る。閣議決定を経て、政府が国会に提出した法案については最終的に官邸が責任を持つが、しかし、いずれにしても党側との緊密な協力は不可欠。（〇五年の通常国会で揉めに揉めて、結局、解散・総選挙となってしまった）小泉首相の郵政民営化法案のときのように、官邸と党との間がバラバラだと、政府としては本当に困る。ああいうふうに党と官邸が対立し、政局が不安定になるのを官僚機構はいちばん嫌う。重要法案が（国会に）出せなくなるからね。官邸と党はクルマの両輪。双方の呼吸がピタリと合うことで、法案の審議もうまいこと進む」

「外交機密費の大幅増額を外務省が説明できなかった」（藤井裕久）

一九六五（昭和四十）年秋の日韓国会で、野党対策に膨大なカネを使ったため、これの穴埋めの意味もあって、翌六六（昭和四十一）年度の当初予算では、官邸の機密費を前年より五六％増やして四億円に、また、外務省については同じく六二％も増やして十三億三千万円にしたのだが、当時、外務省担当の大蔵省主計局主査として予算査定に直接、タッチしていた藤井裕久（元大蔵大臣、元民主党代表代行）は、そのときの経緯をこう語る。

「そのとき、外務省が四億円もの機密費の増額を要求していたが、当時、外務省の機密費は微々たるもんで、ケタが一つ違っていた。それで、『どうして四億も増やすのか』と外務省の会計課長と官房長に問いただしたが、『本当にわからない』と何も説明できないんだ。積算根拠も出てこない。だから、さらに聞くと、『（それは）自民党の方からの要求だ』と言ってきた。それで、この案件は当時、大蔵大臣だった福田（赳夫）さんと外務大臣だった椎名（悦三郎）さんとの大臣折衝にまで持ち込まれた（※椎名はこの年の六月に日韓条約を批准した際の外相でもあった）。私もその大臣接衝の場に同席したのだが、福田さんも大蔵省の主計局長をやっているから、『なぜ、そんなに増やすのか』と当然、説明を求めた。ところが、いつもならあんなに明瞭に物事を話す椎名さんが、ごもごもと口篭もって何も話さないんだよ。で、その場では物別れに終わったのだが、たぶん、そのときは福田さんは知らなかったんだろうなあ。それから、再び大臣同士の接衝になったんだが、そのときは既に『天の声』が出ていたらしく、すんなりと決着した。官邸の機密費を増やすには、いろいろと理屈づけが大変だが、外務省の分に関しては、『日韓条約が批准され、国交も回復したことだし、いろいろと費用がかかる』と説明がつけやすかったからではないか。しかし、それでも（外務省の方も）積算根拠は示されていないが」

このときの予算編成は、日韓国会がその余波も含め、年末まで荒れまくったために越年しており、年が明けた六六（昭和四十一）年一月十三日の、時の首相・佐藤栄作の日記には、外交機密費の増額を巡って佐藤自身が自民党側から激しい突き上げを食らっていたことを窺わせる次のような記述がある。

〈予算を仕上げる日。朝から順調にすゝんでるとは聞きながらも、今日中に果して出来上るやら心中おだやかでない。それでも何くわぬ顔で椎名訪ソの打合せに午前中を費し、午後は予算進行を見守る。最後まで二つの公庫が問題。その上、外務予算増額で、つき上げが甚だしい。何れも旧佐藤派の面々。いゝかげんにしてもよいものだと思ふが、増田甲子七や中野四郎等困りもの。然し、深夜二時半に漸く妥結。まづまづの処か。〉

ここに出てくる「中野四郎」とは、前述したように、日韓国会における自民党の衆院国対委員長である。いずれにしても、このときの国対で莫大な裏のカネを費消してしまった「尻拭い」を、時の最高権力者のところに持ち込むことで、後始末をしてもらったであろうことが、見て取れる。

外交機密費上納の決済は外務大臣に一切上げない（外務省首脳）

そして、外務省から官邸への「機密費の上納」は、このときから始まったとされている。

当初は「とにかく日韓交渉や、その条約批准を巡る国会の野党対策で費消してしまった分の穴埋め」という、逼迫した理由によるものだったが、いずれにしても「外交交渉のため」という増額の大義名分は、機密費のヴェールを覆い隠すには格好の理由づけになった。

官邸と外務省のその後の機密費予算の増額ベースを見ていくと、官房機密費が目立って増えたのは、田中内閣（一九七二年七月—七四年十一月）の時代である。それまでの佐藤内閣の時代の年間四億円台から、一挙に十二億二千万円にまで跳ね上がっているが、これはおそらく、田中角栄の政治的判断だろう（田中は、カネに関しては結構、あけすけなところがあり、「握りガネ」の形でいろんな人間に気前よくポンポンと渡していたので、そういうキャラも影響していたと思われる）。

金脈問題を追及されて退陣した田中内閣を受けて成立した三木内閣時代の一九七五年度から、例の機密費流用が事件として警視庁に摘発される二〇〇〇年度までの二十五年間に、官房機密費の方は二億四千五百万円しか増えていないのに対し、外交機密費（本省分、在外公館分の合計額）の方は、じつに約十八億円も増額されているのである。

このように、当初は〝一種の便法〟として始まった外務省から官邸への機密費の上納だったが、次第にシステム化されていく中で、カネの流れもさらにブラックボックス化されていき、「権力の裏金」としての性格もいっそう強めていったものと思われる。

「外務省から官邸への上納」の実態について、ある現役の外務省首脳の一人は、こう話す。

「もう、三十年以上も前のことだが、本省の大臣官房で予算を担当していたことがあった。既にその当時から、外務省の報償費（＝機密費）は本省と在外公館とに付いていたが、在外公館の予算のうち、なぜか報償費だけは在外公館課ではなく、会計課の扱いだった。もっともそれは在外公館課がもともとは会計課の一セクションとして、昭和四十年代以降、『在外公館室』を経て、『課』として独立していったという経緯もあるのかもしれないが。だから、その頃から、ウチの報償費の一部が官邸に持って行かれているというのは知っていた。こうした報償費の決裁は『会計課長―官房長―事務次官』のラインで行なう。もちろん、他の重要かつ機微な情報とも合わせて、外務大臣には一切、上げない。ただ、外務省の報償費については、ちゃんと支払い先の領収書も添付して、その氏名も記さなければならないなど、いろいろとうるさい。そういう意味では、いったん外務省から官邸に支出し、そこで予算執行を済ませたことにしておけば、いろいろと融通が効くのだと思う」

なお、本章でも触れるように、〇一年中に官房、外交両機密費の巨額流用事件が発覚したことを受け、〇二年度予算からは外務省分は四〇％、内閣官房費は一〇％、それぞれ削減され、外交機密費は三十三億四千万円（うち本省分十一億五千万円、在外公館分二十一億九千万円）、官房機密費は十四億六千二百万円となっている。官房機密費については、この十四億六千二百万円のままゼロベースで〇六年度まで推移している。

一方、外交機密費については〇三年度以降はさらに三億四千万円カットされて、計三十億円（本省分十億円、在外公館分二十億円）のまま〇六年度まで続いている。

もっとも、外交機密費に関しては、減額したとはいっても、それまでにワイン等の酒類や日本画の購入費などを一般経費に付け替えている。「権力のヤミ金」が現在もなお、これだけふんだんに予算計上されている実態については、何ら変わりがない。

佐藤栄作蔵相が米国に泣きついてCIA秘密資金要請

戦後、ある時期まで、日本の自民党政権を支えていたのは、CIA資金をはじめとする、アメリカからの財政援助だった。

特に、一九五〇年代から六〇年代にかけて、CIA（米中央情報局）は「対共産主義陣営に対するアジアの砦としての日本を守る」との名目で、極秘に計数百万ドル（当時は固定レートで一ドル三百六十円）が自民党とその幹部に対して渡されていたといい、九四年十月九日付けニューヨーク・タイムズが、次のように報じている。

○引退した米政府の元情報担当高官や元外交官によると、ＣＩＡは一九五〇年代と六〇年代に、日本の自民党とその幹部に何百万ドルにも上る資金援助を行なった。これは日本に関する情報収集とともに、日本を共産主義に対するアジアの防波堤にし、日本の左翼陣営を妨害することが狙いだった。

○国立国文書館に収められた国務省文書によると、五八年七月二十九日、当時のマッカーサー二世・駐日大使は国務省に対し、岸内閣の佐藤栄作蔵相が米大使館に国政選挙に向けた資金援助を要請してきたことを伝えるメモを送った。佐藤蔵相はこの中で、共産主義と戦うためという理由で資金援助を求め「日本企業から集めた秘密資金が枯渇して不安だ」と説明した。

○五五年から五八年までＣＩＡの極東活動の責任者だったアルフレッド・ウルマー二世は「われわれは情報を自民党に依存していた」と語り、ＣＩＡが自民党を支援するとともに、同党内の情報提供者を雇うために資金を利用したと明かした。

○ＣＩＡによる秘密資金援助は七〇年代初めに終わった模様で、それは日米貿易摩擦拡大に伴う両国の緊張関係と符合する。日本の経済力も強化され、ＣＩＡはその後、それまでの長期的な関係を活用して、より伝統的なスパイ活動を日本で確立するようになった。

また、ＣＩＡは保守合同によって一九五五（昭和三十）年に自民党が結成された際にも資金援助を行ない、その後、年間百万ドルから百五十万ドルに達し、それはケネディ、ジョンソン政権下でも続けられた。

春名幹男の『秘密のファイル――ＣＩＡの対日工作』（共同通信社、二〇〇〇年）には、こうしたＣＩＡによる自民党への資金工作の様子が克明に記されている。

それによると、ＣＩＡの資金提供ルートの一つとは、正確には「自民党」というより、「岸信介個人」へ直接だったといい、動いたカネは百万ドル単位だった。春名が九六年、直接会ったサム・ハルパーンという元ＣＩＡの工作担当次官補佐官によれば、「スイス銀行などを介入させるより、現金を運んだ方が秘密は漏れにくい」と、こう述べたとある。

「大物右翼児玉誉士夫のような人物の介在などは、不必要だった」

「当時は米政府予算に余裕があった。議会の秘密審議で、ＣＩＡの秘密工作に対して、『金額はそれで十分か』と問う議員さえいた」

ニューヨーク・タイムズが報じていた、岸内閣時代の蔵相・佐藤栄作に対する資金提供の詳細についても、同書は言及している。

一九五八（昭和三十三）年七月二十五日、首相官邸から程近いところにある、東京グランドホテルの四階四一三号室にあった佐藤の個人事務所で、駐日米国大使館一等書記官のスタン・

カーペンターに、佐藤はこう泣きついた、とある。

「政府はこれら極左勢力（※具体的には、共産党、総評を指す。この数日前には東京で共産党大会、総評大会が開かれたばかりだった）との戦いで最善を尽くしているが、十分な資金のアクセスが限られている」

じつは、この年の四月にあった総選挙では、秘密裏に実業界、金融界のトップから寄付を受けていたものの、翌年（五九年）の参院選においては、「これ以上の財政支援を受けるのは、不可能ではないにしても、難しい」と、佐藤は言われていたからである。

この五八年の総選挙では、「ＣＩＡは佐藤の要請を受け、岸に対して資金援助を行なっていたのは、ほぼ疑いがない」と同書は指摘しており、佐藤が再びアメリカ側に資金提供を要請したのは、こうした過去の実績を受けてのことなのだろう。

佐藤は「米国がこのような要請（＝資金提供）に応じてくれるなら、極秘にし、米国を困らせるようなことは避ける。川島（正次郎・自民党幹事長）をチャンネルにしたい」と、カーペンターに頭を下げたという（なお、ここに出てくる「川島正次郎」は、この後の安保改定騒動の最中にも、アメリカに資金援助の要請をしている）。

日本政府内部資料提供の見返りに米国資金が岸信介へ

戦後、アメリカ（＝ＣＩＡ）による日本の政権中枢に対する工作のターゲットは、一貫して岸信介（安倍晋三の祖父、一八九六―一九八七）だった。

GHQからしてみると、旧自由党系の吉田茂（一八七八―一九六七）が必ずしも占領政策に従順ではなく、いろいろと駆け引きも行なったため、マッカーサーはもとより、GHQ内で情報工作を担当するG2からも、「吉田はナマイキだ」と相当、嫌われていたからである。そのため、吉田に対する牽制の意味もあって、「アメリカの言うことをよく聞く岸」にテコ入れしていった。

とりわけ、岸は敗戦直後、A級戦犯として逮捕され、巣鴨プリズンに投獄されながらも、笹川良一や児玉誉士夫らとともに、訴追を免れている。

前出の『秘密のファイル』を著した春名が、アメリカの国立公文書館で調査したところ、巣鴨で岸を取り調べたのはG2のジョージ・サカナリとジョージ・サカモトの二人の将校で、同行したフジテレビの取材班（番組は〇四年八月十四日に『妖怪　岸信介』として放映）が撮影禁止された文書の中には、「G2が岸の釈放を勧告した」との記述もあった。

岸が政界に復帰するのは、一九五二（昭和二十七）年四月のサンフランシスコ平和条約の発効で公職追放が解除されたのち、翌五三（昭和二十八）年四月の総選挙で初当選してからである。

そのフジテレビの取材に応じたアリゾナ大学教授のマイケル・シェーラー（米国務省公文書解禁審査会委員を務め、秘密文書の公開基準を作成する作業を通じて、そうした文書を閲覧している）は、番組で次のように述べている。

「岸は一九五三年から五五年にかけて頻繁に訪米し、米国政府関係者に日本政府の内部資料について、レポートを渡していたようだ。その見返りとして一九五五年ごろから、米国政府は岸に資金提供するようになった。岸が選挙に勝つように、という意味だと思う」

「岸の問題はアメリカの思惑通りに動き過ぎたことにあった。アメリカの世界戦略の一端に利用されたのです。もちろん、それはアメリカにとってありがたいことでしたが、日本のためになったかどうかは疑問です。日本が本当の意味で独立できていないのは、ある意味で岸の責任だと思います」

岸がこのように、「アメリカの従順な操り人形」として動いた最大の理由は、「A級戦犯として訴追されずに済んだ」、すなわち、「アメリカに命を拾われた」という点に尽きるだろう。

「岸信介―安倍晋太郎」の二代にわたって家政婦を務め、安倍晋三の乳母でもあった久保ウメが、『月刊現代』〇六年五月号―七月号所収の七尾和晃「安倍晋三が封印した『乳母の記憶』（上、中、下）」の中で、岸が八七年に九十歳で御殿場の自宅で死去する晩年に、「岸本人から、直接、聞いた話」として、こう紹介している。

「巣鴨にいたころね、毎朝、カッカッという踵の音が廊下に響くんだよ。戦犯として処刑される者の房の前で音が止まるからね、それで今日の処刑が誰なのかってわかったんだよ。だから、毎朝、靴の音が聞こえると、今日は俺か、明日は俺かって、みな、音が自分のほうにくるのかどうかを、部屋のなかで息を殺して気配を探っていたんだよ」

その靴音の聞こえるのが、冬であれば、まだ、暗い朝の四時ちょうどで、それ以来、岸はどこにいても朝四時になると、目が覚めてしまうようになったのだという。

「米国に資金提供を断ったら、本当に来なくなった」(平野貞夫)

その岸信介は一九六〇(昭和三十五)年六月、新安保条約の自然成立と引き換えに退陣し、後継首相には池田勇人が選出されたが、それを機に、池田内閣はアメリカからの資金提供を断ったのだという。

かつて、池田勇人と同じ自民党の宏池会に所属していた前尾繁三郎が衆院議長時代に、衆院事務局職員として議長秘書を務めていた前出の平野貞夫は、「その前尾から直接、聞いた話」として、次のように明かす。

「その発足した池田内閣では、自民党の幹事長が益谷秀次、その下の金庫番である経理局長に前尾さんが就いたが、二人とも池田派、つまり、宏池会だった。で、このとき、益谷さんと前尾さんが、アメリカからの資金提供を断った。『外国からカネを貰っていたんでは、真の独立などできない』との判断からだった。そしたら、本当にカネが来なくなった(笑)。ただ、池田内閣は財界からカネが来たし、大蔵省や金融・銀行のバックアップで派閥自体のカネも豊富にあった。佐藤栄作はもともと鉄道省の役人上がりだからカネはないし、兄の岸信介にしても商工省の役人だから、もともとそんなにカネはない。（同じ自民党でも、宏池会との）そういう違いはあったと思う」

この平野の証言は、ＣＩＡから秘密資金の提供を受けていたことを報じたニューヨーク・タイムズ、さらには前出の春名の『秘密のファイル』での記述とも符合する。

なお、ＣＩＡの自民党有力者に対する秘密資金の提供中止については、当時、駐日大使だったライシャワーが、池田内閣時代の六四（昭和三十九）年一月、「日米関係が成熟し、新米政治家への資金提供の必要がなくなった」などとする意見を本国に打電し、これを受ける形でジョンソン政権が最終的に資金提供の打ち切りを決定したと、こうした関連公文書の内容を知る米政府高官の証言として明かしている（共同通信が〇六年十一月二十四日付け神奈川新聞朝刊などに配信した記事による）。

「政治はカネがかかるんだなー」と安倍晋太郎もビックリ

大蔵省事務次官から政治家に転身した出自を持つ池田勇人に比べると、岸信介、佐藤栄作の兄弟は、日本国内において、自前で調達できる潤沢な資金源があまりなかったようである。

池田勇人の病気による退陣によって、後継の佐藤内閣が発足するのは、六四（昭和三十九）年十一月のことだが、前述したように、佐藤栄作が首相になって官邸と外務省の機密費を増額した理由の中には、こうした自らの「懐事情」もあったのかもしれない。

こうした点を裏付ける傍証として、前出の久保ウメが、生前、「安倍晋太郎から直接、聞いた話」として、安倍が毎日新聞記者を退職して岸の秘書官になった直後の五六（昭和三十一）年十二月に行なわれた自民党総裁選のときと思われる（このとき、岸は石橋湛山に僅差の二位で敗れている）、次のようなエピソードを証言している。

「南平台のお屋敷のなかにね、蔵があって、そこに金庫があったのよね。どれくらいの大きさだったかしらね。まあ、大きな金庫でしたよ。それがね、パパ（※安倍晋太郎のこと）がいうのよ。『一晩ですっからかんになっちゃったよ』ってね。それを見て、パパも仰天してね、『いやー政治はカネがかかるんだなー』ってビックリしてね」

沖縄主席公選でCIA資金72万ドルが自民候補に

ＣＩＡによる自民党政権への資金提供は、池田内閣以降はなくなったことで、選挙や国対など、さまざまな政治工作に充てる「権力の裏金」は、自前予算の機密費で賄うようになるが、それでも一九七二（昭和四十七）年までアメリカの占領統治下にあった沖縄に関しては、ＣＩＡが責任を持ってカネの面倒を見ていた（そのことは、ニューヨーク・タイムズが報じた「ＣＩＡによる秘密資金援助は七〇年代初めに終わった模様だ」との記述とも合致する）。

二〇〇〇年七月十六日付け琉球新報朝刊の「公文書の記録・ＵＳＣＡＲの時代」（第七回）によれば、一九六八（昭和四十三）年十一月に行なわれた初の主席公選（現在の沖縄県知事選にあたる）において、ＵＳＣＡＲ（琉球列島米国民政府）は、当時、保守系の那覇市長だった西銘順治（※その後、七〇年に行なわれた戦後初の沖縄での総選挙で衆院議員に当選。七八年より沖縄県知事を連続三期務める）を当選させるべく、資金提供を行なっていたことを明らかにしている。

具体的には、選挙の前の年からＵＳＣＡＲは西銘を候補者と決めており、その選挙資金として、選挙の三カ月ほど前に、アメリカ側から総額七十二万ドルが東京の自民党本部を経由し、沖縄自由民主党副総裁の吉元栄真に対して渡されたとの内容が記された機密電文が暴露されている。

六八年八月十六日付けで出された「米国大使館から高等弁務官への電文『自民党への財政支援』」には、こう記されている。

〈（1）吉元からの情報によると、八月十五日に福田（赳夫）と会って七十二万ドルの受け渡しを確認した。

（2）金は八月二十一日に二十八万ドル、九月十六日に二十二万ドル、十月十五日に二十二万ドルと三回に分けて渡される予定である。

（3）米大使館は金の移送方法についてはまだ検討中。東京でなら円で、沖縄ならドルで受け取るということになるが、それが明確になり次第、誰が金を運ぶか決めることになろ

う。吉元は八月十八日にノースウェストで沖縄に帰る予定――〉

このとき、自民党側は西銘順治を当選させるため、「史上空前の買収を行なった」と新聞紙上でも書かれていたが、こうした状況を裏付けるものとして、自民党職員としてこのときの主席公選に携わっていた金尚は、『週刊文春』の〇二年八月十五・二十二日合併号のインタビュー(『自民党への遺言①』「小泉純一郎に渡した裏金二千万円」)の中で、次のように述べている。

〈このとき、私は人事はいいんですが、突然、「誰か選挙を手伝いに行け。あっ君、頼む」と言われて、何が何だか分からないうちに幹事長室に連れて行かれたんです。

来るべき沖縄復帰に向けて、米軍の基地問題等もあり、自民党は是が非でも勝つと、当時の福田赳夫幹事長のもと裏金をバンバン投入していた。また西銘は田中派に入れる手筈になっていたこともあり、角さんも総力を注いでいた。

当時、西銘は沖縄自由民主党総裁で、副総裁はコザ出身の吉元栄真。その吉元が西銘側の選挙窓口となり、彼に裏金を渡して運ばせていた。吉元は幾度も自民党本部にやってきて、その度ごとに二十万ドル、十万ドルと、当時、沖縄はドルでしたから円をドルに換えた裏金を密かに運んでいた。総額で百万ドル近くはあった。当時、一ドル＝三百六十円ですから、それだけでも約三億六千万円です。

ところが、いざ選挙となった時、沖縄が信じられないことを言ってきた。

「金がない。どこかに消えちゃった」〉

もっとも、このときの主席公選では、それだけの裏金を投入したにもかかわらず、西銘は革新系候補の屋良朝苗に、三万票余りの差をつけられて敗北している。

このときのUSCARの意向を受けた西銘擁立の裏側で、「岸信介」の名前が出てくる。というのは、こうした主席公選制に加え、さらに、沖縄での国政選挙の実現は、本土復帰とともに、地元の世論が強く求めていたことでもあった。USCARはそういう方向へ実現させるべく、西銘に政府・自民党へと話を持ちかけさせることで、「西銘の熱意で沖縄における国政参加の道筋ができた」とのシナリオを描き、主席公選を有利に進めようとの思惑があったからである。

主席公選の三カ月前の六八年八月に西銘が東京に赴いた際、こうした内容のことを記者会見で公表しているのだが、その際、岸のアドバイスで会見の予定が早められているのである。こうしたところにも、アメリカの意向に沿うように岸が動いていたことがわかる。なお、この「沖縄の国政参加実現」をUSCARは「西銘プラン」と呼んでおり、この西銘プランは主席公選直前の六八年十月の日米協議委員会で正式合意されていた。

3　外務省は首相官邸の「機密費ロンダリング」機構

「外務省からの上納金は官房長官も知らない闇の世界」（武村正義）

佐藤内閣時代に始まったとされる、外務省から官邸への「機密費の上納」だが、国会答弁や記者会見といった「公式の場」では、政府当局者は一切、認めていないが、オフレコでの会見や個別のマスコミに対する取材だと、散発的にその事実を認める証言は出ている。

この「上納」が大きくクローズアップされるのは、その〇一年元旦の読売新聞のスクープをきっかけに機密費問題が一気にヒートアップし、新聞や週刊誌がこぞって書き始めてからである。しかし、筆者の取材では、こうしたカラクリを知っていたのは、政府・与党の政権中枢でも、ごく限られた人間だったことは間違いない。

自民党幹事長だった山崎拓は、〇二年二月十五日、党本部での番記者との懇談でこう喋っている。

「外交機密費を官邸に上納するシステムは止めるべきだな。公式には『ない』ということになっているから、『止めるべき』というのは議論が破綻しているのだが、この際、下手に隠し立てせずに官邸の機密費予算として正式に計上した方がいい。私も官房機密費には興味があって三十年近く調べてきたが、まだ、よくわからない。実際に機密費として使えるのは十億円程度という人から、百億円だという人もいる」

この発言は当初、「自民党首脳」として記事化できるものだったが、後になってコトの重大性に気づいた山崎は、ここのくだりについては記事にしない「完オフ（完全オフレコ）」とするよう要求している。

山崎は、中曽根内閣時代は政務の官房副長官を経験するなど、ほぼ一貫して政府・与党の中枢のかなり近いところにいたにもかかわらず、そういう「上納」に関する詳しいシステムについては、なかなか窺い知ることができなかったようだ。

実際、官房長官経験者の中でも、「上納」については、「知らなかった」という者もいる。

村山内閣時代に官房長官を務めた野坂浩賢（在任九五年八月―九六年一月。〇四年四月死去）は、〇一年一月二十六日付け朝日新聞朝刊でのインタビューで、こう述べている。

「今回一番驚いたのは、官邸が外交機密費の一部も使っているのでは、という報道だ。私の時は一切ないし、そんなやり方聞いたことさえない。第一、現金を補充する事務官から『もっと使っていいんですよ』と言われていたくらいで、辞めたときも余っていたはずだ」

羽田内閣で官房長官を務めた熊谷弘（在任九四年四月―同年六月）に至っては『週刊金曜日』の〇一年三月九日号の佐高信のインタビューで、次のように話している。

「まずは外務省ですよね。私の経験上では上納金の話はまったくわからない。ただ、私が役人

（通産省）の時代から、外務省の役人たちが〝身内接待〟をして飲んでいたのは、有名でした」

同じマスコミの取材でも、かつて自民党の「田中派―竹下派」に所属し、農相や外相といった重要閣僚も経験していた元首相の羽田孜（首相在任九四年四月―同年六月）は、〇一年二月十八日付け朝日新聞朝刊で、「人のうわさで聞いた話」と断りながらも、次のように回答していた。

「外務省だけでなく、法案の多い役所が上納して、それぞれ官房機密費になり、それが国対の金に流れる」

宇野内閣時代の官房長官・塩川正十郎（在任八九年六月―同年八月。福田内閣時代は政務の官房副長官も務める）は〇一年一月二十八日放映のテレビ朝日系の「サンデープロジェクト」において、次のように語っている。

「総理が外遊で海外出張で行くから、その費用は外交接衝のやつ、外交機密費が多いですからね。その費用を負担しろと。それは官邸の調整報償費ではございませんからね。ですから、外務省のある枠内から持ってこいよ、と」

細川内閣時代の官房長官だった武村正義は、筆者の取材に対して、こう語っていた。

「あの上納についてだが、ぺーパー（※機密費問題で、マスコミからの取材が殺到していた〇一年二月一日付けで武村が公表した「いわゆる『機密費』といわれる官房機密費について―武村正義元官房長官が語る――」と題する一問一答形式の回答文を指す）を出すとき、秘書とも話したんだが、（外務省から上納してくる分については）官房長官室の金庫には入っていない。（※「そうやって、外務省から上納して官邸に持ってくる際には、官房長官が必ず受取人としての領収書にサインするはずだ」との筆者の質問に）まとめて書かされ、決裁した書類の中に入っていたかもしれないが、もし、あったにしても金額は覚えていないなあ。あれは官房長官も知らない闇の世界だ」

「もともと外務省のカネ。我々にも『発言権』はある」（外務省中枢）

「権力」の源泉とは一般には、「人事とカネ」といわれているが、こうした「機密費の上納」のやり取りを見ていると、じつは、それ以上に権力の源泉とは「情報」であることがわかる。

例えば、官房機密費を支出する手続きについても、実際のところは、事務方がそのほとんどすべてを代行し、いわば、官房長官がやる仕事というのは、だいたい月初めに「出来上ってきた書類にサインをして判子を押すだけ」である。それで、毎朝、出勤すると、官房長官室の金庫の中には、現金が自動的に補填されるしくみになっているのである。

それゆえ、ある自民党の官房長官経験者の一人は、こう明かす。

「官房機密費に関しては、新旧の長官交代での引き継ぎの際でも、そうした細かい手続きに関する申し送りはない。特に派閥が代わったりした場合は、そうした『上納』といったようなややこしい案件など、絶対に引き継がない」

社会党出身の官房長官だった野坂浩賢が、朝日新聞の取材に「外務省から（機密費を）上納して来るなんて、聞いたことがない」旨、発言していたことを、ある外務省中枢のキャリアに当てたところ、次のような反応があった。

「特に村山内閣の時代は、連中がずっと野党にいて無知だったことから、我々は官邸なんて完全にナメ切っていた。（細川内閣の出現で政権交代したことで）自民党単独政権の時代からの流れが立ち切れてしまったんで、事務方が『前例でこうなっています』と説明すれば、それで済む。そうやって上納という形で官邸に預けておいたところで、第一義的にはもともと外務省に付いている予算だ。だから、『使途』に関しては、当然、我々にも『発言権』はある」

外務省の上納は毎年二十億。五千万円の小切手がフツー

外務省から官邸への機密費上納のしくみについて、これまでにそれを最も詳しく報じたメディアの報道（共同通信が〇一年二月八日付け北海道新聞朝刊など各地方紙に配信した記事や、毎日新聞の〇一年三月五日付け朝刊記事）をベースに、さらに筆者が独自に取材で掴んだ新しい情報も付け加えて説明すると、こうである。

こうした機密費に関しては、財務省（旧大蔵省）主計局が、予算編成段階で外務省に渡す外交機密費分の予算査定文書の中に、既に「官邸分」や「官邸の補助費」などといった記載で具

体的な金額も入っており、こうした外務省から官邸への上納は、実務者レベルにおいては暗黙のうちの「了解事項」だった。

こうした「上納」は、実務者レベルでは「埋め込み」とも「潜り込ませ」とも呼ばれ、特に一九九二年度以降は本省分と在外公館分と合わせて計約五十五億円が計上されている外交機密費のうち、予算編成の段階で官邸への上納分と、残りの実質的な外務省分が決まっていて、外務省では年度初めに四半期ごとに均等割りした支出計画を作っていた。

上納金額は毎年ほぼ二十億円で固定化されてはいたものの、年度によって数億円の増減があり、機密費問題が大きくクローズアップされた、少なくとも〇一年春の時点までは、こうした上納は続いていた。

そして、この枠組みに従い、月に一、二回、内閣府会計課（〇一年一月の省庁再編以前は総理府会計課）の担当者から電話で外務省会計課の担当者のところに、「報償費をお願いします。今から依頼書を持って行かせます」などと電話が入ると、それをもとに外務省会計課の担当者は政府小切手をだいたい二、三日で発行。これを受けて、内閣府会計課の担当者がその小切手を受け取りに来る。小切手は官邸から近い東京・虎ノ門にある都銀支店で換金され、多くの場合、銀行員が数千万円ずつ現金で運んでくる。

外交機密費は、二〇〇〇年度予算だと、本省分が約十九億円、在外公館分が約三十六億円と、およそ「3対7」の割合で分けられていたが、外務省側は双方からバランスよく出すため、それぞれから通常二枚の小切手を出し、合計で官邸側の要請に見合う額にしていた。そのため、小切手一枚の金額は五千万円が中心で、こうした上納は手続きの度に、「会計課長→官房長→事務次官」の順で決裁が上がっていった。

その場合、外務省で作る支出決議書の「債主」（＝支出先）欄には、「内閣官房長官」と記され、こうした上納手続きが行なわれる際には、外務省から出向している官房長官付きの秘書官を通じて連絡が入る。そこで官房長官は関係書類を決裁したのち、最後に「外務省報償費」（＝外交機密費）の「受取人」としての領収書を自らの肉筆で必ず書くのである。

こうした上納手続きも含め、官邸内で機密費の執行手続きを取り仕切っている事務方の人間が、内閣参事官室の「首席内閣参事官——（総理府会計課長を兼務する）内閣参事官—官邸事務所長」のラインである。

なお、〇一年一月の省庁再編以降は、この「内閣参事官室」は「内閣総務官室」と名称変更され、それに伴い「首席内閣参事官」は「内閣総務官」へと役職名が変わっているが、その下にいる「内閣参事官」「官邸事務所長」はそのままである。内閣参事官は複数いるのだが、このうち、機密費を取り扱う人間は「内閣府会計課長」（省庁再編以前は「総理府会計課長」）を兼務している。

ちなみに、官邸で機密費を扱う事務方のトップである「首席内閣参事官」は、従来は概ね旧内務省系の局長クラスの人物が出向しており、このポストの経験者は全員が、古巣である厚生省をはじめ、事務方のポストとしては最高位にある各省庁の「事務次官」への出世を遂げている。

これまで五代の歴代「首席内閣参事官」は、古川貞二郎（在任八六年六月―八九年六月）、多田宏（同八九年六月―九二年一月）、羽毛田信吾（同九二年一月―九五年七月）、太田義武（同九五年七月―九八年一月）、江利川毅（同九八年一月―〇一年一月）と、全員が旧厚生省のキャリア官僚である。

で、この「首席内閣参事官」を務め上げた後の出世ぶりを見てみると、古川はその後、厚生省の児童家庭局長、官房長、保険局長を経て、九三年には事務次官、さらには九五年二月からは同じ旧内務省系（自治省）出身の石原信雄の後を継いで、事務の官房副長官を九五年二月から〇三年九月まで務めた。ちなみに、「八年七カ月」というのは、事務の官房副長官としては、歴代最長である。

その古川の後任だった多田宏は、同様に古巣の厚生省に戻り、援護局長、官房長、保険局長を経て、九四年九月から九六年七月まで事務次官。羽毛田信吾も首席内閣参事官の後は、厚生省の老人保険福祉局長、官房長を経て、九九年八月には事務次官に就任。さらにその後は〇一年四月に宮内庁次長に転じ、〇五年四月からは宮内庁長官を務めている。

また、羽毛田の後任の太田義武は、古巣の厚生省から環境庁の官房長に転じ、同企画調整局長を経て、〇一年には省庁再編によって、「省」に格上げとなった環境省の事務次官に就任している。江利川毅は、その首席内閣参事官から、省庁再編によって〇一年一月に発足した内閣府の官房長に就いた後、〇四年七月一日付けで内閣府事務次官へと昇格している。

さらに、〇一年一月の省庁再編で、「首席内閣参事官」から「内閣総務官」へと名称変更されて、その江利川から後を引き継いだ内田俊一（旧建設省出身キャリア）は、二年余りこのポストを務めた後、〇三年七月に内閣広報官へと異動になったが、〇六年七月には、その江利川の後任として、内閣府事務次官へと昇格している。

このように、官房機密費の事務手続きを一手に仕切っている、事務方のトップである首席内閣参事官（内閣総務官）は、「ウラの官房長官」とも言われており、外務省からの上納なども含めて、機密費の流れの全体を知りうる立場ある。それゆえ、このポストの経験者が、全員、「事務次官」への出世を果たしているのは、そうしたことへの「口封じ」もあるものと思われる。

消費税導入で公明、民社抱き込みに機密費を5億上積み?

外務省から官邸への機密費の「上納」については、その存在を明記した内部文書がある。これは、作成者とされている（もっとも、これまでのところ本人は否定しているが）、当時の首席内閣参事官・古川貞二郎の名をもじって、一般には「古川ペーパー」と呼ばれているものである。

この文書は、「内閣」の名の入ったA４判の用箋三枚に書かれた手書き三枚と、ワープロ打ちされた「別紙A、B」の計五枚からなり、いずれも表題は「報償費ついて」である。別紙のワープロ打ちの文書には「平成元、５」の日付が入っていることから、作成時期が竹下内閣末期の一九八九（平成元）年五月であることを窺わせる。

手書きの文書の方では、「１　性格」から始まり、「沿革的には、旧憲法下の機密費の系統に属するが、機密費が法律上会計検査の対象とならない経費であったのに対し、現行の報償費は、毎年、会計検査院の検査を受けている」としたうえで、「２　報償費の額」へと続いている。

そこでは、「官房長官が取り扱う報償費は予算上、内閣官房と外務省に計上されており、形式的には外務省計上分を内閣官房に交付する形を取っている」として、昭和五十八（一九八三）年度から平成元（一九八九）年度までの七年間の、それぞれの内閣分、外務省分（＝外務省から官邸に上納してくる分）の機密費の決算額（平成元年度分は予算ベース）を列挙している。

・昭和五十八年度　内閣分十一億八千万円、外務省分十四億七千八百万円、計二十六億五千八百万円

・昭和五十九年度　内閣分十一億八千万円、外務省分十四億七千八百万円、計二十六億五千八百万円

・昭和六十年度　内閣分十一億八千万円、外務省分十五億七千七百万円、計二十七億五千七

百万円
・昭和六十一年度　内閣分十一億八千万円、外務省分十五億七千七百万円、計二十七億五千七百万円
・昭和六十二年度　内閣分十一億八千万円、外務省分十五億七千七百万円、計二十七億五千七百万円
・昭和六十三年度　内閣分十二億七千八百万円、外務省分十九億九千七百万円、計三十二億五千七百万円
・平成元年度　内閣分十二億九千七百万円、外務省分十九億九千七百万円、計三十二億九千四百万円

このように、官房機密費はあらかじめ官邸に付いているオモテの分よりも、外務省から上納してくる分の方が遥かに多い。

そこでじつに興味深いのは、昭和六十三年度分には内閣分で九千八百万円、外務省分で四億円と計約五億円も機密費が増額されているが、これについて、内部文書では「留意点」として、次のような記述がある点である。

①昭和63年度分については5億円（内閣分1億、外務省分4億）が増額されているが、これ

は税制改正のための特別扱いである。更に平成元年度分についても引き続き同様の額を計上しているが、これも新税制の円滑実施等の事情によるものであり、異例の扱いである。

② したがって、報償費の使途としては、増額分の5億円は例年とは別扱いとする必要がある。

③ また平成2年度の予算要求に当たっては、昭和62年度までの例にならうことになる。

消費税導入で空前の機密費投入。帰りの車代は一本（百万）

ここにある「税制改正」とは、当時の大蔵省の悲願だった「大型間接税」、つまり、「消費税」の導入のことである。

具体的には、一九八八（昭和六十三）年七月十九日に召集された臨時国会で、これら消費税導入の関連法案の審議が本格化したわけだが、そもそもこの「大型間接税導入」は、国民世論や野党の猛反発から、中曽根内閣時代には「売上税」として失敗したのを受けて、その中曽根康弘から後継指名を受けた竹下登が、その内閣の命運を賭けて取り組んだ最重要課題でもあった。

野党は無論、反対。与党の自民党内にすら賛成を渋る議員もいて、衆院の税制問題等調査特別委員会の委員長には、当時、自民党の最高実力者だった金丸信を充てるなど、政府・自民党は法案を是が非でも成立させるべく、万全の体制で臨んだ。

ところが、折りしもちょうどそのタイミングでリクルート疑惑が噴出してしまった。同社から未公開株を譲渡されていた宮沢喜一は、法案を所管する副総理兼蔵相だった。その宮沢喜一のクビを差し出してまで、翌年度からの施行に間に合わせるために、何とか年内での成立へと強引に持っていったものである。

政府・自民党が法案成立に向けて全力を投入したのが、野党勢力の分断だった。当時、「徹底抗戦の社会、共産」と「柔軟路線の公明、民社」といわれていたように、二度にわたる会期延長をやったことと、法案の審議と採決自体には応じさせるため、中道寄りの路線を取る公明、民社の両党を抱き込んだことが、法案成立の最大の決め手になった。

こうした流れを踏まえて、「古川ペーパー」に記載されているように、前年度より、「税制改正のための特別の扱い」のため、計約五億円も増額された機密費が、これらの国対関連に投じられたのは、ほぼ疑いの余地がない。

当時、衆院特別委の委員長だった金丸のもと、タガを外れたような機密費が投入された。当時の国対族だった自民党の議員に対しては、「接待する野党議員のメンバーを割り当てられ、連夜に渡る飲ませ食わせ、もちろん渡すものも渡して」、官邸からは「飲み食いのツケはすべてこっちに回せ。帰りの車代は一本（＝百万円）」という指示が出ていた、という。

「官房機密費2億円を新潟の参院補選に運んだ」（金尚）

「古川ペーパー」は、既に九〇年代初めごろからマスコミには出回っていて、九〇年六月十四日の衆院予算委員会で、共産党の寺前巌が、このペーパーに書かれている内容をもとに、当時、海部内閣の官房長官だった坂本三十次を追及したのが、おそらく最初だと思われる。

その後、自民党から非自民の細川連立内閣が成立したことを受け、そうした「機密費の手の内」を知っている自民党サイドが国会質問などで取り上げたこともあって、講談社の『VIEWS』（現在は休刊）の九四年二月二十三日号が、この古川ペーパーをもとに（もっとも当時は、この作成者が古川貞二郎であるとは知られていなかったが）、「上納」のカラクリについて説明するなど、雑誌媒体では時折、紹介されることもあったが、基本的には地下に埋もれた状態になっていた。

その「古川ペーパー」が一挙にクローズアップされたのは、〇一年の二月から三月にかけて、新聞、テレビも含めて一連の機密費問題に火が噴き、国会審議でも頻繁に取り上げられたことによるものだったが、そのとき、古川がこの文書を作成した「理由」として、「政権移行期の際の引き継ぎだったのではないか」ということがまことしやかに言われていた。

筆者の取材では、こうした官房機密費については、政権内部の人間たちの間でも、相当、アンタッチャブルな部分がある。

例えば、「具体的に、付き合いで官房機密費から出すときに、ブラックジャーナリストだったら、誰にいくらぐらい出しておいたらいいのか」とか、「もし、オモテの機密費予算が底を突いた場合は、どこからカネを引っ張ってきたらいいのか」といったような機微に関わる案件については、少なくとも、官房長官同士での引き継ぎはない。仮に新旧の官房長官が同じ派閥だったとしても、仲が悪かったりすると、そういうやり取りはない。

官邸のある元関係者は、こう語る。

「あの古川ペーパーが作成されたのは、竹下内閣の末期だろ。当時は夏の参院選を前に、リクルートと消費税のダブルパンチで、自民党の劣勢が伝えられていたから、物凄い危機感が官邸にはあった。だから、『選挙で機密費から出せるとしたら、いったいいくらまで吐き出せるんだ』ということで、機密費を取り扱う事務方の最高責任者である古川に、その収支の全体像がわかるペーパーを出させたんだと思う」

なお、これを補足する関係者の証言として、『週刊文春』の〇二年八月二十九日号で、元自民党選挙対策事務部長の金尚がインタビュー記事（「自民党への遺言②・小沢一郎の選挙対策資金二億円は官房機密費流用！」）で、八九年夏の参院選の直前にあった同年六月二十五日施行の参院新潟補選で、自民党公認で立候補した君英夫の陣営に対する選挙資金として、現金二億円を当時、官房副長官だった小沢一郎から渡され、現地に運んだことを証言しているが、この「二億円の出所」が官房機密費だったとして、こう証言している。

〈「福岡が大差で負けた（※八八年末に消費税関連法案が成立後、翌八九年二月にあった参院福岡補選で、自民党候補が大敗を喫していた）からには、このままの状態で行ったら、七月の参院選は絶対に勝てない。どんなことをしてもこの新潟補選は勝たなければならない」

安倍幹事長を含め、自民党幹部全員に悲壮感が漂っていました。そんな時、私は幹事長室に呼ばれたんです。

実は、幹事長室の後ろには密室があって、そこでよく密談をすることになっていた。そこに呼ばれ、安倍幹事長と鹿野総務局長と一緒にいるところへ、当時、官房副長官だった小沢さんがやってきたんです。小沢さんは、「おい、これ持って行ってくれ。二億円あるから」

ぶっきらぼうにそう言った。鹿野さんが私の方を見て、「おい金さん、これ、ここに取り敢えず置いておくから、今夜の列車で一緒に新潟に行こう。頼むな」

二億円の裏金でした。それは茶色のボストンバッグに詰められていました。

自分一人ではとても持てない重さだった。私は部下に手伝わせ、上野駅まで車で運び、そこから新幹線に乗りました。ボストンバッグは向いの座席に置いて、鹿野さんと一緒に見張りながら行った。

新潟駅に着いたのは夜の九時ごろでした。あらかじめ「受け取りに来い」と連絡しておいたので、ホームに県連の連中が迎えにきていました。出陣式で演説をやることになっている江藤隆美さんの顔も見えた。

出陣式を終えたあと、鹿野さんが県会議員を集めて、その裏金を配りました。一人頭五十万円ずつ。それを封筒に入れて渡したんです。

県会議員は約六十人ですから、約三千万円。それから支部も六十近くあり、そこにも同額渡しました。〉

しかし、これだけのカネを注ぎ込んでも、選挙の結果は、社会党の大渕絹子に八万票余りの大差で敗北し、その直後の参院選における惨敗による「参院での自民党過半数割れ」へと繋がっていく。

「古川ペーパー」は古川貞二郎直筆と複数の鑑定で一致

なお、この「古川ペーパー」について、作成した本人であるとされる古川貞二郎は、この機密費問題が国会などで取り上げられていた〇一年春の時点では、事務の官房副長官のポストにあったが、記者会見などでは「(このペーパーは)私が書いた字ではない」と否定していた。

ところが、テレビ朝日の「ニュースステーション」(〇一年二月十九日放映)と日刊スポーツ(〇一年三月十四日付け)が、このペーパーとは別に独自に古川の直筆の文書を入手し、専門家に鑑定してもらった結果を公表、いずれもかなりの高い確率で同一人物であると報じている。

ニュースステーションの方では、専門家の一人が「八二%から九五%の確率で同一人物が書いたもの」と結論づける一方、日刊スポーツの記事の方では、二十年以上のキャリアを持ち、警視庁の嘱託筆跡鑑定士でもある日本筆跡診断士協会会長・森岡恒舟の鑑定結果を紹介している。

それによると、「な・の」、「格・略」、「貞・費」などの文字でみられる特有のクセを分析。「特に『な』の字は、三画目の点がないのが共通し、また、四画目となる書き出しが、かなり上から始まっている。どちらも珍しいクセで、同じようなクセを持っているのは数百人に一人しかいない。かな文字だけでも（比較対照した）二つの文字を書いたのが同一人物だということが決定的なのに、漢字の類似点も合わせると、同一人物が書いた文章であることは、ほぼ一〇〇％間違いない」としている。

これらとは別に共産党も、当時、参院議員の筆坂秀世が独自に筆跡鑑定士の天野瑞明に鑑定を依頼したところ、「内部文書の筆跡は古川官房副長官に間違いない」と断定した鑑定結果を得ている（『赤旗』〇一年四月四日付け記事）。

財政法32条に違反する、外務省から官邸への機密費「移用」

こうして、外務省から官邸への機密費の「上納」というのは、手続き的には「外交機密費を官房長官宛てに支払った」という形を取っており、厳密に言えば、予算執行上は、「この時点で執行は終わった」ということにはなる。

ある自民党の官房長官経験者の一人は、こう話す。

「そうやって、外務省から（機密費を）持ってくるときは、官房長官は『受取人』としての領収書を必ず書く。事務方の首席（内閣）参事官や官邸事務所長が代わりに書くということは、ない」

で、この機密費の上納問題が○一年の通常国会で大きく取り上げられた際、「こうした手続きは財政法違反ではないか」と野党からは厳しく追及された。

国の予算は、所管の各省庁ごとに、上の方から大きなまとまりごとに「項」、「目」というふうに細分化されており、例えば、外交機密費でいうと、予算書等では、「項」が「外務本省」、「目」が「報償費」という形で記されている。

このうち、財政手続き上、「項」のレベルで付いた予算を他の項へと移し替えることを「移用」、同様に「目」の段階で移し替えることを「流用」といい、いずれも財政法では禁止、もしくは厳しい制限がなされている。

特に、財政法はその第三十二条で、予算を各省庁間で跨いで移し替えることを禁止しており（具体的には、「項の間における移用の禁止」にあたる）、もし、そのような場合には、必ず、国会の議決と財務大臣の承認が必要となる。

つまり、こうした上納の手続きは、「外務省で計上した予算を勝手に官邸に移し替えている」として、法律に違反しているのではないのか、という批判である。

国はもとより、地方自治体もそうだが、その予算執行においては、すべからく厳しい「使途の制限」ということが課せられているが、その理由は「乱費を防ぐ」という点に尽きる。つまり、予算の使途をはっきりとさせ、執行にあたっては、そこに厳しい縛りをかけておかなければ、「税金を何に使ってもいい」というふうに、どうしても易きに流れてしまうからである。

それゆえ、予算の編成にあたっては、それこそボールペンの一本やフロッピーデスクの一枚に至るまで、現場レベルからの個別具体的な「積算根拠」を積み上げていき、最終的にはその総額を財政当局に請求していく。予算の執行に「細かい使途」が付けられるのは、このことと裏返しでもある。

確かに、このことを厳密に現場で適用し過ぎると、「予算執行の硬直化」を招くということは、まさに、その通りであろう。

それゆえ、役所における「裏金づくり」の根本にあるものとは、何よりもまず、こうした「硬直的な予算執行の枠組み」を外し、「融通を効かせる」ということだと気づく。

しかし、そうやって一旦、外れてしまった「歯止め」は、外部からのチェックが働かない限り、なかなか自然と元に戻るということはない。それが大きく膨らんでいって、「既得権」となってしまった場合は、なおさらである。

一番困るのは「巨額のカネを何に使った」と聞かれること

こうした外交機密費の官邸への上納は、外務省の会計課から官房長官宛てに支出した際に、外務省の会計課は官房長官からの領収書も受け取っているわけだから、「正規の手続きを踏んで、予算執行はなされた」という弁明は成り立つのかもしれない。

しかし、そうやって官房長官宛てに支払う金額が、年間予算の半分近い、二十億円にも上る膨大な額に達しているとなると、実質的にはこれは「予算の移し替え」といってもよい。

そして、こうした「上納手続き」において最も重要な点は、そうやって外務省から官邸に移し替えられた時点で、「オモテの予算執行は終わっている」わけだから、もともと「機密費」という予算の性格上、使途に「縛り」がほとんどないものであるのが、さらによりもっと「融通が効く」ようになるということである。つまり、こうした「上納の手続き」を経ていくことで、〝マネー・ロンダリング〟がなされていくというわけだ。

もともと、「マネー・ロンダリング」（＝資金洗浄）とは、犯罪で得た不法資金を、国境を跨いだ銀行口座を次々と転がしていくことによって、正当なカネに見せかけることをいう（そこでよく利用されるのが、スイスの銀行である）。

もちろん、こうした「上納手続き」と、実際の「マネー・ロンダリング」とは厳密には異なるが、カネを移し替える作業に加え、「不正を隠蔽し、手にしたつかみ金を好き勝手に費消する」との目的を遂げようとする意味においては、両者は同一である。

ある元官房長官秘書官は、こう語る。

「結局、そうした上納手続きが法律に違反しているかどうかの議論なんて、瑣末な問題なんだ。いちばん困るのは、『そんな巨額のカネを外務省から移し替えてきて、じゃあ、いったい何に使ったんだ?』と、『使途』を追及されることなんだ。選挙の買収、国対、スキャンダルの揉み消しと、オモテに出せないことにもいっぱい使っている。だから、機密費なんだ。頂門の一針ではないが、そこを突破されると、追及の矛先が必ず、『使途』へと向かってくる。それがいちばん困るんだ」

4　森内閣にトドメ刺す外務省松尾の機密費流用

「危険な工作には外務省のカネを使わなかった」（佐藤優）

「マネー・ロンダリング装置」としての外交機密費の「官邸への上納」を詳しく見ていく。じつは、外務省の機密費については、内部での会計処理の手続きにおいて、「個別具体的な支払い先」の領収書の提出を求められる。

例えば、〇一年に警視庁に摘発された一連の外務省機密費流用事件に絡み、沖縄サミットでのハイヤー代を水増し請求したとして、詐欺容疑で逮捕、起訴された元外務省経済局参事官室の課長補佐である、ノンキャリア事務官・小林祐武（〇二年五月、東京地裁で懲役二年六カ月、執行猶予五年の有罪判決が確定）は、手記『私とキャリアが外務省を腐らせました』（講談社、二〇〇四年）の中で、こう触れている。

〈外務省では、局長や課長が機密費を使う際にも会計課から細かくあれこれ指示されている。「領収書持ってこい」「毎月の20万円の枠を超えたら始末書書け」「単価の上限である2万円を超越した理由書を出せ」「人数が四人になっているのに六人になった理由書を出せ」など、つまらない作業に追われることになる。
それに対して、官邸に上納した機密費の使途のあまりのいい加減さに、心中穏やかならざる外務省の職員も少なくないのである。〉

つまり、機密費を外務省から官邸に預け替えることで、表向きは「予算執行は済んでいる」わけだから、それゆえに「融通が効く」ようになることへのボヤキだが、同様の事情は、外務省国際情報局分析第一課の主任分析官だった佐藤優（〇二年五月、東京地検特捜部に背任容疑で逮捕。起訴後は外務省を休職中）は、『週刊金曜日』〇六年三月十日号の「佐藤優の飛耳長目・第一回」の中で、次のように明かしている。

〈大使館や総領事館に勤務する外務省職員は、一等書記官や領事といった中堅レベルの職員でも報償費を使うことがある。しかし、外務本省で報償費を用いる権限は基本的に局長（大使クラス）が握っている。筆者自身が極めて例外的なことであるが、一九九八年に国際情報局主任分析官に任命されたときに、筆者の判断で局長と同額の報償費を使用する権限が与えられた。その際、書類でそのことが通知された。外務省会計課長からは「報償費に関する書類は門外不出なので、このカネは安心して使ってよい」と言われたが、実際の運用はそれとは全く異なっていた。高野紀元国際情報局長（当時）から「これからはディスクロージャー（情報公開）がうるさくなるので、領収書を必ずつけてくれ」と言われた。しかも報償費を用いる場合は、誰と食事をしたかについて実名記載が求められる。情報の世界で、情報源を守ることは命であり、掟である。モスクワの日本大使館にはロシア人の現地職員が会計班にも勤務している。ソ連時代、会計班の男性職員がロシア人女性を妊娠させ、情報漏洩が生じるとまずいということで、急遽帰国したことがあるという話を聞いていたので、万一食事をした相手の名前がロシア警察にバレると困るのでどうしたらよいかという相談を東郷和彦公使（当時）を含む複数の上司にしたら、全員から「適当な名前を書いておけ」といわれた。本省に戻ってきたとき、国際情報局のある課長が「日本人とメシを食うカネは報償費から出ないので仕方ないね」と言って、東京の外交団リストから適当な名前を抜き出して決裁書（業界用語では接宴高裁案という）を作っていた）。〉

佐藤優は、東京地検特捜部に逮捕された際、本人が使った外交機密費に関する領収書も、検察庁宛てに外務省からは任意提出されていたという。そして、その領収書に記された「情報源の名前」の部分も、上司が約束していた「門外不出の約束」も見事に反故にされ、黒塗りされないまま、そのまま出されていた。

こうした自らの体験を振り返ったうえで、佐藤は「むしろ、外務省報償費の本質的問題は、絶対に秘匿すべき、証拠書類を一切残してはならないような業務に使うカネがないことである」

としたうえで、こうも言い切っている。

「私は万一の場合に備えて、本当に危険な工作活動に関しては、外務省のカネを使わなかった」


「協力者を守ることは情報機関の命《いのち》、掟である」（佐藤優）

少し本筋からは外れるかもしれないが、ここで、本当に秘匿しなければならない「外交上の機密」とは何か、ということを考えてみる。

我々国民、すなわち、「主権者」が貴重な税金を支払うことで、政府や地方自治体で働く公務員、さらには議員を雇い上げている目的は、「国民の生命、身体、財産、安全、さらには福祉を守るため」である。

外務省が管轄する外交の分野においては、「戦争という最悪の事態」を避けるということであり、その本質にあるものとは、「相手国の正確な情報を取る」ということに尽きるだろう。それが、まさに孫子の言う「敵を知り、さらに、己を知れば、百戦危うからず」ということである。

それは、ある意味、筆者が日々、行なっているジャーナリズムの取材活動でも同じことがいえると思う。

取材の目的は、相手先が持つ、正確で奥深い内部情報を得ることである。

しかし、そういう「情報源」とは、もし、表に晒されることになれば、いかなる危害が加えられることになるかわからない。なぜなら、そういう情報とは、当該組織にとっては表沙汰になっては非常に困る場合がほとんどで、そもそも、本質に迫るディープな情報とは、そういうものである。

それゆえ、我々、ジャーナリストは、そうした「ニュースソースの秘匿を守る」ことは、じつは自らの命よりも重い。それは、官憲にどんな迫害を受けようとも、また、身柄を拘束され、理不尽な拷問に晒されようとも、決して口外してはならない。

本来、「外交上の機密」や「捜査上の秘密」、さらには「国家機密」であっても、これと同次元で論じられるべきものである。


産経新聞の〇六年二月二十一日付け朝刊から三回にわたり、中国残留日本人孤児の二世で、日本国籍を持つ原博文（四十歳、会社経営、東京都在住）が、「日本の外務省の依頼で情報収集を行ない、それに絡む罪で中国公安当局に身柄を拘束され、服役までしたが、『逮捕されたら外交ルートで助ける』と日本の外務省の担当者に言われていたにもかかわらず、実際には助けてもらえなかった」という内容の手記を掲載している。

それによると、原は日本国内で経済専門の情報誌を発行していたが、原の友人に中国政府の内部資料を扱う幹部がいて、そうした資料と引き換えに、九五年の夏以降は、外務省国際情報局のキャリア官僚（産経新聞の記事中では「I」とイニシャル表記だったが、その実名は石塚英樹）から定期的に毎月現金十万円を貰うようになった。石塚が「いい情報だ」と言ったときには、二十万円に跳ね上がることもあった。

原は石塚から現金を受け取るごとに、メモ用紙に金額を書き、署名して領収書として渡していた（なお、このカネの出所が「外交機密費」であったことは、後に〇六年三月一日の衆院予算委で、外相・麻生太郎が認めている）。

ところが、原は九六年六月、北京空港から日本に帰国しようとしていた際、政府の機密書類を所持していたとして、中国の公安当局に身柄拘束され、中国の刑法の国家秘密探知罪で起訴され、その一年後に懲役八年の実刑判決を受け、服役した。また、原の協力者とされた中国の公務員ら数人も懲役五年から七年の判決を受けた。

取り調べの中で、原は日本の外務省との関係を最後まで認めなかった。というのは、中国には最高刑が死刑である「スパイ罪」があり、これが適用される恐れがあったからである。それゆえ、「懲役八年」の判決を聞いたときは、正直、ホッとしたという。

しかし、日本の外務省が外交ルートを通じて原を救出することはなく、刑期を終えて日本に帰国した際、ようやく探し当てた当時の担当者に言われたのは、次の一言だった。

「もう過ぎたことだから。担当者も皆、異動した。生活に困っているなら、地元の市役所に行って生活保護を受けたらどうか」

この原は、法務・検察や警察でいうところの「捜査協力者」に該当する人物だったわけだが、逆にこうした「S」の方が、外国の官憲に身柄拘束されても、「相手先」の名前については口を割らなかったわけで、「仁義」というものを守った形になっている。

この件に関して、同じ外務省の国際情報局に勤務していた前出の佐藤優は、『週刊現代』の○六年四月八日号に寄せた手記の中で、「この種の情報の対価として、十万―二十万円は安すぎる。原氏はカネより石塚氏の人間性に惚れ込んで協力したのだろう」としたうえで、貴重な情報源を見殺しにした外務省の姿勢を、こう強く批判している。

「協力者を守ることは、情報機関にとって命であり、掟である」

本来の「情報源の秘匿」目的から外れた外交機密費の流用

実際、佐藤自身が直接体験した例として、情報提供者だった人物に危険が迫ったことから、いったん日本に招き入れたうえで、第三国に送り出したことがあったことを明かにしている。その際、費用は外務省が支出し、外交特権もフルに活用しており、今度の原のケースも「日本外務省が本気で助けようとすれば、助けることができたと私は確信している」と結んでいる。

じつは、「外交上の機密」であれ、「捜査上の秘密」であれ、その本質にあるものとは、筆者のようなジャーナリストが絶対に守らなければならない「情報源の秘匿」ということであろう。

そして、そうした活動の延長上にあるものとは、「日本国民の生命、身体、財産、安全、さらには福祉を守る」ということではないのか。それこそが、「国益を守る」ということの意味だろう。

しかし、現実には、そうした「外交上の機密」や「捜査上の秘密」は単なるお題目に過ぎず、外交機密費や調査活動費、捜査費といった名目の予算を身内で好き勝手に使い倒すための「隠れ蓑」となってしまっているに過ぎないのだが、それでは、なぜ、そういうふうに「水は低きに流れていって」しまうのだろうか。

必要額はせいぜい4億。機密費55億は「身内の飲み食い」用？

前出の佐藤によれば、「情報収集にはカネがかかるが、それは情報の見返りにカネを払うということでは必ずしもない。『カネが好きな奴からはよい情報は取れない』というのはインテリジェンス業界の常識だ」としたうえで、こう述べている（『週刊金曜日』〇六年三月十日号「佐藤優の飛耳長目・第一回」）

「情報にカネがかかるというのは、情報源と信頼関係を構築するために必要な経費がかかるということだ。動物は警戒する相手とは一緒に餌を食べないが、人間も一緒に食事をすることで信頼関係が増す。外交や情報の世界では、相手を高級レストランで奢るということは、それだけのカネを使う権限があることをさりげなく相手に示すことになる。情報の質や政策に与える影響は、その人物がどの程度カネを使う権限を与えられているかということとだいたい比例するとみて間違いない」

それゆえ、外務省の機密費が、事細かな領収書の提出を求めるため、本当に機微な情報収集活動には使えない性質のものだったとして、佐藤は八七年八月から九五年三月までのモスクワの日本大使館時代、情報源のロシア人とそれこそ毎日のようにレストランで飲食していたことに使った費用は、本給とは別に、在外公館勤務の職員に経費として支給される非課税の「在勤基本手当」の中から捻出していた、という。

この「在勤基本手当」については、詳しくは後述するように、外務省職員に対する「第二の給料」、もしくは「実態に見合った支給ではないため、実質的な裏金に等しい」との強い批判が出ている。

ちなみに、佐藤は『月刊現代』〇六年七月号に寄せた手記（「外務省『犯罪白書』2・公金にタカる官僚たち」）の中で、モスクワ赴任時には、三百万円程度の借金があったが、こうして潤沢に支給される在勤基本手当により、借金は返済できた挙げ句に、離任時には千五百万円もの貯金ができていたといい、「仮に筆者（＝佐藤優）が情報収集を行なわず、在外基本手当をそのまま貯め込んでいたら、おそらく四千万円もの蓄財ができていた」と明かしている。

佐藤の場合は、内部では「セミキャリア」とも呼ばれる専門職の外交官の中でも、相手国中枢の人脈に食い込んで、かなり際どい情報を取っていた方だが、ただ、このレベルにまで達しなくても、こうして現地での情報収集に直接、タッチしている専門職の外交官は、どこの在外公館でも必ず一人はいて、「協力者」に対しては情報提供の対価として、機密費からカネを支払っている。

とはいっても、外国のスパイ映画に出てくるようなおどろおどろしいものではなく、例えば、現地のジャーナリストや学者、シンクタンク研究員といった人たちと会ったり、または電話したりして、情報を交換するのであり、そうしたことに対する「手間賃」の意味合いが強い。

専門職外交官として、八七年十月から九二年十月までヘルシンキの在フィンランド日本大使館に勤務していた小池政行（現・日本看護大教授）は、『こんな外務省は必要か?——調査報告書の欺瞞を暴く』（朝日新聞社、二〇〇二年）の中で、そうした「協力者」であるジャーナリストとシンクタンク研究員それぞれ一人と、一カ月に三回は会い、少なくとも週一回くらいは電話をしていたと明かしている。

例えば、「近く開かれる国際会議で、何々国はどういう態度を取るのか」「現政権ではどんな政策が検討されているのか」といったことについて情報交換し、その対価として機密費を払っていた。

しかし、それでも小池が支払っていた金額は、この二人に対して、三カ月ごとに日本円換算でそれぞれ約二十万円、年間では約八十万円×二人＝計約百六十万円ほどだった。

全世界に散らばっている日本の外務省の在外公館は百八十七あり、そのうちの約六割は小池が勤めていた在フィンランド大使館とほぼ同じ人員規模（十三人程度）だという。

人員規模が同じ在外公館だと、一つの公館につきほぼ同じ程度の「協力者」がいるはずだというので、これら在外公館が恒常的に抱えているその「協力者」の数は、多く見積もっても全部で二百五十人程度。従って、純粋に情報収集に支払われている機密費の総額は、年間で「八十万円×二百五十人＝二億円」で、残る約四割の在外公館の分と合わせても、「年間で四億円を超えることはない」と、同書において、小池は試算としてはじき出している。

これを考えると、年間で計五十五億円も計上してきた外交機密費（〇二年度予算で本省分約十九億円、在外公館分約二十億円）が、いかに実態から乖離した「水増しの数字」であるかが、わかるだろう。

「日本から来た記者にカネを渡して提灯記事を書かすくらい」

確かに、捜査目的であれ、そして、外交交渉であっても、キレイゴトだけでは済まない、「どうしても使途を明かすことのできないカネ」も必要であることはわかる。

例えば、一九七七年九月、パリ発東京行きの日航機が日本赤軍によってハイジャックされ、バングラデシュのダッカ空港に強制着陸させた事件が起こった。

このとき、日本政府は犯人側の要求を呑んで、日本国内で身柄拘束中の過激派メンバー六人を「超法規的措置」によって釈放。乗客を解放させるために、さらに身代金として六百万ドルを支払ったが、当時、福田内閣の政務・官房副長官だった塩川正十郎は、『VIEWS』の九四年二月二十三日号の特集記事（「政界最大のナゾ『官房機密費』16億円はどこへ消える?…」）の中で、この身代金が官房機密費からの支出であったことを次のように認めている。

「いまでも鮮明に思い出せるのが日本赤軍によるダッカのハイジャックだ。福田首相は数百人の搭乗者、乗組員の命を第一と考え断腸の思いで超法規的措置を決断した。官房機密費はこのとき使われたんだ」

実際に取材を進めていくと、機密費においても、こうして本来、使うべき「使途」がじつに限られていて、その多くが「身内同士の飲み食い」、さらには「私的流用」という形で費消されているのが実態なのだが、イラク戦争でアメリカに追従する小泉首相と日本の外務省を批判する意見具申書を公電で送ったために、事実上、レバノン大使を更迭された元外務省キャリアの天木直人（〇三年八月退職）は、こう語っている。

「在外公館はまだ『現場』があるので、実際にS（＝協力者）を囲い、それで機密費を使って情報を取る。でも、そういうケースは一部で、せいぜいが日本からの新聞記者にカネを渡して（提灯）記事を書かすくらい。で、東京の本省だともっと仕事をしない。しかし、取った予算は使わないと、翌年に削られる。そういうこともあって、『水は低きに流れていく』がごとく、身内の飲み食いに使ってしまう。そういう環境に浸っていくなかで、『モラル・ハザード』を引き起こしてしまうんですよ」

「大臣より大きな顔の外務省ノンキャリア」の口座に大金

読売新聞が〇一年一月一日付け朝刊で、「『外交機密費』流用か？／外務省幹部・口座に1億5000万円／警視庁捜査」の見出しでスクープ記事を放ったことをきっかけに、一挙に「機密費問題」に火が点いた格好になった。

取材にあたっていたのは、読売新聞東京本社社会部のサツ回りの記者たちだったが、彼らが「警視庁捜査二課が、何やら機密費に関わる事件を内偵している」との情報をキャッチしたのは、その前年の二〇〇〇年九月のことだったという。

その端緒として、汚職や選挙違反などの知能犯事件の端緒となる情報を収集する、警視庁捜査二課の情報係の捜査員の耳に、「外務省のノンキャリアの中で、キャリアの外交官や大臣なんかよりも大きな顔をしている男がいる。いったい何様のつもりだ。外遊に行ってもアイツに頭を下げないと全然、カネが下りてこない。ただのノンキャリアのくせに、いったい何なんだ」と、主要閣僚の秘書官の一人が腹を立てていたとの話が入ったのは、九八年の暮れのことだった。

この「キャリアの外交官や大臣よりも大きな顔をしている外務省のノンキャリア」こそが、長らく「庶務」というセクションで省の裏金づくりにタッチし、九三年十月から九九年八月まででは、大臣官房総務課の「要人外国訪問支援室」というところで、室長を務めていた松尾克俊だった。

松尾が機密費流用事件の舞台となった、その要人外国訪問支援室の室長に就任する直前の、九三年五月二十四日に、外務省から程近い第一勧業銀行（現・みずほ銀行）虎ノ門支店に開設していた本人名義の普通預金口座の入金記録を捜査員が調べたところ、毎月のように巨額の入金が繰り返されていたことが判明した。それは一回あたり、百万円から時には一千万円単位に上ることもあり、特に九八年十二月にはわずか一カ月の間に、入金額が計五千六百万円にも達していた。

警視庁が内偵を進めていくなかでおぼろげにわかってきたことは、松尾はこうしたカネを首相官邸に赴いて受け取っていたのだが、「これがどうも、外務省の機密費をいったん官邸に移し替えたものらしい」ということだった。

そこでさらに詳しく調べていくと、外務省から官邸に上納していた機密費を、「総理大臣の外遊名目」などと称して松尾が請求し、そこから受け取った現金を自らの預金口座に入金していた、ということだった。

捜査員が驚いたのは、松尾の定期預金で、その第一勧業銀行の虎ノ門支店に九四年三月十七日の口座開設以来、普通口座からの振り替えや、新たな入金が繰り返された結果、残高は毎年、数千万円単位で増え、内偵を行なった二〇〇〇年二月の段階では、何と二億円もの金額に達していたことだった。

既に二〇〇〇年夏の時点で、この松尾に関わる機密費流用事件の全体像は、ほぼ浮かび上がっており、警視庁の現場としては、関係先の家宅捜索や身柄の確保など、早く強制捜査に着手したい意向を持っていた。

ところが、松尾が摘んでいたカネがこうした「機密費」となると、捜査の対象は外務省だけにとどまらず、首相官邸にも向けられることになる。つまり、捜査の矛先が「政権中枢」へとモロに向かうことから、警視庁の上層部はもとより、警察庁としても、なかなか着手へ向けたGOサインを出さずにいた。

「首相外遊」を口実に機密費5億私用の外務省「庶務」松尾

そんな折り、警視庁の内偵が松尾の身辺に及んでいることを敏感に察知した外務省は、二〇〇〇年十一月中旬、「松尾を〇一年の正月明けにも、在フランス大使館に参事官として異動させる」という動きに出た。事実上の「国外避難措置」である。もし、被疑者が海外の在外公館に赴任してしまえば、捜査はそこでストップしてしまう。

このため、捜査は頓挫してしまったかのように見えたが、そこで、「ありえない」どんでん返しが起こったのである。警視庁の現場の〝地侍〟の一人が、通常の指揮命令系統を無視し、個人的にパイプを持っていた警察庁のキャリアに直訴したことを、警察庁のある最高幹部が聞きつけ、官邸に直談判を行なったのである。

二〇〇〇年十二月初め、その警察庁の最高幹部は首相官邸に、事務の官房副長官だった古川貞二郎のところを訪れ、次のように切り出した。

「じつは今、外務省で大きな問題が起こっています。うやむやにすることはできない。外務省は問題の事務官を年明け早々にも欧州の大使館に異動させるようだが、いったん日本を離れてしまえば、捜査は困難になる。ぜひ、力をお借りしたい」

その警察庁の最高幹部とは、かつて、出向先で机を並べていたことがあった古川は、その有無を言わさぬ迫力に押されたこともあって、「とにかく努力してみる」と答えたという。そして、古川は外務省に働きかけて、松尾の異動を凍結させた。

当時、警察庁の中には「誰彼構わず捜査すればいいってもんじゃない」「事件化しないことで、官邸に『貸し』ができるじゃないか」と、捜査着手に対する反対意見もあったという。

しかし、こうした反対論を一蹴する形で、その警察庁の最高幹部が古川のところに直談判に乗り込んでいった理由の一つに、その前年の九九年秋の神奈川県警以降、「警察不祥事」が続いていたため、「国民の信頼を回復するには、大きな権力犯罪を摘発する以外にない」との考えがあったらしい。

取材にあたった読売新聞の記者の一人は言う。

「確かに、松尾に対する内偵捜査の話が、その警察庁の最高幹部に伝わった時点では、そうした一連の警察不祥事に対する批判は収まりつつはあったが、その最高幹部は『法治国家でこんなことが許されていいはずがない。とにかく捜査を続行しよう』とハッパをかけていたというふうに聞いています。警察庁のキャリアの中にも、そういう考えを持っている人間がいるということだと思います。そういう意気に触れて、取材に力が入っていったという部分はありました」

なお、この機密費問題が沸き起こったときの政治状況を振り返ってみると、当時は森内閣だったが、二〇〇〇年四月の発足直後から、首相の森喜朗は、『噂の真相』〇〇年六月号（五月十日発売）がスッパ抜いた「学生時代の買春検挙歴報道」に加えて、その年の十月には官房長官・中川秀直の女性スキャンダルが『フォーカス』などに書かれたことで中川自身が辞任に追い込まれ、内閣支持率はジリジリと下降。そこから、翌月の「加藤の乱」へと繋がっていく。

野党提出の内閣不信任案に同調する動きを見せていた加藤紘一の反旗は、野中広務らの必死の切り崩し工作で何とか食い止めることはできたものの、年が明けて〇一年に入ると、この松尾の機密費流用疑惑に続いて、ＫＳＤ（ケーエスデー中小企業経営福祉事業団）からの国会代表質問を巡って、東京地検特捜部が自民党参院議員・村上正邦に対して受託収賄容疑で捜査に乗り出していた。

そんな折り、ハワイ沖で日本からの漁業実習船・えひめ丸が米海軍の潜水艦と衝突し、沈没した事故の最中に、首相の森がゴルフに興じていた（〇一年二月十日）ことが明るみになって、内閣支持率は一桁台に落ち込むという、まさに「政権末期」の状態にあった。

それゆえ、この年の夏には参院選を控えていたこともあって、「森では戦えない」という声が自民党の地方組織や、さらに連立を組む「公明党＝創価学会」からも出ていた。そうした「森降ろし」の動きに対する決定打となったのが、「松尾逮捕」だった。

警視庁が機密費流用による詐欺容疑で松尾を逮捕したのは、〇一年三月十日のことだが、奇しくもこの日の晩、森は自民党の五役と会談し、「近く、退陣の意向を表明する」ということで話がまとまっている。それゆえ、このときの「松尾逮捕」が、森政権崩壊へ向けてとどめを刺した、ともいえる。

この時点では、「松尾逮捕」によって、機密費流用事件の捜査が、どこまで進展していくかはまだ、わからない状況ではあったが、ただ、これはあまりにも日本的な「阿吽の呼吸」でしかないのだが、森がここで自らのクビを差し出したことで、今後の事件については、あくまで〝松尾個人の犯罪〟だったということに、何とか矮小化してもらいたいとのメッセージが込められていたのかもしれない。

というのは、森が首相就任直後に『噂の真相』が報じていた学生時代の「買春検挙歴」（※当時はまだ、売春防止法施行以前で、その頃は業者だけでなく、客も検挙されていた）について、森サイドは噂の真相を相手取り、名誉毀損で民事訴訟を起こしていたのだが、その報じられた記事の「真実と足る相当の理由」を判断する最大にして、唯一の物証が、警視庁が保管している森の「前歴カード」だった。

裁判の中で、噂の真相側は、警視庁に対して、森のこの「前歴カード」を提出するよう求めたが、警視庁側はこれを拒否したことで、一審判決では、報道の核心部分であった「森に買春検挙歴があったか否か」についての事実認定は留保したまま、記事の他の本筋とはあまり関係のない部分の記述に関しての名誉毀損を認め、噂の真相側に三百万円の賠償を命じる判決が出たことで、結果的に「森を守った」形になり、その意味においては、警視庁は首相官邸に対して、「貸し」があった（※もっとも、名誉毀損訴訟の方は、その後、控訴審で争われていたが、森が首相を退陣したことを受け、裁判所も和解を勧告してきたこともあり、「賠償金の支払いはなし、簡単なお詫び文を日経新聞と、森の地元である北国新聞に掲載する」という条件で双方の間で和解が成立している）。

それゆえ、警視庁が、この機密費流用の捜査で強気に出ることができた背景として、『噂の真相』の件では、そっちの面子を守ってやったんですから、機密費の件では少し、こっちの顔も立てて下さいよ」という部分があったのかもしれない。

結局、松尾は最初の逮捕から合わせて、計四回逮捕されて、五回起訴され、検察側が詐欺罪で起訴した機密費の流用額は、計五億六百六十五万円に上った。

公判において、松尾は起訴事実を全面的に認めたうえ、さらには「すべて私個人の犯行だった」と罪を一人で被ったことで、審理は早々に終結し、〇二年三月十二日に東京地裁で懲役七年六カ月の実刑判決が言い渡されている（なお、松尾は控訴しなかったため、この一審判決が確定している）。

ただ、詳しくは後述するように、こうした外交機密費の流用問題を、九七年二月から三月にかけて、『週刊ポスト』が大きく報じたことを受け、外務省内では九五年以前における機密費に関する書類の証拠隠滅が図られていたこともあって、松尾が詐欺罪で立件されたのは、九七年一月以降の分に限られており、起訴された「計約五億円」という〝被害金額〟とは、あくまで松尾が着服していた機密費の一部でしかないのである。

「松尾に本当のコトを喋られたら困る人はいっぱいいる」

ある外務省中枢のキャリアの一人は、次のように言う。

「結局、松尾が（要人外国訪問支援室長時代に）着服して、個人の預金口座に入れたカネの総額は十六億円を超えていたという話もあり、正確な金額なんて、本人でなければわからないだろう。で、松尾本人が官邸に出向いて受け取っていたウチの機密費を自分で開設した複数の口座間でぐちゃぐちゃと移動させており、そのへんは足がつかないよう、ロンダリングを図る目的もあったのかもしれない。ヤツは現金の入ったビニール袋をキャッチボールして遊んでいた。事件化されたのが五億円余りで、ウチの報告書（＝外務省が〇一年一月二十五日、松尾の懲戒免職処分と同時に公表した機密費流用に関する報告書）でも、松尾が受け取った機密費の額は約五億七千万円に〝減額補正〟されていたけど、とにかく、機密費も含めて、松尾がとてつもない額の裏金を扱っていたということだけは間違いない。ヤツは（裏金づくりを担当する）庶務担のノンキャリアとして、長いこと関わっていたが、仕事は早いし、気も利くし、とにかく『融通が効く』ということで有名だった。結局、『私一人の責任』ってことで、罪をすべて被って刑務所に入ったんでしょう。あれで組織は助かった。もし、彼に本当のことを喋られたら困る人間は、ウチにはまだいっぱいいいますからね」

一九四五（昭和二十）年に生まれた松尾克俊は、川崎市高津区で、厚生省の職員だった父親と専業主婦の母親、それに弟一人、妹三人の七人家族の中で育った。

もともと群馬県新田郡木崎町（現・新田町）の禅寺で生まれたという父親は、仏教系の駒沢大学へと入学したものの、実家の寺を継ぐことはなく、一九三八（昭和十三）年、戦前の内務省に行政職として入り、戦後は旧厚生省の事務官として、国立公衆衛生院などで勤務し、最後は国立精神衛生研究所の総務課長で退職、いわゆる、「叩き上げのノンキャリア」だった。豪放磊落な性格で、人の面倒を見るのが好きなことで知られていたという。

松尾の父親は、定年まで数年を残して退職した後、当時の高度経済成長下の高層ビルの建設ブームの折り、ケガなどに対して何の補償もなかった鳶職の役に立てばと、彼らの補償事業を行なう協同組合を設立している。これから触れるように、松尾の「面倒見のよさ」とは、おそらく、そうした父親譲りのものと思われる。

それは、「ノンキャリア」として、キャリアを支えるための「汚れ役」を一手に引き受けていただけでなく、そうやってキャリアから手足のようにこき使われているノンキャリア職員の待遇改善にも尽力していたことからも、窺える。

例えば、外務省は九一年、ノンキャリアを海外の大使館や総領事館に赴任させる前に、現地に近い大学や語学学校で、半年間の語学研修を受けさせる制度を導入している。それまでは、ノンキャリアの事務官は入省四、五年目で、語学の研修なども全くないまま、在外公館への異動を命じられ、会計や雑務などを任されていた。

そこで、英語やフランス語といった日本でも習得できる外国語ならまだしも、中東やアフリカ、中南米などへ赴任を命じられたノンキャリアの中には、言葉ができないために日常生活にも苦労し、その後、海外勤務を全く希望しなくなる者も少なくなかった。そうした苦労が、同じノンキャリアの立場に置かれていたがゆえに、よくわかっていたため、そうした実態を松尾がキャリアの上層部に訴えたことで、実現したものである。

また、八七年の国鉄の分割民営化に伴い、国鉄を退職した大勢の職員が翌年から翌々年にかけて、外務省のノンキャリア職員として採用されているが、そうした者たちに対する面倒見のよさからも、松尾と同じ経済局で勤務していた人物の一人は、逮捕された後でも、「松尾さんのことは、今でも尊敬している」と話していたという（ここらあたりの松尾に関する記述は、読売新聞社会部著・中公新書ラクレ『外務省激震・ドキュメント機密費』より引用している）。

「松尾は余人をもって替え難い本物の公私混同」（鈴木宗男）

その松尾を、橋本内閣の北海道・沖縄開発庁長官、続く小渕内閣の政務官房副長官として、同じ政権中枢内で見てきた鈴木宗男は、手記『闇の権力執行人』（講談社、二〇〇六年）の中で、「松尾氏は男気のある人間だった」と評したうえで、こう記している。

〈丹波氏（※「丹波實」のこと。元駐ロシア大使で、「ロシアンスクール」のドンと目される人物。ちなみに、丹波は松尾のことを「ムネさん、なんで松尾を苛めるんです。省内のムネさんの評判はよくないですよ。松尾は使える男です。余人をもって替えがたい」とまで言っていた）がいうように、外務省の「サミットマフィア」のなかで松尾氏の評判はいまでもいい。松尾氏は当初、自分の給与を持ち出してでも、よい仕事をするために使っていたそうだ。親分肌で、若い連中を庇っていた。

松尾氏の理屈はこうだ。「これまで公のために自分のカネを投入するという『公私混同』で汚れ仕事をこなして評価されたのだから、公金がついたら今までの『貸し』を少しくらい取り返す権利があるだろう」。そして深みにはまり、余人をもって替えがたい本物の公私混同を行なった。汚れ仕事に見て見ぬふりをする外務省の体質から生じた組織犯罪だ。

松尾氏に世話になった外務官僚は、斉藤氏（※元事務次官、元駐米大使の「斉藤邦彦」のこと）、丹波氏をはじめ多数いる。私は外務省と松尾氏の間に裏取引があると睨んでいる。松尾氏が刑務所から出てきた後、外務省は必ず面倒を見る。

それは松尾氏が知りすぎているからだ。何も外務省が情けに厚いからではない。すべてを飲み込んだ、知りすぎた人間を放ったらかしにしていたら、いつ何時、悪事を暴露するかわからないから囲い込もうとするのである。

松尾氏の弁護士は外務省からの紹介だったということだ。松尾氏の残党がいまだに外務省で大手を振って歩いている。〉

ここに出てくる「汚れ仕事」こそが、機密費の上納操作をはじめとする、「裏金づくり」のことである。

5　トップのために「裏金仕事」に励むノンキャリア

「クロネコＪＴＢ部隊」でノンキャリアの星となった松尾

神奈川県立多摩高校を卒業した一九六四（昭和三十九）年の春、松尾は外務省の初級職、つまり、ノンキャリアの事務官として入省する。

最初に配属されたのは、本省の文書課で、与えられた仕事は国際会議の荷物担当だった。内部では「ロジスティック」（＝後方支援）と呼ばれる、外交活動を行なう際の「縁の下の事務的な雑用すべて」である。

「ロジのイロハは荷物担当で学べ」と、外務省に入った新人のノンキャリア事務官は、現在でもこう言われている。その理由の一つに、この荷物担当から「ノンキャリアの星」といわれるまでに引きたてられた松尾の「出世物語」が、今なお、生きているからだという。

荷物担当とは、キャリアの外交官が国際会議で使う資料や備品を取り出しやすいよう、段ボール箱に詰め、出張先に送る仕事である。会議の内容によって、資料や備品の種類も違うため、段ボールに詰める中身が決まるのは、キャリアが残業を終えた深夜になる。入省当初の松尾は、外務省にある地下の倉庫で、毎晩のように、ひとり黙々と荷物をまとめる作業にあたっていたという。

サミットをはじめとする国際会議で、こうした諸々の雑務を切り盛りしていく「ロジ担」の仕事は、ノンキャリアが担当する中でも最もハードである。要は旅行代理店と宅配業者の仕事を一緒にしたようなものだが（それゆえ、省内の隠語で、ロジ担のことを「クロネコＪＴＢ部隊」と呼んでいる）、何といっても根気と体力が求められる。で、これがきちんとこなせるようになると、外務省のノンキャリアでも「一人前」の評価が与えられる。

松尾が省内で頭角を現していくきっかけとなったのは、こうしたロジ担の仕事をテキパキとこなしたことに加えて、自分の私生活を犠牲にしてまで、キャリア外交官が求める「サービス」を怠らなかったことである。

最初の結婚から半年後の七〇（昭和四十五）年五月には、初の海外勤務となるパリのＯＥＣＤ（経済協力開発機構）の日本代表部へと出向になっているが、当時のモーレツぶりは語り草になっている。

週に何度もキャリアの外交官を自宅に招き、生まれたばかりの長女を抱える妻に家庭料理を振る舞わせたり、妻がパリの病院で第二子を出産したときも、「上司の仕事を手伝わなければならない」と、病院には一度も顔を出さなかったりした。

それもあってか、松尾の最初の結婚生活は九年で破綻し、二人の子供は妻が引き取ることになるのだが、こうして「家庭を犠牲にしてまでキャリアの上司に尽くす」という、じつにいじらしいまでの姿勢は、人事権を持つキャリア外交官たちの心をいたくくすぐることになる。

そんな松尾が「ノンキャリアの星」として、その力をいかんなく発揮していくきっかけとなったのは、七四年七月、本省の北米二課の庶務班長に引っ張られたことだった。

庶務班長とは、課の会計・庶務の仕事を仕切る「現場責任者」ともいうべきポジションだが、松尾の直属の上司である当時の北米二課長は、後に松尾が巨額の機密費を官邸から流用していたその最中に、一貫して外務省の事務次官、そして、駐米大使のポストにあった斉藤邦彦だった。

松尾よりは一足早く七〇年八月に、前任地のフランスの駐日大使館に一等書記官として着任していた斉藤は、キャリアとノンキャリアと立場の違いはあるものの、同じパリ勤務を通して、松尾の活躍ぶりが目に止まっていた。

斉藤が北米二課長に異動となったのは、七三年八月のことだが、その約一年後に斉藤の後を追うように、そこに着任した松尾が省内の「出世コース」に乗ることができたのは、ここで斉藤の信頼を勝ち得ることができた、ということがすべてだった。

主に米国との交渉を管轄する北米局（当時はアメリカ局）は、日米安保など政治案件を担当する北米一課と、経済分野などそれ以外のすべてを扱う北米二課とに分かれている。

当時、北米二課には、斉藤の課長就任の半年後に課のナンバー2である首席事務官となった川島裕がいた。入省が斉藤より六年下の川島は、その斉藤の三代後の事務次官を務めているが（もっとも、川島が事務次官のときに、松尾は警視庁に逮捕されているのだが）、同時期に同じ課にいたトップとナンバー2が揃って事務次官にまで上り詰めたケースは、外務省では後にも先にもこれしかない。それゆえ、後々、省内では「幻の二課」とまで言われるようになる。そこで、松尾はノンキャリアとしての、「汚れ役」の仕事を全うしたのである。

北米二課時代、松尾は上司の川島裕の〝下の世話〟までした

外務省においては、事務方のトップである「事務次官」は当然、あらゆる案件における最終的な意思決定の権限を持っているが、個別の案件によっては、各局長に丸投げしたり、そこからさらに先の「課長」に執行を一任しているものもある。その意味では、「局長―課長」のラインは、外務省においては、大きな権限を持っている。

斉藤の北米二課長時代は、七四年十一月から始まった「二百海里漁業水域」の設定を強硬に主張してきた日米漁業交渉をはじめ、七六年二月には米上院外交委員会で、例のコーチャン証言によって、ロッキード社にまつわるさまざまな疑惑が暴露されたことをきっかけに、大物右翼の児玉誉士夫や大手商社・丸紅など日本の政財界に総額千二百五十万ドル（当時の換算レートで三十七億五千万円）もの莫大なリベートが渡されていたことが発覚する。「ロッキード事件」の幕開けである。

北米二課は、こうした問題における米国の外交・司法当局との折衝の窓口を担うこととなったが、当時の三木内閣がこれにどう対応するかで二転三転したこともあって、国会対応なども含め、徹夜となることもしばしばだった。

こうした難問山積の最中にあって、まだ三十歳になったかならないかの松尾は、斉藤、川島らキャリア外交官の海外出張の手配や、米国からの交渉団の受け入れ準備、さらには課内の予算管理といったことまで、手のかかる雑務をすべて一人で取り仕切り、ミス一つ犯すことなくこなした。それも、斉藤が望むより必ず一呼吸早く仕上げるという、気の利きようだった。

そればかりでなく、松尾は残業を担当する課員のための夜食代を捻出し、また、予算が足りないときは自分で食材を買ってきては、真夜中に自分で手料理を振る舞うほどの甲斐甲斐しさまで併せ持っていた。

こうした抜群の仕事ぶりを斉藤は高く評価し、後に松尾が三度目の結婚式を挙げた際には、仲人を務めたほどだった。そして、斉藤、川島ともにマージャンが好きだったことから、彼らと一緒に卓を囲むこともしょっちゅうだった。

当時を知る外務省関係者の一人は言う。

「斉藤、川島、松尾の三人は役所から近い新橋駅近くの雀荘によく行っていた。特に松尾は川島の〝下の世話〟までやっていて、松尾が運転手になって、川崎のソープランドに繰り出していったこともあった。もちろん、そのカネの出所は、松尾が工面したものだろうが」

「裏金を作る人＝ノンキャリア」「裏金を使う人＝キャリア」

下巻で扱う法務・検察、そして、警察でも全く同じだが、外務省でも「裏金を使う人＝キャリア」、「裏金を作る人＝ノンキャリア」という構図は、ぴっちりと出来上っている。

会計書類を操作するなどして、直接、裏金捻出にタッチする「汚れ仕事」は、基本的にはこの松尾ようなノンキャリアの事務官が一手に担い、斉藤や川島といったキャリア外交官が、その恩恵に与るわけである。そうした「裏金要求」にいかに応えることができるかが、ノンキャリアの出世のすべてといっても過言ではない。

特に外務省の場合は、本省の各課・室ごとに「プール金」とも「預かり金」とも称していた裏金が存在していたが、その捻出、及び管理を担当する「庶務担」に、ノンキャリアの中でも、松尾のように「仕事のできる人間」が充てられていったのである。

前出の外務省経済局参事官室の課長補佐だったノンキャリア事務官・小林祐武は、一九七五（昭和五十）年一月に外務省に入り、最初の配属先が北米二課だったが、このときの庶務班長が松尾克俊だった。

ここで、小林は先輩上司でもあった松尾から、さまざまな仕事の手ほどきを受けているが、既にその時点で、「プール金」と呼ばれる課の裏金が存在していたことを、手記『私とキャリアが外務省を腐らせました』の中で、こう記している。

〈松尾が早めに帰宅したときに、彼に代わって残業をしている課員の夜食用の弁当などを手配しなければならない機会があったからだ。そんなときには、普段松尾が管理しているプール金の記入されたノートを預けられた。

このノートはいわば「差引簿」のようなもので、ホテル、料亭・料理屋、ハイヤー、文房具屋などの業者名と連絡先、担当者名、そしてその業者に対して北米第二課がどれだけのプール金を持っているのかが詳細に書き込まれていた。業者によっては、プール金の残高がマイナス、つまり外務省がツケで利用しているところもあった。ここに記載されている料理屋などに弁当を頼むわけだ。

そもそも残業のある場合には、役所から夕食代の一部は支給されていた。省内にある食堂の五百数十円の定食の食券代だけは面倒を見てくれていたのだ。ちなみに外務省の食堂というのは、私がまだ現役だった当時、百貨店の松屋のグループ会社「アターブル松屋」と、とんかつの「さぼてん」を運営している「グリーンハウス」に委託されていた。アルコールも用意され、ときには「世界のビールフェア」などと銘打って、世界中のビールを格安で提供してくれるなど、一般の民間企業に比べれば、外務省の食堂事情ははるかに恵まれていた。

ところが、いつも同じメニューなので、来る日も来る日も省内の食堂で夕食、というのは正直つらい。ましてや、ただでさえ外務省には、在外勤務などを経て舌が肥えてしまったキャリ

ア も多い。当然、「ちゃんとした食事がとりたい」という要望が強くなるのである。

さらに、国会待機と呼ばれる「残業」になると、深夜まで残らなければならないこともあった。国会答弁というのは、事前に発言者に対する質問を取り、官僚が答えを作成しておく。したがって、当日の国会答弁では用意されたものを読み上げるだけなのだが、その質疑答弁に関係する局や課は、いつ呼び出しがあるかわからない。その呼び出しに備えるため、省内で待機するのである。

こうなると、夕食だけでは当然腹が持たない。それ以外に夜食を用意しなければならないのだが、こうした食事代は役所から支給されることはなかったのだ。

そういうときに庶務係が頼るのが、ノートにあった料理屋や料亭だった。このノートを使えば、電話一本で弁当も配達されてきた。弁当も「ほか弁」ではない。料亭やレストランが作る豪華版だった。

たとえば、料理の鉄人の陳健一の「赤坂四川飯店」も得意先の一つだった。当時は彼の父親・陳健民が腕を振るっていた時代だが、「あそこの麻婆豆腐じゃないと食いたくない」などというキャリアがいたため、赤坂四川飯店には弁当でもずいぶん世話になった。〉

内輪の飲食用のウラ金「プール金」が外務省の本省だけで2億円

小林によれば、このプール金の「原資」に、外交機密費が充てられることが多かったという。

外務省の機密費は、課長以上のキャリアにも、事実上の「ポケットマネー」として、毎月、一定額が支給され、課長で毎月五万—十万円、部長・局長レベルで五十万円が支給され、国会対策を受け持つ官房総務課長、官房長、外務審議官、さらに事務次官及び外相は「青天井」だった。

ただ、中には機密費を使い切らずに残す人間もいて、そういう場合は会計課に返さず、店に頼んで水増しの請求書を発行してもらう。

例えば、六人で一人五千円の料理しか食べていないのに、店側に依頼して、請求書では単価を一万円に上げておいてもらう。本来では三万円の支払いで済んでいるところを、六万円を払っておき、その「差額分」をプール金として店に預けておくのである。場合によっては、実際には食ってはいないのに、カラの領収書だけを送ってもらい、カネだけを店に預けておくということもある。

こうして機密費のほかに、例えば、一般経費の「庁費」の枠内で計上されるハイヤー代についても、同じように業者に水増しして代金を支払い、その水増し分をタクシークーポンの形でキックバックしてもらい、プール金の一部として組み込んでいた。

特に外務省の場合は、こうして取引先を巻き込んだ「プール金」という裏金システムは、確固としたカルチャーとして存在していたらしく、松尾の機密費流用発覚をきっかけに、外務省が〇二年二月五日、内部調査の結果として公表したところでは、本省内の百十九ある課・室のうち、七十一でプール金が存在し、その総額は二億円にも達していた。もっとも、庶務係のない課・室は単独でこうした裏金を作ることができないため、他の所属にツケ回していたというだけに過ぎず、プール金自体は、すべての課・室に蔓延していたといってもよい。

「ハッキリ言って、庶務係は裏金を作ってナンボの仕事」

もちろん、庶務担当のノンキャリアといっても、皆が裏金づくりに長けているというわけではない。例えば、あまりそういう汚れ仕事をしていない官房のセクションからいきなりポンと庶務班長に据えられたりすると、ベテランであっても右往左往することがあったといい、そうした点も含めて、前出の小林は手記『私とノンキャリアが外務省を腐らせました』の中で、次のように述べている。

〈ハッキリ言って、庶務係は裏金を作ってナンボだ。彼らは自分の課の課長から、「あっちの課はできているのに、どうしてうちはできないのだ」などとお叱りを受けるハメになる。仕方なく彼らは、ずっと年下の私に「プール金作りのノウハウ」を聞きにきたり、松尾に泣きついたりするのである。

あるいは、「危ない仕事」に手を染めたくなければ、「できません」と断ることもできただろう。ただしそうなれば、庶務班長が替わらない限り、課長は不機嫌だろうし、課の雰囲気も暗くなる。なにより、その時点で、それ以上の出世は諦めなくてはならない。

私はそんな泣き言を言うつもりはなかった。多少危ない仕事であっても、どうせ覚えなければならないのなら、早いとこ覚えておいたほうが楽に違いない。今後何十年とノンキャリアとして仕事をしていく中で、「このカネ、うまく処理しておいてくれ」と命じられたとき、「できません」では通らない場面もある。ましてや「できないんじゃなく、やり方を知らないんじゃないか」などと言われることは屈辱だ、とさえ思っていた。

そんな性格の私は、汚れた仕事にも邁進していった。もちろん裏金の恩恵を受けたのは、われわれでなく、キャリアたちである。〉

このように、裏金をうまく作れない他課・室の求めに応じて、カネを工面してやっていた松尾は、機密費流用事件の舞台となった、「要人外国訪問支援室」の室長に就任する九三年十月以降は、詳しくは後述するように、松尾が首相の外遊案件に絡む経費の扱いを一手に引き受けていたこともあって、ふんだんな裏金が彼の手元にはあった。

確かに、外務省の機密費は、例えば、「局長枠」の場合、既に触れたように、毎月五十万円、年間で六百万円が割り当てられていた。

しかし、現実には局長がホスト役となって外国からの訪問団を招いてパーティーを開くと、一回の支出が数十万円に上ることも多く、局長の大半が年間の六百万円の上限を使い果たし、中には一千万円を超える者もいた。

外務省の規定では、機密費から支出されるこうした会食代が上限をオーバーしても、会計課に申請すれば許可されるのだが、それには煩雑な手続きが必要なのに加えて、「なぜ、上限をオーバーしたのか」をいちいち説明する必要があった。このため、局長の交際費等も担当する、各局の「局庶務」は、こうした会計課への許可申請を渋る傾向にあった、という。

そこで、「何とか……」と頭を下げてやってきた局庶務に対し、その穴埋めをやっていたのが、松尾だったのである。ちなみに、松尾が工面していた「穴埋め分」とは、年間で局長一人あたり数十万円から数百万円に上ることもあった。

こうした実態について、読売新聞記者の取材に応じた本省の局長を経験した現役大使の一人は、前出の『外務省激震　ドキュメント機密費』の中で、こう語っている。

「ここ数年、会食費が足りなくなった時には、松尾君に穴埋めを頼むというのが習慣になっていた。これは省内では周知の事実になっています。いまさら隠そうとするほうがおかしいのではないか」

「私は次官メーカーと呼ばれる」と豪語するノンキャリア

斉藤邦彦、川島裕という、キャリアの二大大物を直属の上司として仕えた松尾は、都合八年間在籍した北米二課の庶務班長を離れてから六年経った八八（昭和六十三）年四月、ノンキャリアでも「初級職」から「中級職」へと抜擢されている。

外務省の職員採用試験は、〇一年に噴出したこの松尾の機密費流用事件を機に、通常の国家公務員試験にすべて統合されてしまったが、それまでは、「キャリア」と呼ばれる「外務公務員採用Ⅰ種試験」（上級職）、「セミキャリア」と呼ばれる「外務省専門職採用試験」（中級職）、それに「ノンキャリア」である「国家公務員採用Ⅲ種試験」（初級職）の三層構造から成り立っていた。

うち、「上級職」には毎年、約三十人が合格するが、他省庁の国家公務員採用Ⅰ種試験との大きな違いは、受験資格が年齢制限（二十歳―三十三歳未満）というだけで、表向きは「学歴不問」ということだった。

外務省のキャリアの学歴を見ると、よく、「東大中退」「京大中退」を見かけることがあるが、これは大学三年のときに外交官試験をパスし、そのまま、大学を中退して入省したことを意味しており、内部では「卒業」よりも箔が付いているとされる。

ただ、他省庁の国家Ⅰ種合格組のように、成績が公表され、通常はだいたいその成績順に、大蔵（現・財務）、通産（現・経産）への入省が決まっていくのと比べると、外務省はその採用試験を独自に行なっていることからくる「閉鎖性」がよく指摘されている。その最たるものは、キャリア外交官には「二世、三世」がゴロゴロいる点である。

そこらあたり、どちらかというと、やんごとなき家系の「外交官一族」が役所の中に掃いて捨てるほどいることから来る、独特のカルチャーがある。例えば、ヒゲを生やした人間が多いとか、「愛人の一人や二人抱えてこそ一人前」といった、男女関係に異常に甘い雰囲気とか、他の省庁とは相当、異なる〝企業風土〟が形成されてきていると思われる。

守旧的な組織や社会にありがちなものとして、「身分差別」があるが、外務省の場合もその例外ではない。入省した時点での「キャリア（上級職）」「セミキャリア（中級職）」「ノンキャリア（初級職）」の区別は絶対で、その後、定年で退職するまでずっと付いて回る。

その意味では、入省後に「ノンキャリア」から「セミキャリア」、もしくは「セミキャリア」から「キャリア」に〝身分〟が上がるケースは、ゼロではないにしてもごく稀で、その意味からしても、このときの松尾の初級職から中級職への登用が、いかに異例であったかがわかる。

ここで、外務省の出世コースを簡単に説明しておくと、キャリアは最低でも在外公館の大使にまでは昇進できるが、その最中枢は本省官房の人事課長か会計課長を経て局長に昇任したのち、本省内ではナンバー2である「外務審議官」（略して「外審」。政務外審と経済外審の二人いる）から、「事務次官」に就くことである。そして、この事務次官経験者が最高の上がりのポストである「駐米大使」へと横滑りする。

出世競争に敗れたキャリアは、早々と在外公館に出され、大使館のナンバー2である「公使」や総領事館のトップである「総領事」を歴任したのち、日本政府にとっては重要度の高くない国の大使に収まる。これを内輪では「人工衛星」と呼んでいる。

出世コースに乗っているキャリアほど、本省勤務が長くなるため、「在外勤務手当」などのオフィシャルなつかみ金が自動的に付いてくる「人工衛星」の人間たちよりは、オモテの収入は少なくなる。そういうこともあって、松尾のような裏金づくりに長けたノンキャリアが重宝されるのである。

これに対し、「専門職外交官」とされるセミキャリア（中級職）の出世の最高ポストは、在外の大使館のナンバー3にあたる「参事官」である。

それゆえ、松尾のような高卒のノンキャリア（初級職）の身分のままでは、そうした在外大使館の参事官に到達することは、通常であれば、「ありえない話」だった。

松尾がこのように「初級職」から「中級職」に抜擢された八八年四月の時点で、斉藤は外務省の各局の筆頭局である条約局長に、また、川島は大臣官房の人事課長にそれぞれ昇格しており、「斉藤—川島」のラインに食い込んでいたことによって、通常であれば、大卒に限られているセミキャリアへと引き上げられたことに対して、松尾の心中において、大いに「意気に感じる」ものがあったであろうことは疑いない。

「情と理」という物言いがあるように、人間という動物は、決して合理的な思考や判断力だけで動く存在ではない。カネを扱う汚れ役をきちんとこなしていた松尾は、そういったツボを押さえることにも非常に長けていた。

外務省には、キャリアを中心とする「ダッファーズクラブ」というゴルフ同好会があり、斉藤邦彦はその中心メンバーでもあったが、だいたい月一回のペースで開かれるコンペには、大臣や大物ＯＢらもよく参加していた。

要人外国訪問支援室長時代の松尾は、そのゴルフ同好会の幹事も務め、「月番」の局長から「松尾君、よろしく頼むよ」と一声かけられると、「わかりました」と、コースの予約から送迎の車の手配、プレー代の精算などを一手に行なっていた。で、松尾はこの支払いを、機密費を入金した口座から自動引き落としされる本人名義のクレジットカードで行なっていた。

第一勧業銀行虎ノ門支店の預金口座からは、判明している分だけでも、松尾が要人外国訪問支援室長在任中の九四年から九九年にかけて、クレジットカードで支払ったゴルフ場の利用代金の総額が三十三回分、計百九十二万円に達していた。いずれも、神奈川、千葉、茨城などの名門カントリークラブで、ダッファーズクラブが御用達にしていたところばかりだった。

松尾はこれだけでなく、省内のキャリア幹部らのマージャン大会の幹事役も引き受ける一方、自民党の有力議員たちとも雀卓を囲むこともあった。

外務省に食い込みたがっている議員にしては、松尾に一声かけてマージャンに誘い、「勝たしてやる」という腹積もりだったが、松尾の方が遥かに腕が上だったため、逆に松尾がわざと負けてやっては「議員のお守りも私らの大事な仕事だよ」と笑い飛ばしていた、という。

それはひとえに、外務省の最大実力者である「斉藤邦彦」の後ろ盾があったからだが、事実、松尾はこう、周囲に吹聴していた。

「私は次官メーカーと呼ばれているんです。将来、事務次官になりそうなキャリアに政治家を紹介してやったりね」

「斉藤─柳井─川島」の次官ラインに尽くし、使われた松尾

松尾が機密費流用事件の舞台となる要人外国訪問支援室の室長に就任するのは、斉藤が事務次官に就任した約二カ月後の九三年十月十日付けであるが、松尾のこうした縦横無尽ともいえる〝活躍〟の背景には、「斉藤─柳井─川島」という、歴代の事務次官経験者からなる、斉藤を筆頭とする「アメリカンスクール」の庇護があったからに他ならない。

外務省には、「スクール」と呼ばれる、研修語学別のグループが存在する。それは「アメリカンスクール（英米派）」「チャイナスクール（中国派）」「ロシアスクール」（ロシア派）」に加えて、入省後に配属されるセクションによって、法律畑を歩むことが多かった人は「条約局マフィア」、経済協力の部門だと「経協マフィア」といった派閥がある。そうしたスクールや派閥が縦横に複雑に絡み合う形でいくつもの人間集団が形成され、人事も専らこうした小集団の内部で秘密裏に動いていく。

ただ、外務省内のスクールの保守本流はあくまで「アメリカンスクール」で、その中でも松永信雄（東大法卒。一九四六年入省、人事課長、官房長、条約局長などを経て、八五年から駐

米大使。九〇年退官）を頂点とする「松永スクール」であり、もともと斉藤はこの松永スクールの一員だった。

松永スクールの特徴は、外交的には言うまでもなく「対米追従」だが、内政的には清濁併せ呑む国会対策に長けていた点である。

松永をよく知るあるキャリア外交官は、言う。

「松永さんは政治家にも食い込んでいて、いろいろと動かしていましたからね。彼が官房長をやっていた時代、議員にもちゃんとカネを配っていたという話を聞いたことがあります。そうやって、彼はふんだんなカネをコントロールできたので、媚を売ってなびく人間が、省内にも永田町にもいくらでもいた。斉藤も川島も松永スクールの一派でしたから、そういった松永さんの手法を間近で見て、自分たちがのし上がっていく肥やしとしたんでしょう。そういう部分で、斉藤はうまく松尾を使い切ったということなんでしょうね」

で、松尾の「要人外国訪問支援室長」としての機密費流用と、こうした斉藤らアメリカンスクールが外務省の最中枢を牛耳っていたのは、時間軸としてピタリと重なる。

前述したように、松尾が要人外国訪問支援室長に就く約二カ月前の九三年八月一日付けで斉藤は外務省の事務次官に就任し、まる二年間、次官を務め上げたのちは、九五年八月からは駐米大使に転じている（九九年八月まで）。

斉藤は、外務省退官後の二〇〇〇年には、ＯＤＡ事業を扱うなど同省が管轄する外郭団体の中では最も格が高いとされる国際協力事業団（ＪＩＣＡ）の総裁に就任する一方、自らの「後任の事務次官」も、当初、有力視されていた政治担当の外務審議官だった福田博（六〇年入省）を敢えて外し、福田と同期だった林貞行を指名することで、「福田後継」の芽を潰したのち、林の後任の事務次官には、同じ斉藤一派の柳井俊二（事務次官在任九七年七月—九九年八月。その後は九九年九月から斉藤の後継の駐米大使に就任）、さらには川島裕（人事課長の後は、アジア局長、総合外交政策局長、駐イスラエル大使を経て、九九年八月から柳井の後継の事務次官）がそれぞれ就いたことで、斉藤は外務省内において強い発言力を保持し続けた。

なお、斉藤の自宅のある東京・品川区荏原の土地（広さ四〇〇平方米）の登記簿によれば、近所に住んでいる地主から、斉藤が条約局長に就任後の八八年十二月二十四日以降、駐米大使を務めていた九八年一月二十八日までの間に、計十回に渡って土地の贈与を受けている。土地の所有者は斉藤本人をはじめ、妻、さらには東大法学部卒業後に日本興業銀行入りしている長男（一九六六年生まれ）、同じく東大の経済学部卒後、ＮＨＫに就職している二男（一九七一年生まれ）の家族四人で、いわば「斉藤一家による共同所有」という形になっており、それによって斉藤らが贈与を受けた自宅のある土地の面積は全体の五五％に達している。

ちなみに、品川区荏原は都心の一等地で、これだけの広さの土地をもし、一括で購入しようとすれば、時価総額で一億円を下ることはない。少なくとも、松尾の機密費流用が膨らんでいく時期と斉藤が外務省内での実権を完全に掌握する時期、さらには斉藤が自宅のある土地を段階的に取得してく時期とは、完全に一致している。

松尾が、外務省から官邸に移し替えていた機密費をふんだんに持ち出せたのは、このように外務省内においては、斉藤邦彦の庇護があったからだが、さらにもう一方の舞台である首相官邸においては、官房機密費を取り扱う事務方のトップである、歴代の「首席内閣参事官」とも松尾はツーカーだった点が大きい。

とりわけ、松尾が官邸内でその実力をいかんなく発揮できたのは、首席内閣参事官を経て、九五年二月に事務の官房副長官に就任していた古川貞二郎の存在である。

前述したように、古川は八七年七月からまる二年間、首席内閣参事官の職にあったが、じつはこの間、松尾はサミットなどの国際会議を取り仕切る外務省経済局総務参事官室の庶務班長を務めていた。

松尾は北米二課の庶務班長から八二（昭和五十七）年十一月に経済局の国際経済第一課へと異動になっていたが、その後、松尾は同課在籍のまま、八六（昭和六十一）年三月にはサミット開催事務局の事務官を兼任していた。

このときの東京サミットで、松尾は「ロジ担」として切り盛りした手腕を買われて、「局庶務」と呼ばれている、経済局の総務参事官室の庶務班長へと抜擢されているのだが、総務参事官室は経済局の筆頭課であり、そこの庶務班長は、局長の交際費をはじめ、局全体の経理をも任される立場にあった。松尾が「初級職」であるノンキャリアから、「中級職」であるセミキャリアへと引き上げられるのも、こうした最中のことである。

外交機密費の官邸「上納」を目撃。億単位の小切手を日銀へ

もともと外務省の内部においては、「経済局長」はいちばん格が低いことから、年次が高い他の局長からいろんな案件が回されることが多かった。

それと、偶然の一致だったのだろうが、松尾の経済局の配属は、中曽根康弘の首相就任とほぼ同時だった。とりわけ、パフォーマンス好きで知られる中曽根はサミットをはじめとする「外遊」に力を入れたことで、そうしたサミットを管轄する経済局には、その「ロジ担」としての煩雑な仕事も多く回されたが、それに伴って多くの予算を手にすることができるようになった。

松尾が就いた経済局の「局庶務」、すなわち、総務参事官室の庶務班長のポストは、首相案件に絡む国際会議のカネの管理も任される。

首相の外遊に絡む案件は、外務省で計上した予算と、内閣官房の扱いとなる総理府（現・内閣府）で計上したものとの、二本を扱うのだが、とりわけ、「首相外遊分」に充てる分は、外務省から官邸に上納していた機密費から引き出していた。

そうした点について、松尾の後任の経済局の「局庶務」に就いた前出の小林祐武は、手記『私

とキャリアが外務省を腐らせました』の中で、こう記している。

〈一連の事件の中で、外務省や官邸が頑なに否定し続けたのが、「外交機密費」の官邸への上納疑惑である。あの田中真紀子でさえ、外相当時、上納問題を「早期に調査する」と約束していたにもかかわらず、途中から「事務方に聞いたが、上納はないと思う」と急にトーンダウンし、問題をウヤムヤにしてしまった。

だが、私の体験に照らせば、上納の事実はやはりあるのである。外務省は、「外務省改革」などと言いながら、都合の悪い部分については口を閉ざしたままなのだ。

私は上納の現場に居合わせたことがある。入省2～3年目のころのことだ。大臣官房の会計課主計室にいた同僚がやってきて、私を昼飯に誘い出した。向かったのは、日本橋本石町界隈、日本銀行のお膝元である。

四半期に一度、外務省が振り出す億単位の金額が記入された小切手を、先輩たちが日銀に持ち込んでいることを彼は知っていた。自分にもついにその順番が回ってきたのだが、怖くなったので私を日銀まで道連れにしようとしたわけだ。私は日銀本店の前まで付き合い、彼の背中を見送った。

また、あるときは、同じように小切手を官邸に持ち込む同僚に付き添ったこともある。

官邸の機密費は、選挙のたびごとに与党議員に対して大量にばら撒かれたり、国会対策で野党に渡されたりしているのは、われわれの間では常識だった。小泉内閣で財務相だった塩川正十郎は、後に「忘れた」、「正確な記憶がない」などと撤回したものの、一度は、「宇野内閣の官房長官当時に野党工作に官房機密費を使った」とテレビ番組で発言していた。あの茶番を見て、大方の国民も気づいたと思うが、官邸の機密費といっても、国会対策として野党の手に渡したり、首相の外遊に同行する随行員たちに餞別として配ったりする程度の使い方しかされていないのである。

その官房機密費とて無尽蔵ではない。首相が外遊するたびにかかる大金は、いったいどこから出ているのか。答えは一つしかないだろう。外務省の機密費だ。

「外遊は本来、外務省の仕事だ、われわれは外務省に代わって仕事をしている」という思いが総理府や内閣にある。

「だから、外遊に外務省の機密費を充てるのはしかるべき措置なのだ」

これが官邸の本音だろう。〉

「機密費」の裏のウラまで知るノンキャリアの橋本「天皇」

この経済局の「局庶務」のように、外務省の所属でありながら、官邸に出向いて上納した機密費を引っ張り出す立場にある人間は、内閣官房の「内閣事務官」や総理府の「事務官」の肩書を兼務しているのだが、この肩書を持つということは、官邸や総理府にも自由に出入りして、首相の外遊案件などにかこつけて、そうした関連のカネを引っ張って来れる権限を持つことを意味した。

松尾がこの「内閣事務官」を兼任したのは、既に北米二課の庶務班長だった八二（昭和五十七）年八月のことだったが、このころから官房機密費の予算を扱う総理府内で、特に松尾のことを目にかけていたのが、当時、ノンキャリアでありながらも、その隠然たる力で、「天皇」とまで呼ばれていた橋本哲曙だった。

橋本は戦後まもない一九四八（昭和二十三）年、高卒で総理府に入った後は一貫して会計課に籍を置いた。八〇（昭和五十五）年からは約五年半、会計課のナンバー2である参事官を務めた後、八五（昭和六十）年六月にはノンキャリアとしては初めて部長級ポストの管理室長に昇任するなど、霞が関の中でも「立志伝中の人物」とされていた。

総理府に入ってからじつに三十七年間も、自らの所属する役所の財布のヒモを握り続けていた橋本は、のちの松尾を彷彿とさせるように、キャリアの上司が決めた部下の人事にも公然と異を唱えるほどの発言力を持つに至っていた。

ノンキャリアとしては初の部長級ポストに就いた管理室長時代は、橋本の部屋が役所の二階にあったことから、「二階から勅命が出た」と、職員が右往左往していたほどだった。

総理府の会計課は、首相官邸の予算も一緒に管理しているため、官房機密費を支出する際、官房長官室の金庫の中にある、官房長官が自らの手で執行する以外の分については、例えば、そうした小切手が誰宛てにいくらずつ振り出されたのかなどについても、詳細に知る立場にあった。

外務省から官邸へ機密費を上納する際、官房長官宛てに振り出される政府小切手も、それが持ち込まれる先は総理府の会計課である。こうした作業に現場で従事していた橋本は、「機密費の裏のウラ」まで知りうる立場にあったわけである。

とりわけ、国の予算編成が始まる毎年夏前になると、各省庁の会計担当者が集まる実務者会議の座長を、この橋本が務め、「この会議で全省庁の予算要求の方針が決まる」とさえ、言われていたほどだった。

6　外務省と官邸中枢に直結で可能な機密費流用

「一番世話になっている」のは斎藤邦彦次官ではないのか

松尾が経済局の「局庶務」時代の八五（昭和六十）年十二月、三度目の結婚をした十二歳年下の相手は、総理府会計課の職員で、橋本の直属の部下だったのだが、この女性を松尾に紹介したのが、他ならぬ橋本自身だった。

このとき、松尾の結婚式の仲人を務めたのが、斉藤邦彦だったのである。

橋本は総理府管理室長時代の一九八八（昭和六十三）年五月、政府広報を巡る汚職事件で、東京地検特捜部に逮捕、起訴され、その後、有罪判決を受けているが、じつは、その数年前に警視庁捜査二課が、橋本の周辺を内偵した結果、現場はチャート図を書き上げ、警視庁の上層部を通じ、着手のGOサインを求めていたことがあった。というのは、こうした国の省庁の汚職事件を摘発するには、警察庁の決裁を仰がなければならないからである。

ところが、待てど暮らせど、OKが出ない。捜査は結局、そのままうやむやにされてしまい、現場の捜査班も解散となってしまったのだが、じつは警視庁の上層部が決裁を求めた直後に、警察庁の長官官房のある幹部が、警視庁の本庁四階にある捜査二課のところに、怒鳴り込んできたのだという。

「君たちはいったい何をやってるんだ。誰彼構わず捜査すればいいってもんじゃない。少しは状況を考えてくれ」

結局、トンビが油揚げをさらっていくがごとく、橋本の身柄は警視庁ではなく、それからしばらく経ってのち、東京地検特捜部が取ることになるのだが、もう、これは不思議な縁としか言いようがないのだが、このとき警視庁の捜査二課で橋本の汚職の内偵をやっていたメンバーが、それから十年以上の歳月を経て、今度は松尾の機密費流用事件を手掛けることになるのである。

そんな松尾が、まだ逮捕前の任意による事情聴取の段階で、既に機密費流用の一部をあっさり認めた後の、捜査員との雑談の中で、ふと、こう漏らしたことがあった。

「でもね、刑事さん、私より悪い役人が霞が関にはいたんですよ」

それまで適当に相槌を打っていた捜査員には、ピンと来るものがあって、「それは、総理府の会計課にいた橋本哲曙のことだろう」と水を向けられると、松尾は「えっ」と驚き、思わず絶句したという。

その橋本が政府広報汚職事件での公判が終わってのち、その再就職の世話をしたのが、他ならぬ松尾だった。

松尾は、ＯＢが社長を務める虎ノ門の業界新聞社に橋本を紹介しているのだが、ここの顧客には、外務省をはじめ、ＪＩＣＡ、ＪＥＴＲＯといった〝超優良企業〟が名を連ねる安定した経営基盤を持っていた。その後、橋本はそこの社長に収まり、松尾が警視庁に逮捕された〇一年三月の時点においても、なお、その社長の職にあったのだが、じつは、松尾が橋本にここを紹介する際、一緒に斉藤邦彦のところに行って、頭を下げているのである。

前出の読売新聞社会部著『外務省激震　ドキュメント機密費』において、取材に応じている斉藤は、そのときのことをこう述懐している。

「総理府事件から2、3年した頃、松尾君が私のところに、××さん（※文中ではこのように匿名になっているが、「橋本哲曙」のこと）を連れてきて、『私が世話になった人です。今後よろしくお願いします』と紹介された。事件や不祥事で役所を追われた役人が一番心配するのは、その後の就職先のことだ。しかし、あまりに大きな事件を起こした人とは、誰もかかわりを持ちたくないというのが現役の役人の本音だろう。そんな人に就職の世話までするんだから、よほど親しいのだと思った」

何か、斉藤は他人事のような物言いをしているが、斉藤は松尾の直属の上司として北米二課長を務めた後に、外交機密費の官邸への上納を扱う会計課の課長に就任している。もちろん、そのとき、橋本は総理府の会計課で外交機密費を受け入れる立場にいた。

松尾が橋本の部下だった女性を橋本自身に紹介され、斉藤の仲人によって結婚式を挙げるのは、こうした最中のことである。つまり、「松尾克俊」を通して、斉藤邦彦（＝外務省会計課長）と橋本哲曙（＝総理府会計課参事官）を繋ぐ一本の線が、ここに存在しているのである。

首相官邸を牛耳る古川貞二郎官房副長官が松尾の後ろ盾

話を戻すと、松尾は既に北米二課の庶務班長の時代から、「内閣事務官」と書かれた名刺を持って自由に総理府や官邸にも出入りしていた。さらに、経済局の「局庶務」に就いてからは、サミットをはじめとする首相の外遊案件にもタッチし、それに関わる経費の取り扱いも一任されていたのだが、そうした最中の八七年七月から八九年九月まで官邸の首席内閣参事官を務めていたのが、古川貞二郎だった。

奇しくも、古川が首席内閣参事官の職を離れたのと同時期の八九年七月から、松尾は九三年の一月まで、ワシントンの駐米大使館で一等書記官として勤務したのち本省に戻り、同年夏に開催された東京サミットにおける二度目のロジ担を難なくこなすと、九三年十月に、例の要人外国訪問支援室長に就いている（なお、松尾がこうして海外で勤務していたほぼ同時期、斉藤は八九年五月から九一年八月まで駐イラン大使として赴任している）。

一方、古川の方は、その間、厚生省の事務次官を務め上げたのち、九五年二月に、石原信雄の後を継いで事務の官房副長官に就任しているのである。

その松尾と古川との親密な関係を窺わせる、次のようなエピソードがある。

古川が首席内閣参事官だった八九年二月、昭和天皇の大喪の礼で、各国の首脳らが弔問にどっと訪れたため、空港からの送迎や宿泊先の手配などがパンク状態になった。

このとき、それまでの実績もあって、急遽、駆り出されたのが松尾だったのだが、その際、古川は各省庁の関係者に対し、「うちの松尾に協力してやってほしい」と口添えをしているのである。

ところが、松尾の態度があまりにも横柄だったため、ヘリ部隊まで出して協力していた自衛隊の現場指揮官とトラブルになり、怒った指揮官は「我々は引き上げる。民間機をチャーターするなりして勝手にやってくれ」と言い出す事態になった。

そこで駆け付けたのが、何と古川で、「うちの松尾の無礼を許してやって下さい」と頭を下げてなだめたことで、ようやくその場が収まったのだという。

要人外国訪問支援室長として、機密費を縦横無尽に駆使していた松尾は、外務省に斉藤邦彦、首相官邸に古川貞二郎という、二人の大物官僚の存在があったからこそ、裏を返せば、あれだけ巨額の流用も可能になりえたともいえるだろう。

松尾の、松尾による、松尾のための「要人外国訪問支援室」

機密費流用事件の舞台となった「要人外国訪問支援室」とは、外務省の総務課内に九〇年四月に設置されているのだが、これはそもその二年ほど前に初級職から中級職に引き上げられた松尾が、その頃から、首相の外遊案件が増加していったこともあって、「局を超えて、ロジを担当する専門部署が必要」とキャリア幹部らに説いて回った成果によるものだった。

設置当初は松尾はワシントン勤務だったこともあって、要人外国訪問支援室自体の機能も、有名無実のようなものだったが、松尾が帰国後、事務次官に就任したばかりの斉藤邦彦の後ろ盾もあって、九三年十月にそこの室長に就任すると、いわば、「仏に魂を入れる」作業に着手する。その意味では、要人外国訪問支援室とは、「松尾の、松尾による、松尾のための組織」といってもよかった。

それまでは、首相の外遊に関する費用の請求に関しては、例えば、サミットであれば経済局、欧州訪問であれば欧亜局というふうに、案件ごとに管轄するセクションが異なっていた。そして、そのことは九〇年四月に要人外国訪問支援室が設置された後も、しばらくは変更なかった。

ところが、松尾が室長に就任すると、「事務作業の効率化」を大義名分に、首相の外遊費用の請求については、要人外国訪問支援室が一括して請求するよう、システムを変更した。それまでは、各局の「局庶務」がそれぞれ、外交機密費の上納分などから支出される外遊費用を、松尾一人で請求して受け取り、支出、精算のすべての業務を行なうことになった。

こうしたシステム変更については、外務省内で異論を唱える者は、誰もいなかったという。

「松尾と斉藤さんとの太いパイプは省内で知らない人はいなかったから、誰も反対できなかった」（ある外務省のキャリア幹部）

そこで、松尾は首相の外遊の度ごとに、官邸内にあって、官房機密費の事務作業を司る首席内閣参事官の部屋でカネを受け取るなどしたのち、それを自らの預金口座に入金したうえで、そうした外遊関連の費用の支払いを、松尾名義のクレジットカードで決裁するということを始めたのである。

首相の外遊を思いきりランクアップするための機密費

松尾が頻繁に使った手口が、旅費の「水増し請求」だった。

首相をはじめ、同行する官房副長官や首相秘書官、さらには各省庁の職員も含めて、それにかかる交通費や宿泊費、日当などは、国家公務員等の旅費に関する法律（旅費法）によって規定されており、通常であれば海外出張であっても、この規定内で収まるようにしなければならない。

ところが、首相が外遊する場合は、警備上の都合に加えて、体面などもあり、通常は現地でも最高級クラスのホテルに、随行職員と一緒に泊まる。その場合は、往々にして、旅費法の規定額を上回るため、その「差額分」を請求する正規の予算費目はないため、その穴埋めに必要な額を官房機密費（正確には官邸にプールしてある外交機密費の上納分）から持ってくる、という「理屈」だった。

旅費法及び財務省令（国家公務員等の旅費支給規程）では、ホテルの宿泊費は出張先によって、こと細かく決まっている。

例えば、ワシントン、ニューヨーク、ロンドン、パリ、モスクワなど世界主要十五都市（これを「指定都市」という）だと、一泊あたり、総理大臣は四万二百円、国務大臣及び大使は三万二千二百円、また、規定では最下位にランクされる「三級以下の国家公務員」でも一万六千百円が支給される。

こうした「指定都市」を除いた北米、欧州、中近東を「甲地方」、アジア、中南米、大洋州、アフリカ、南極から同じくこの指定都市を除いた「丙地方」、さらにはこれら「指定都市・甲地方・丙地方」以外からなる「乙地方」の四段階にランク付けされており、この順に宿泊費が下がっていく。

総理大臣の場合だと、それぞれ一泊分の宿泊費は、甲地方で三万三千五百円、乙地方二万六千九百円、丙地方二万四千二百円となっている。

旅費法の規定では、この宿泊費に加えて、総理大臣の場合は、「食卓料」が一晩あたり一万百円、「日当」が一日につき指定都市一万三千百円、甲地方一万千百円、乙地方八千九百円、丙地方八千百円が支給される。

これらに加えて、背広やスーツケースなどを新調する費用に充てるなどとして、「支度料」なる名目で、総理大臣の海外出張では、期間が一カ月未満の場合、一回あたり十二万九千円が、旅費法では支給されることになっている（もっとも、この「支度料」は総理大臣だけでなく、国家公務員すべての海外出張にも適用されており、これを準用して各自治体でも条例で支給規定を定め、議員の海外視察の際に支給しているところもある。ただ、領収書の添付による事後精算を不要としていることから、「時代遅れの、公費による事実上の裏金支給」との批判も出ている。なお、この実態を報じた〇六年四月二十日付け毎日新聞朝刊「記者の目」によると、全国四十七都道府県のうち、議員の海外視察に支度金を支給しているところは〇四年度で二十九都道県に上り、その総額は千八百二十六万円に達していた）。

ホテル代23万円に水増し912万円。機密費12億を吸い上げ

松尾は外遊に同行する職員らの一人あたりの宿泊費用を、実際にかかる費用より高く見積もったり、また、滞在日数を実際より長く設定するなどの粉飾を施したうえで、その「差額分」を官邸に請求していた。

特に、アジアや中近東は物価が安いことから、こうした水増し請求による「うまみ」が出てくる。その場合、「差額分」だけで規定の宿泊費を上回ってしまうこともザラで、最高で水増しして請求した差額分が、規定の宿泊料金の十倍に達していたことさえあった。また、外国首脳らが頻繁に利用する最高級ホテルは、こうした〝スジのいい常連客〟であれば、ちゃんとダンピング価格で提供してくれるのである。

九九年二月に首相の小渕恵三がヨルダンを訪問した際、松尾が官邸から受け取っていた宿泊費の「差額代」は、何と九百十二万円だった。このときはフセイン前国王の葬儀への出席が目的だったのだが、ホテルは休憩利用しただけで宿泊はせず、松尾が実際に支払ったのは、わずか二十三万円に過ぎなかった。

また、小渕が九八年十二月にベトナムを訪問した際の請求書には、「一泊五千八百ドル（約七十万円）の一室で四泊。一泊六百四十ドル（約八万円）の部屋を五十室使い、二泊ずつ……」といった記述が延々と続いていた。現地大使館の事前の情報では、通常の部屋で一泊一万五千円、最高でも六万円という話だった。現地の試算と松尾の請求額との間には、総額で二千五百万円もの開きがあったが、なぜか、請求書は官邸の担当者を通ってしまった。

松尾が九九年八月にこの要人外国訪問支援室長から外れた後、後任の室長が同年秋、官邸に対して、首相の外遊の際のホテル宿泊代の見積もりを出したところ、「ゼロの桁が一つ少ないんじゃないですか」と担当者から不審がられたという。

松尾が官邸に出向いて受け取っていたカネの名目は、こうした「ホテル宿泊費の差額分」以外にも、首相が外遊先で購入する「持ち返り土産代」や、「随行職員の飲食代」などもあった。

これらを合わせると、松尾が首相外遊にかこつけて、官邸で受け取っていたカネの総額は、要人外国訪問支援室長在職の五年十カ月の間に、少なく見積もっても十二億円に達していたことが、警視庁の調べで判明している。

ある官邸の関係者は、こう証言する。

「官邸としては、外交機密費の一部を上納してもらっているため、そうやって外務省から要求があれば、その通りの金額を出すのが慣例となっていた。首相の外遊に際しては、いろんな雑費がかかる。特に総理大臣になると、自分の選挙区には気を使うので、地元対策のため、外遊に出掛けると、土産をどっさり買い込んでくるのだが、そんなのに支出できる予算項目などない。松尾はそういう仕事も一手に引き受けてやっていた。そういうこともあって、出されてくる見積もりが多少水増しだったとしても、ＯＫするしかない、という引き継ぎを受けていた。まあ、官邸サイドにしてみれば、もともと外務省の予算なんだから、そのへんは支出も精算も外務省に任せているという、暗黙の合意はあった」

官邸に上納前の外交機密費にも手を付けて総額16億？

ところが、松尾が受け取っていたのは、官邸に上納しておいた外交機密費だけではなく、これ以外にも、まだ、官邸に上納されていない段階の外交機密費もあった。

捜査にあたった警視庁の幹部が言う。

「松尾は外務省の官房長からも外交機密費を受け取り、クレジットカードで決際している例の自分の預金口座に入金していた。官房長は国会対策を担当していることもあって、機密費の上限はなく、例えば、支出の際は『マル新』と言って、外務省の霞クラブの連中と飲んだことにしておけば、いくらでも機密費から引き出せる」

それゆえ、松尾が自分の複数の預金口座に入金していた、こうした機密費などの総額はトータルで十六億円を超えていた、との話もある。

松尾がこうして入金していた口座は、要人外国訪問支援室長に就任する直前、直後に開設した第一勧業銀行虎ノ門支店の普通、定期をはじめ、富士、住友など八つの銀行にあった計八口座に、郵便貯金の口座一つとされているが、松尾のこうした口座開設が増え、そこに入金される機密費の額が増えていったのは、九七年以降のことである。

その理由とは、九七年春に『週刊ポスト』が、あるキャリア外交官の機密費流用スキャンダルを書いたことがきっかけだった。

具体的には、九七年三月七日号（同年二月二十四日発売）から三月二十八日号（同三月十七日発売）の連続四回にわたって、斉藤邦彦が事務次官だったときの次官付き秘書官が、その在任中（九三年八月―九五年一月）に計二億円もの外交機密費を流用し、向島の料亭や銀座の高級クラブなどでの遊興費に充てていたことをスッパ抜いた。

記事中では、この秘書官は「S」とイニシャル扱いだったが、これは週刊ポストが報じた時点では、総合外交政策局の国連政策課長をしていた「杉山晋輔」で（早稲田大法中退、七七年入省。その後、条約課長などを経て、〇六年一月の時点では中東アフリカ局参事官）、杉山は自らの遊興費だけでなく、親しい本省の課長クラスの請求書も引き受けていた。

こうした「付け回し」を行なっていた幹部として、記事では全てイニシャルだったが、欧亜局のM課長（当時、欧亜局西欧第一課長の森元誠二＝〇六年一月の時点で駐ドイツ公使）、H課長（当時、欧亜局ロシア課長の原田親仁＝〇六年一月の時点で欧亜局長）、そして、要人外国訪問支援室長だった松尾克俊も、「大臣官房のM室長」として、報じられていた。

事務次官が秘書官に「自由に使っていいよ」で2億を流用

この週刊ポストの記事をもとに筆者が取材したところ、当時、斉藤邦彦の事務次官付きの秘書官だった杉山晋輔は、外交機密費のうちの「事務次官枠」について、「杉山君、自由に使っていいよ」と言われていたのだという。

外務省のあるキャリア幹部の一人は、こう話す。

「斉藤さんはあんまり飲み食いしない人で、性格的にも太っ腹なところがあった。それで、当時の本省の課長クラスが杉山のところに行って、外で飲み食いした請求書も落としてもらっていた。課長枠での毎月の機密費の額（五万―十万円程度）なんてたかが知れているからね。あの記事に書かれていたように、まさに『つけ回し』だよ」

とりわけ、この週刊ポストの告発記事で呆れかえるのは、こうした機密費を使って、外務官僚らは、料亭で裸になり、肛門にろうそくを立てて、火をつけたまま這いずり回るお座敷遊びに興じていたり、また、ホテルニューオータニからの請求書にあった、キッズランチの支払いも行なっていた点である。

「事務次官くらいになると、事務次官枠の機密費ばかりでなくて、いろいろと自由に使える予算が他にもたくさんある。例えば、外務大臣の機密費の枠だって、大臣と誰かが会ってメシを食った際に、そこに事務次官が同席していれば、そこから落とすことだってできる。あの週刊ポストの記事でイニシャルが出ていた森元なんかは、杉山とは仲がよかったから、自分で食った領収書を杉山んところに回して、『斉藤次官が食った』という形で処理すればいい。もっとも、これは杉山だけでなく、事務次官の秘書官をやってきた人間であれば、代々、みんなやってきたことだった。ただ、あの記事で杉山が刺されてしまったのは、使った金額が大きく、目に余るものがあったからなんじゃないからだろうか」（前出の外務省キャリア幹部の一人）

松尾も「大臣官房総務課のM室長」として、週刊ポストの記事では、若い部下数人単位にまとめては、しばしば都内でも有数のフランス料理のレストランのフルコース、万単位の高級ワインを振る舞っては、翌日になると、決まってその請求書を事務次官秘書官だった杉山のところに持って行っていたと報じられていた。

それゆえ、この週刊ポストの報道を機に、このようにキャリアがカネに直接、タッチすると、いつ何時、表沙汰になって経歴に傷が付いてしまうとも限らない。そのため、今後はそういうことが起こらないよう、「汚れ役」は松尾のようなノンキャリアに一任するというシステムが、徹底していったのだという。

「松尾君はそんなことする人間じゃない」（斉藤邦彦駐米大使）

当時の事情をよく知る鈴木宗男は、手記『闇権力の執行人』の中で、次のように明かしている。

〈松尾事件と杉山氏の機密費着服事件は密接なつながりがあった。

外務省機密費を流用した錬金術は、発覚しなかっただけでかなり以前から行なわれていた。そのころの錬金術師は、杉山氏のようなキャリアの事務次官秘書官が持ち回りで担当していたということだった。ところが、先述の週刊誌の報道によって、直接カネに触るといつ何時表沙汰になって傷がつくかわからなくなった。代わりに松尾氏のようなノンキャリアがその役割を担うことになるのである。

杉山氏がそうであったように、機密費に直接手を入れているのは「アメリカンスクール」であり、その頂点に立つのが斉藤邦彦元駐米大使だ。「斉藤マフィア」といってもいい。

「斉藤マフィア」は事務次官当時の秘書官だった杉山氏に代わって、ノンキャリア組のなかで寵愛していた松尾氏を新しい錬金術師に指名する。こうして「アメリカンスクール」の中枢に腐敗の構造ができあがったと私は睨んでいる。

事件が発覚する前、私は阿部官房長に松尾氏のカネ、女、不動産、競走馬絡みの疑惑についてはできるだけ厳しく徹底的に調べないと、あとでたいへんなことになると助言した。阿部官房長は大柄だが温厚で、誠実な人物だ。しかもフットワークも悪くない。

しかし、この件に関して阿部氏は松尾氏を庇うような態度に終始して、うやむやにされてしまった。阿部官房長は松尾氏のバックにいる斉藤大使の存在を見て、下手に松尾氏を疑えば自分の身に火の粉がかかると察知したのだろう。〉

松尾の預金口座に機密費の入金額が増えたことで、次々とマンションや競走馬を購入するなど、生活が派手になっていき、自らの愛人の名を冠した「アケミボタン」をはじめとする競走馬の馬主として、松尾の名前がスポーツ新聞の競馬欄に頻繁に登場するのも、この週刊ポストの報道が契機となっている。

九七年中に松尾が購入した競走馬は四頭、代金は一千数百万円で、翌九八年に買った五頭の代金約五千万円も含め、牧場経営者に対する競走馬代金の支払いは、すべてこれら機密費が入金されていた口座からなされていた。

九八年一月には、松尾は東京・文京区内に購入したマンション（価格約八千万円）の頭金のような形で、この口座から八百万円が分譲会社へと振り込まれ、さらに同年十二月には残金の一部として三千六百万円が引き出され、分譲会社へと支払われている。

この週刊ポストの報道の直後、定期の人事異動に潜り込ませる形で、松尾を在外公館に出すという話になっていた。ちょうど、要人外国訪問支援室長の在任期間が三年を超えていたことに加えて、「松尾は緻密にカネの計算できるタイプではないので、もし、捜査当局に狙れて尻尾を掴まれたら、一発でアウトだ。ここは一度、外に出した方がいい」と、九七年六月、松尾に対して「駐タイ日本大使館参事官」の内示が出された。

バンコクにある日本大使館は東南アジアにある在外公館では筆頭格で、規模も最大だった。本来であれば、この異動は栄転以外の何物でもなかった。

ところが、このとき松尾は、キャリアである人事課長の小松一郎のところに怒鳴り込んでいったのである。

「こんな話は聞いていない。いったい、誰の許可をもらったんだ。俺は絶対認めないからな」

すると、既に内示されていた人事異動のうち、この松尾の分だけが突然、凍結になった。で、代わりにバンコクの日本大使館に参事官として派遣されたのは、松尾と同じノンキャリアの渡辺久雄という人物だった。

この渡辺は以前、松尾から住宅購入資金の一部として千五百万円を借り受けていて、数年前にはいったん外務省を退職していたものの、ここで再び採用されるという、不可思議としかいいようのない動きを見せていたのである。

このとき、駐米大使だった斉藤邦彦のところに、ある人物が「松尾は在外に出した方がいい」

と水を向け、その中で松尾自身も公金を流用している可能性があることも、それとなく匂わせていた。

斉藤の反応はそっけなかった。

「松尾君はそんなことをする人間じゃない」

これは偶然の一致とでもいうのか、「阿吽の呼吸」とも言うべき、以心伝心とでもいうのか。当時の永田町の政局を振り返ると、九六年十月の総選挙で自民党が単独過半数に迫る勝利を収めたことで、翌十一月に党総裁の橋本龍太郎が国会で首相に再指名され、第二次橋本内閣が発足すると、社民党、さきがけは閣外協力に去った。その余勢を駆って、橋本は積極的な首脳外交に乗り出していった時期とも符合していたのだ。

「松尾の事件では、次官だった斎藤邦彦は『共犯』」（外務省首脳）

ある外務省の首脳は言う。

「総理が『外国に行きたい』と言えば、外務省はいくらでも外遊を作る。中曽根や橋龍、小泉みたいに外国に行ってパフォーマンスするのが大好きな連中は、そうやって外遊も多くなる。それは首相のキャラにもよる。鈴木善幸とか村山富市みたいに、地味とでもいうのか、あんまり外に出かけたがらない人間は、サミットとか、どうしても行かなくてはならない国際会議だけに限られてくるよね。それで、随行団も一緒に政府専用機に乗って、現地では超一流のホテルに泊まって、うまいもん食って帰って来れて、それで外務省にも予算が入ってきて、仕事にもなる。そうした中で、松尾に代表されるサミットマフィアが増長してきたんだけれども、そいつらを甘やかした（外交機密費を取り扱う）会計課長、官房長、事務次官の責任は大きいよね。特に斉藤は会計課長を経験しているから、そうした機密費のカラクリを全部、知っている。その意味では、あの松尾の事件に関して言えば、事務次官だった斉藤は『共犯』と呼んでもいいと思う」

「外交機密費醜聞はイニシャルだけ」で週刊ポストと手打ち

前出の週刊ポストの機密費流用記事について、「S」とされていた斉藤邦彦の事務次官秘書官だった「杉山晋輔」以下、当初は、すべて実名で、顔写真も付けて報じられる予定だったという。

鈴木宗男の前出の手記『闇権力の執行人』によると、この週刊ポストの記事が出る数日前の九七年二月中旬、当時、大臣官房の総括担当審議官だった東郷和彦（※総括担当審議官は、主に国会対策を担当する）が、永田町にある、当時、橋本内閣の北海道・沖縄開発庁長官だった鈴木の議員会館の部屋にやってきて、「大変です。困ったことになりました」と泣きついてきたという。

「この話が出ると、大変なことになります。仕事ができなくなる。とりあえずこちらのルートで当たるが、うまく行かないときは、先生のお力添えを貸して頂くことになります。よろしくお願いします」

ところが、その翌日、再び東郷が鈴木のところにやってきたが、前日とは打って変わって上機嫌な表情だった。週刊ポスト側とは「実名と顔写真は出さない」という条件で手を打ち、イニシャルで済ますことができた、というのである。外務省側は記事に書かれてある事実関係を認めることは引き換えに、問題となった外務官僚をイニシャルに抑えることで話がまとまったのだという。

鈴木宗男はこの件について、次のように筆者には語っていた。

「もし、東郷がダメだったときは、私が出ていって、（週刊ポストに）ねじ込むことになっていた」

なぜ、週刊ポストは、外務省が事実関係を認めているのであれば、なおさら、こうした事実関係を実名で報じなかったのだろうか。特にこうしたスキャンダル報道においては、「実名」と「匿名」では、相手に与えるインパクトは全然、違う。

週刊誌側にしてみれば、万が一、名誉毀損などで訴えられた場合、記事に少しでも事実誤認が含まれていると、不利な立場となるため、そうしたリスクを避けたということである。

しかし、そうした「安全地帯」でモノを言うことにどれだけの意味があるのだろう。

むしろ、それは週刊ポストがそれらの連載記事で指摘していたように、「H課長」（＝原田親仁）が報道課長時代に、外務省の霞クラブ所属の記者たちを「S課長」（＝杉山晋輔）御用達の銀座のクラブでタダ酒を飲ませたり、また、その「H課長」が首相外遊時に同行記者団に白紙領収証を渡すなどの手心を加えていた結果、新聞やテレビが外務省の提灯記事を垂れ流しているレベルと、いったいどこが違うというのだろうか。

この週刊ポストの記事をきっかけに、「トカゲの尻尾」であった松尾克俊が、さらなる〝機密費地獄〟へと転落していったことを考えるとき、ジャーナリズムの役割を放棄した週刊ポストの責任は、極めて重いと言わざるを得ない。

週刊誌がこんな体たらくであるわけだから、そうしたところから叩かれる新聞、テレビなど、最早、「論外」のレベルといっていいだろう。


マスコミに飲み食いさせて提灯記事。それが「機密費用途」


鈴木宗男が『週刊新潮』〇五年十一月二十四日号に公表した手記で明らかにしているが、小渕内閣で政務の官房副長官を務めていた九九年八月、中央アジアのキルギス共和国で、鉱山技師ら日本人四人が武装ゲリラに拉致される事件が起こった。

この事件は結果的には日本人の人質は全員、無事に解放されたのだが、このとき、在ロシア大使館参事官の松田邦紀と、本省から出張で行っていた審議官の原田親仁の二人が現地の対策本部でオペレーションを仕切っていた。発生から十日ほどが経ったとき、当時、外務省の領事移住部長だった今井正が、官房副長官室の鈴木を尋ね、「キルギス政府からの話」だとして、「ゲリラから三百万ドルの要求がある。出してもいいか」と了承を求めてきた。

それで、外務省の機密費から捻出することになり、当時、事務次官だった川島裕も了解のもと、東京で三百万ドル分を両替し、いったんモスクワを経由して、キルギスの首都・ビシュケクにあった現地対策本部に持ち込まれた。ところが、このカネの一部が現地での外務省職員たちの内輪の宴会や、取材に当たっていた記者たちの接待費用に充てられていたというのである。

当時の事情を鈴木は手記の中で、こう記している。

〈さて、キルギスの現地対策本部は、経費をどこから調達したのか。当時、省内ではゲリラに支払う身代金300万ドルの一部が使われたといわれていたのです。

私は官房副長官でしたが、私のところには、先の松田邦紀現地対策本部事務局長（当時）や、現地入りした原田親仁審議官（当時）が、毎日のように宴会を開いているという情報が入ってきた。外務官僚は準迎賓館のような高級ホテルに泊まり、高級レストランで身内と食事をしたり、情報収集と称して一部の日本人記者を招いて宴会を繰り返していた。松田さんは、新聞記者を「与党」と「野党」に分けて、外務省寄りの記事を書く与党記者には、宴会で散々飲み食いをさせていたという話を、私は当時、現地にいた外務省職員、新聞記者の双方から聞いています。外務官僚が、毎日、キャビアとシャンペン、コニャックをとり、宴会を繰り広げていたことは、公然の秘密でした。このカネを外務官僚が自らのポケットから出していたという話を聞いたことがありません。〉

外務省にしてみれば、このように記者の懐柔に機密費を使うというのは、ある意味、〝正しい予算執行〟なのかもしれないが、元は我々国民の税金である。

とりわけ、首相の外遊においては、外務省としては、同行の記者がどんなふうに記事を書くかで、「成功か失敗か、決まる」とさえ言われている。

外務省の医務官として、八八年から九七年まで在外公館で勤務した久家義之は、手記『大使館なんかいらない』（幻冬社、二〇〇一年）の中で、在サウジアラビア大使館に勤務していた頃、当時の海部首相が現地を訪れたことがあったが、そのときの様子をこう記している。

大臣外遊随行記者に外務省が白紙領収書を渡して懐柔

〈取材の場を提供するのは大使館だが、どう書くかはマスコミによる。だから、要人取材の場合でも、一概に大使館が有利とは言えない。

サウジアラビアを海部首相が訪問したとき、受け入れ側の中心である参事官がいみじくもこう言った。

「ある意味で首相の中東訪問の成否は、首脳会談の中身じゃなくて、新聞がどう書くかなんだよ」

つまり、新聞が「成功」と書けば成功、「失敗」と書けば失敗ということだ。だから、マスコミの機嫌を損ねないようにすることは、大使館員にとっては首相の受け入れ準備同様、あるいはそれ以上に重要になる。〉

それゆえ、外務省にとっては、とりわけ、新聞、テレビの同省を担当する「霞クラブ」の懐柔は最も重要な仕事になる。

例えば、前述の通り、原田親仁が報道課長時代は、首相や外相の随行記者団に対して、現地でチャーターする車代などの名目で「白紙領収書」を発行。とりわけ、杉山晋輔行きつけの銀座八丁目の「スーさんの店」で飲んでいた、霞クラブ所属の「A級の人」には、十枚もの白紙領収書を渡したとして、「外務省が出した白紙領収書としては最高記録」として、内部では語り草になっているほどだという。で、同行記者の方もその白紙領収書を使って会社に出張経費を請求し、自分の小遣いにしているのである。

7　大使館は大臣らを機密費接待するためにある

「首相が外で遊んでくる」首相外遊随行者に機密費から餞別

松尾が「要人外国訪問支援室長」として、巨額の機密費を流用する名目となった「首相の外遊」だが、随行したことのある元官邸関係者によれば、これはまさに「書いて字の通り」、「外国で遊んでくる」ことなのだという。

松尾と一緒に政府専用機に乗り込んで、首相の外遊にも同行したことのある、その元官邸関係者は、こう明かす。

「総理大臣の外遊なんて、大名旅行そのものですよ。官房長官が官邸で留守番なんで、特にサミットなんかだと、官房副長官やら、総理秘書官やら、外務省をはじめ各省の局長以下、課長、課長補佐、それをロジするノンキャリアの一団が政府専用機に乗り込み、ゾロゾロと外国に出掛けていくんですからね。荷物運びのロジ担とか、取材のセッティングなんかも含めて、出迎える側の現地の大使館なんかは大変でしょうけど、一緒に付いて行く私らなんかは、ほんと物見遊山ですよ。首脳会談なんていっても、相手国のトップと握手して、あとはＯＤＡなんかをチョロっと付けるぐらいのもんでしょ。そういった担当をするセクションの高官以外は、ほんとヒマでしたよ。だってやることがないんだもの。現地では観光して、最高級のホテルに泊まって、毎回、うまいもん食って、夜のホテルのバーなんかでは酒は飲み放題でしたけど、支払いは松尾がすべてクレジットカードで払ってくれるんですから、同行する私たちは財布を持っていく必要がない。（当時、総合外交政策局長から外務審議官、事務次官を務めていた）柳井俊二と松尾はすごく仲がよくて、政府専用機の中だったか、現地に着いてからだったか忘れたけど、柳井が『松尾クン、ちょっと……』と何かいわくあり気な感じで招き寄せて、密談しているのを目撃していたことがあったけど、今思えば、あれはカネの話をしていたんだと思う」

で、その際、首相をはじめ、随行する政府関係者全員に、「支度金」と称されるつかみ金が機密費から渡される（旅費法で規定されている「支度料」とは別物である。人によっては「餞別」と呼んでいるケースもある）。

前出の元官邸関係者は言う。

「私が貰ったのは三十万円ぐらいだったかな。政府専用機が離陸し、シートベルトの着用のサインが消えて、一段落した頃を見計らって、白い封筒に入った現金を渡されました。同行の他の総理秘書官や参事官、事務官クラスの全員にも渡されてました。渡す方も無言なら受け取る方も無言。『これ、何ですか？』って尋ねる人なんていませんよ」

こうした「支度金」（もしくは「餞別」）は、総理大臣や国務大臣にも渡される。

関係者の話を総合すると、外遊の期間によって違いはあるものの、だいたい、一回につき、総理大臣が五百万円、国務大臣や官房副長官で二百万―三百万円、審議官・局長・参事官クラスで五十万―百万円、総理秘書官が三十万―五十万円、総理大臣に同行するSPや末端の事務官クラスでだいたい十万円、といった金額が出ている。

ある自民党の官房副長官経験者は筆者の取材に、首相外遊の際、こうした現金を受け取っていたことをはっきりと認めたうえで、「金額は（一回につき）、二百万円とか三百万円だった」と証言している。

「外務省審議官、欧亜局長等随行役人に10～40（万）の裏金配給」

松尾が外務省経済局の「局庶務」時代の八九年七月、フランスで開催されたアルシュ・サミット（当時の首相は宇野宗祐）において、サミット準備室長を兼務していたときに作成されていた「アルシュ・サミット一行リスト（案）」と題する内部文書がある。

文書自体は、首相以下、首相秘書官や各省の幹部らサミットに行く人物の肩書と氏名を列挙したものだが、総理以下各大臣と官房副長官らは抜けているものの、随行した外務省の審議官、外務報道官、欧亜局長、経済局長、大蔵省の財務官、国際金融局長らの高官以下、役人たちの氏名の右端に手書きで「10」から「40」までの数字が書き込まれている。その数字にはすべて「レ」のサインでチェックがなされており、この数字が、このときに手渡された現金の額（単位は万円）である。

89年のアルシュサミットの際、随行した官僚らに「支度金」の名目で手渡された金額を記した外務省の内部文書（単位は「万円」)。本人が用意したものなのか、なぜか、「松尾克俊」の名前だけが黒塗りから外されている。首相や外相、蔵相らの金額が書き込まれていないのは、別途、松尾以外の人間が渡していたからだろうか。「秘 無期限」の印が捺されている。(「経済局サミット準備室」は外務省の一セクションである)

秘
無期限

[redacted]・サミット一行リスト（案）

平成[redacted]年[redacted]月[redacted]日
経済局サミット準備室

内閣総理大臣
内閣総理大臣夫人
外務大臣
大蔵大臣
通商産業大臣
通商産業大臣夫人
内閣官房副長官
内閣総理大臣個人代表（外務審議官）　40

総理官邸
　内閣総理大臣秘書官　30
　　同　30
　　同　30
　　同　30
　内閣総理大臣秘書　10
　内閣官房副長官秘書官　30
　　同　30
[redacted]　20
　10
　30
　内閣総理大臣夫人秘書　10
　警護官　20
　　同　20
　　同　20
　　同　20

[redacted]

外務省

外務報道官	[redacted]	40
欧亜局長	[redacted]	40
経済局長	[redacted]	40
情報調査局長	[redacted]	40
経済協力局長	[redacted]	40
経済局審議官	[redacted]	40
経済局総務参事官	[redacted]	30
大臣官房報道課長	[redacted]	20
外務大臣秘書官	[redacted]	30
外務大臣秘書官事務取扱	[redacted]	30
情報調査局企画課長	[redacted]	20
大臣官房国際報道課長	[redacted]	20
経済局経済サミット担当企画官	[redacted]	10
欧亜局ソヴィエト連邦課首席事務官	[redacted]	10
経済協力局政策課首席事務官	[redacted]	10
文化交流部文化第一課首席事務官	[redacted]	10
経済局国際機関第一課課長補佐	[redacted]	10
経済局開発途上地域課首席事務官	[redacted]	10
北米局北米第一課課長補佐	[redacted]	10
経済局サミット準備室長	松尾克俊	10
領事移住部邦人特別対策室首席事務官	[redacted]	10
経済局総務参事官室課長補佐	[redacted]	10
経済協力局国際機構課課長補佐	[redacted]	10
欧亜局西欧第一課課長補佐	[redacted]	10
大臣官房報道課課長補佐	[redacted]	10
経済局サミット準備室事務官	[redacted]	10
大臣官房報道課事務官	[redacted]	10
欧亜局西欧第一課事務官	[redacted]	10
大臣官房報道課事務官	[redacted]	10
経済局総務参事官室事務官	[redacted]	10
経済局国際機関第二課事務官	[redacted]	10
大臣官房儀典官室事務官	[redacted]	10

情報調査局企画課事務官	[redacted]	10
情報調査局安全保障政策室事務官	[redacted]	10
大臣官房国際報道課事務官	[redacted]	10
経済局サミット準備室事務官	[redacted]	10
経済局サミット準備室事務官	[redacted]	10
経済局サミット準備室事務官	[redacted]	10
経済局サミット準備室事務官	[redacted]	10
経済局サミット準備室事務官	[redacted]	10
経済局サミット準備室事務官	[redacted]	10
経済局サミット準備室事務官	[redacted]	10
経済局サミット準備室事務官	[redacted]	10
外務大臣警護官	[redacted]	10
大蔵省		
財務官	[redacted]	40
国際金融局長	[redacted]	40
大蔵大臣秘書官事務取扱	[redacted]	30
国際金融局国際機構課長	[redacted]	20
大臣官房参事官（副財務官）	[redacted]	30
大臣官房参事官	[redacted]	30
関税局国際第一課関税企画官	[redacted]	20
大臣官房秘書課財務官室長	[redacted]	20
国際金融局国際機構課課長補佐	[redacted]	10
大蔵大臣警護官	[redacted]	10
農林水産省		
経済局長	[redacted]	40
経済局国際部国際企画課対外政策調整室長	[redacted]	20
通商産業省		
通商産業審議官	[redacted]	40
通商政策局長	[redacted]	40
通商政策局国際経済部長	[redacted]	30

通商政策局国際経済課長	[redacted]	20
通商企画官		10
通商産業大臣秘書官		30
通商産業大臣秘書官事務取扱		30
通商産業大臣警護官		10
経済企画庁		
調整局長		40
調整局調整課課長補佐		10
（先遣警護官）		
警察庁警備局警護室長		10
警視庁警備部警護課長		10

[redacted]

1,680—

(2,000—)

文書四枚目の最後のところでは、手書きで「１６８０」（万円）とあり、書き込まれた数字の合計とも一致している（文書の存在自体は、『赤旗』の〇一年三月十七日付け朝刊が既に報じており、流出した文書では、なぜか、松尾の氏名だけが黒塗りから外されている）。

こうした外遊に同行する記者団にも、現金が配られている。

元ＮＨＫ政治部記者の川崎泰資（ＮＨＫを退職後は椙山女学園大教授に就任）は、『赤旗』〇一年四月十一日付け朝刊記事（「ＫＳＤ・機密費を追って／内閣官房闇金の巻」第十一回）のインタビューにおいて、次のように述べている。

〈外遊で同行記者団に封筒に入った現金が配られたことがあります。一九六七年九月七日に、佐藤栄作首相が外遊で台湾に行きました。私も同行記者団の幹事として参加しました。

ホテルに着いてすぐに、首相の首席秘書官から「ご苦労さんです。これをどうぞ」と封筒を渡されました。

封筒には百ドルが入っていました。当時のレートは三百六十円です。

秘書官は「お世話になるお礼です。お土産でも買って下さい」というのです。固辞すると、「あなたの先輩はみんな受け取っている」「そんなことを言うと、あなたも困ったことになりますよ」といわれました。

当時は率直にいって機密費まで思いが及びませんでした。いま考えると、これらの金は官房機密費から出ていたのだ、といえますが……。機密費は「報償費」と呼ばれ、情報収集の費用と思っていましたから。〉

首相の買物はフェラガモ・タイとエルメス・スカーフ数百枚

こうした首相の外遊では、「大名旅行」と称されるがごとく、首相をはじめ、同行する大臣らも、主に地元の選挙区対策として土産物を現地で購入し、政府専用機に積み込んで日本に帰ってくるわけだが、そうしたロジも一括して執り行ない、かつ、その費用についても水増しして官邸から受け取っていたのが、松尾だった。

松尾はこうした作業も手際よくてきぱきとこなし、首相の外遊日程が決まると、訪問先で購入できる「土産物のカタログ」を官邸にあらかじめ渡しておき（土産物は、ネクタイや時計といったブランド品や、ワインやブランデーなどの高級洋酒が多い）、官邸側が品物の個数を書き込むと、それをもとに松尾は機密費を扱う官邸内の首席内閣参事官の部屋に行って、「土産物の購入代金」と称しては現金を受け取っていた。

こうした土産物は、首相の支持者や地元に送られる一方で、逆に首相の地元の特産品を大量に購入し（例えば、八五年のボン・サミットの際は、中曽根首相の地元・群馬のうどん）、これらを「手土産」と称して政府専用機に積み込み、訪問先の在外公館に贈ることもあったが、その購入代金についても官邸から受け取っていた。このように首相外遊に絡む「土産のやりとり」を、内部では「官官贈答」と呼んでいた。

もっとも随行関係者によれば、在外公館に持っていく「手土産」は現金のことも多かった。特に松尾は、現地の日本大使館にこうした〝手土産〟と引き換えに白紙領収書をもらい、それを使って官邸への機密費水増し請求に利用していたという。

こうした状況を、前出の元外務省会計担当のノンキャリア事務官・小林祐武は手記『私とキャリアが外務省を腐らせました』の中で、こう指摘している。

〈ヨーロッパのある国でサミットが開かれた際に、わが国の首脳は夫人ともども買い物に出かけフェラガモのネクタイとエルメスのスカーフをそれぞれ何百という単位で買い込み、専用機に積み込んだ。後援会の人たちへのお土産なのだろう。むろん、その代金は官邸からの機密費から支払われているのである。

これは一部の首脳の話ではない。私が立ち会った国外で開かれる国際会議の際に目撃したときの首相の行動は、みな五十歩百歩だった。

私も偉そうに批判できる立場ではないのだが、このように政府専用機は本来の目的とはとても思えぬ用途にも、さんざん悪用されているのである。〉

首相の外遊土産はキャビア二百缶等一千万超も裏金で

松尾が要人外国訪問支援室長を務めていた村山内閣の時代、首相外遊の際の土産代に使ったとされる「金額」が書かれた、次のようなメモが流出している（単位・円）。

ナポリサミット	（平成6年7月）	4、613、069
韓国	（平成6年7月）	1、588、240
東南アジア四カ国	（平成6年8月）	1、004、948
インドネシア〈APEC〉	（平成6年11月）	2、028、425
米国	（平成7年1月）	4、810、272
デンマーク〈社会開発サミット〉	（平成7年3月）	2、042、004
中国	（平成7年5月）	2、734、013
加、仏〈ハリファックスサミット〉	（平成7年6月）	6、997、188

これを報じた『週刊朝日』九八年四月十日号によると、ナポリではネクタイピン、韓国では人参茶、インドネシアではバティック、中国では印鑑などを購入し、日本に持ち帰って贈る相手によって、「ABC」のランク分けがなされていた。特に「Aランク」には、首相のブレーン

や国対で世話になっている自民党執行部の人間が含まれていた、という（なお、村山首相の外遊に関しては、九五年九月の中東五カ国訪問の際、三百五十万円で絨毯などを購入していたことを、〇一年三月の衆院内閣委員会で、社民党の議員が指摘している）。

この村山の場合は金額としてはまだ少ない方で、松尾が要人外国訪問支援室長時代、村山以外の首相の一回の外遊で土産代だけで軽く一千万円を超えたことがあったことが、警視庁の調べで判明している。

こうした状況を裏付けるように、〇一年三月十三日付け読売新聞朝刊の記事では、警視庁が内偵をしていたその前年の九月末、記者が東京・文京区にあった十四階建て高層マンションの十二階にあった３ＬＤＫの自宅へ取材に訪れた際、松尾はその読売の記者を部屋に招き入れたうえで、こうした土産物の采配において、いかに歴代首相の厚い信任を得ていたかを、こう得々と喋っていたことが記されている。

「首相から、母親の土産にトラの置物が欲しいと相談されて、あちこち出張して買ったことがある」

「ロシア訪問では、首相にお願いされて、土産用のキャビアの缶詰を二百缶用意してあげた」

「韓国では、首相の支援者のために何百本というマツタケを買って帰った」

外交機密費の有効活用法はワインを政府専用機で運搬

首相の外遊の際に運行する政府専用機を〝貨物便〟として利用しているのは首相とその周辺だけでなく、外務省も同様である。というのは、政府専用機の場合、日本に帰国した際のＣＩＱ（税関、入管、検疫）の検査がフリーパスで通過できるという特権があるからである。とりわけ、外務省の機密費の〝有効活用法〟が余った機密費でワインを買い、こうした首相外遊の際の政府専用機で日本に持ち帰ることだった。

年度末になると、本省からは在外公館に対して機密費がどのくらい余っているかを報告させられ、それを使って、例えば、在フランス大使館などにワインを買い付けるよう指示が出されていた。

こうしたワイン購入は、官房長の決裁を経て会計課を通じて行なわれ、その選別にはそのときの官房長の「好み」が色濃く反映されるのだという。

そのワインが保管されているのが、外務省・飯倉公館（東京・港区麻布台一丁目）の地下倉庫である。

鈴木宗男の質問主意書に対して、〇五年十一月四日付けで閣議決定した答弁書によれば、ここには約八千本のワインが貯蔵され、二〇〇〇年度から〇四年度までの五年間だけで計二千百十七本、総額千六百四十四万円分のワインを購入していたことを明らかにしている。

この中には購入価格が「五万円」を下らないものがゴロゴロしているというが、ちなみにこれは「店頭価格」ではなく、「免税価格」で、それも一般の旅行者が空港の売店などで購入する価格よりも、さらに〝外交特権〟で買い付けたものばかりである。それゆえ、現地の大使館員の購入価格が仮に「五万円」とすれば、現地の店頭価格は十万円ほどになり、日本の小売店で買えば二十万円の値が付く「超高級品」が、この飯倉公館の地下倉庫にはゴロゴロしているのだという。

外務省が真紀子を葬った最大の理由は「在外公館」裏金

こうして見ていくと、そもそも「首相外遊とは何なのか?」、さらには「在外公館の役割とは何か?」という、根本的な疑問に突き当たる。

その答えを出す手がかりの一つに、外務省の在外公館における最も重要な役割が、じつは、こうした首相をはじめ、国会議員や省庁の事務次官クラスの外遊の際に、宿泊先を確保したり、設宴（レセプション、パーティー）の手配などの「便宜供与」なのだという。

その便宜供与はこれらオモテの職務だけにとどまるものではなく、場合によっては昼間の観光地案内はもとより、「夜の街」で女性をあてがうといったことまで含まれる。こうした費用の「出所」も、機密費である。

特に松尾は、総理府と内閣官房の事務官を兼任するようになった北米二課の庶務班長の八二年八月以降、こうした「首相の外遊案件」のロジ担をも本格的にこなすようになっていくのだが、時には松尾は現金数千万円の入ったカバンを持って同行することもあった。そうしたウラの〝便宜供与〟の費用として、在外公館の会計担当者にこのカネを直接、手渡ししていた。

このように在外公館においても、既に機密費予算などとして正規に配分されているものに加えて、外遊の際に本省のロジ担らが臨時に補填してくれるこうした現金などもごっちゃになって「裏金」としてプールされていた。これを内部では「スペシャル・ファンド（SP）」とも「別勘定」とも呼んでいた。とりわけ、本省で出世コースに乗っているキャリアになると、だいたい「お気に入り」の庶務担（＝会計担当者）がいるので、大使となって赴任するときは、こうしたお気に入りの会計担当者を連れていくことが多いのだという。

じつは、〇一年、外務省の公金不正流用事件では、松尾をはじめノンキャリア事務官三人が逮捕される事態となったが、むしろ、ここでは「松尾克俊」という存在が目くらましとなってしまったことで、外務省が守り切った「聖域」があった。それが「在外公館」である。

在外公館にも、機密費（在外公館分）などを原資とする裏金が存在している。さらには、在勤手当をはじめとする、事実上の「非課税のつかみ金」が館員には支給されており、とりわけ組織のトップである「大使」に至っては、「大使公邸」という超豪華な官舎まで用意されている。外務省の人間にとって、「在外公館勤務」は、少なくとも、金銭的な収入の面においては、間違いなく、〝パラダイス〟であるといえる。

〇二年一月に、アフガニスタン復興支援会議へのＮＧＯ出席を巡って、圧力をかけた、かけなかったという、いわば瑣末な問題で鈴木宗男と一緒に、当時、外相だった田中真紀子をも「ケンカ両成敗」という形で（外務省としても、最後のケリをつけるべく、事務方のトップである次官の野上義二のクビを差し出してまで）、葬り去った最大の要因は、田中がこの「在外公館の膿」にもメスを入れようとしていたことによる。

ミラノ総領事館では、総領事、会計で裏金を七五三山分け

データとしては少し古いが、在外公館におけるこうした裏金の実態について、一九六六（昭和四十一）年から三年間、イタリアのミラノ総領事館に会計庶務として勤務した経験のある竹下利明（現・ボローニャ大学文学部准教授）は、『小説　総領事館』（日本図書刊行会、二〇〇一年）と、『正論』の〇一年八月号に発表した手記「元外務省職員が公開する在ミラノ総領事館裏金の使い方」の中で、その詳細を明かしている。

それによると、当時、ミラノ総領事館では、裏金を「Ｃ勘定」と呼んでおり、その財源として、「旅費」「交際費」「渡切費」「諸謝金」があった。

裏金は年間、総額で当時の日本円換算で四百万円ほどあり、旅費についてはカラ出張で捻出する一方、諸謝金については現地で顧問弁護士を雇ったことにするなどして、カラの領収書を発行することで処理していた。

こうして捻出した裏金は、現地補助員の人件費や公邸料理人への給料、さらには、館長専用車の購入代金、視察に訪れた国会議員への便宜供与の費用（飲食代やハイヤー代など）に充てられていたほか、交際費については、原則、総領事が全額使うという暗黙の了解があり、主にレストランでの飲食や公邸での晩餐会に充てられていた。

とりわけ、夏休みと年末には、「特別ボーナス」と称して、総領事と、他省庁からの出向者でない外務省プロパーの領事、さらに会計担当だった竹下の三人で、裏金の年間予算総額の約一割にあたる一万リラ（日本円換算で、当時、三十八万四千六百円）を「地位」の上の順に「七・五・三」の割合で山分けしていた、という。

「ODAの金は内輪のメシにあてている機密費と変らない」

在外公館にも「機密費」は予算計上されているが、前述したように、それが実際に現地で情報収集の対価として支払われているのは全体の一部でしかなく、その裁量権自体は在外公館のトップである大使や総領事にある。

こうした機密費をはじめ、在外公館には、この他にも「渡切費」（表向きは「在外公館の運営経費」に充てるとされる）や「諸謝金」（同様に「国の事務・事業及び試験研究等を委嘱された者、または協力者等の調査、講演、執筆作業、研究に対する報酬や謝礼」に充てるとされる）として、とりわけ「ODA（政府開発援助）」の予算に潜り込ませる形で支給され、これらが裏金の原資となっている。

特に、「ODA予算」は、外交機密費と同様、「外交上の機密」という〝水戸黄門の印籠〟を振り翳せるため、その使途を外部に対して隠蔽するには格好の予算ともいえ、「ODAは、我々の意識としては、内輪のメシに充てている機密費と感覚は変わらない」（ある外務省のキャリア幹部）という声もある。

この渡切費、諸謝金とも、機密費と同様、会計担当者に一括して現金で交付される「資金前渡」の方式を取っており、そこらが「第二の機密費」とも称される所以である。

「渡切費」は〇一年度予算で総額約七十三億円が計上され、うち、約二十七億円分がODAの予算枠から拠出されている一方、「諸謝金」についても同じく〇一年度予算で総額約百三十七億円のうち、在外公館分には六十二億円が充てられ、うち、ODA枠から拠出されている分が約三十二億円分にも達している。これらも含めて、すべてごちゃまぜになているのが、「スペシャル・ファンド」とも「別勘定」とも呼ばれている、在外公館の裏金なのである。

こうした在外公館の「膿」について、〇一年に起こった一連の外務省の公金不正流用問題で、キャリア外交官の中で唯一、懲戒免職（〇一年七月二十六日付け）となったのが、九九年九月からアメリカのデンバー総領事館の初代総領事として赴任していた水谷周（京大法卒、七一年入省）である。

端緒は〇一年六月三日付け読売新聞朝刊が、このデンバー総領事館でコックをしていた男性（勤務期間九九年九月―〇〇年三月）の、「私的な家族の食費にも機密費を充てていたが、それらもパーティーで使ったことにせよ」と命じられていたとの内部告発を掲載したことである。一カ月間でパーティーに使った機密費は平均五千ドル（日本円約六十万円）に達していたが、その半分は水谷とその家族の私的な食費だった。

これをきっかけに、水谷が九九年十一月から住み始めていた大使公邸にまつわる疑惑も噴出した。

この公邸は、デンバーの最高級住宅街の一角にあり、敷地は千五百坪をゆうに超え、延べ床面積も四百坪以上はあり、プールも付いている、文字通りの「豪邸」だった。

この邸宅は当時、日本円にして二億数千万円で売りに出されていたが、さすがに外務省もそんな高額な買い物にＯＫを出すほど財布のヒモは緩くはなかったという。

とはいえ、他に気に入ったところがなかったという水谷は、この物件を札幌市に本社を置いてスキーリゾートなどを手掛ける「加森観光」の現地法人である「カモリ・インターナショナル・コーポレーション」が約二億二千万円で購入したのち、年間約四千万円の家賃で十年間外務省に貸し出すという契約を結んだ。

つまり、十年間で四億円が外務省から同社に賃貸料として支払われることになるわけだが、この際、水谷はこの公邸の修繕工事費の名目で外務省から受け取っていた二十万四千ドルのうち、実際に支払われたのは十三万一千ドルで、差額の七万三千ドルを水谷個人が私的に流用していたことが発覚した。

もっとも、こうした「公使混同」は、例えば、前出の元外務省ノンキャリア事務官の小林祐武が手記『私のキャリアが外務省を腐らせました』の中で、「総領事が懲戒免職されたデンバー総領事館ほどではないにしろ、同じような不正はどこの公館でも広く行われていた」と振り返っているように、在外公館勤務でも、とりわけ「大使」を経験すれば、こうした類の膨大なつかみ金を手にすることができる「外務省としてのシステム」が、既に構築されていたのである。

デンバー総領事公邸の家主であるでカモリ・インターナショナル・コーポレーションの親会社「加森観光」の社長・加森公人は外務省に知人が多く、当時、駐米大使をしていた柳井俊二とも親しい関係にあった。そして、このカ社を水谷に紹介したのが、他ならぬこの柳井だったという。

それゆえ、当時、キャリアの水谷を、異例の懲戒解雇処分にしたのは、そのバックにいた「柳井を守る」ということも含め、これ以上、在外公館の不正経理にメスを入れられるのを、何とかここで食い止めるのが目的だった、とされている。

事実、この水谷の処分と同時に、駐米大使の柳井も辞意を表明する一方、柳井の前任の駐米大使でＪＩＣＡ総裁に転出していた斉藤邦彦、さらには、斉藤の後任の事務次官で、当時、駐英大使だった林貞行、そして、現職の事務次官だった川島裕までも辞意を表明している。つまり、「斉藤―林―柳井―川島」と、外務省としては歴代四人の事務次官を一挙に更迭することで、機密費流用問題を沈静化させることはもちろんだが、外務省という「組織体」としては、とにかく「在外公館の利権」だけは、何とか死守しようとしたわけである。

大使を2カ所勤め上げると、億単位の蓄財ができる

しかし、こうした「オフィシャルな裏金」の恩恵に厚く与れるのは、法務・検察や警察と同様、外務省においても、「キャリア」であって、なおかつ地位が「上」にある人間である。

特に大使の場合は、「大使公邸」が用意されており、家賃はタダである。また、大使の年収は勤務地によっても違うが、だいたい二千万―三千万円に達するが、光熱費や公邸維持費、さらには運転手などの人件費も含めて、果ては家具などの調度品の購入まで公費でできるため、給料がそのまま貯金できるといわれている（公邸付きのコックの人件費のみ、公費と本人負担との折半だが、しかし、それと相殺する形で機密費をはじめとするさまざまな原資からなる「裏金」の裁量権を握り、さらには、「在勤手当」という非課税の、事実上の「第二給料」も貰えるため、「持ち出し」ということにはならない）。

とりわけ、海外にある日本大使公邸については、『アエラ』の〇六年五月一・八日合併号が、財務省国有財産一件別情報から拾ったという、次のデータを紹介している。

	建物（平方米）	敷地（平方米）	取得年（年）	価格（円）
在アメリカ	6646	30874	1977	36億7953万
（在アメリカの各国大使館の中では1、2位を争う豪華さ。ライバルはサウジアラビア）				
在中国	4464	—	1996	28億7633万
（国会でも話題になった地下温水プール付き）				
在ベルギー	3022	6353	1996	18億4127万
在ドイツ	5383	7794	1998	18億5555万
在ペルー	2344	7959	1998	17億8551万
（旧公邸は人質事件の際、邸内でサッカーができた）				
在ジュネーブ国際機関日本政府代表部	2550	47490	1979	13億5747万
在ポーランド	2414	8227	2000	12億2437万
在レバノン	1924	7387	1999	11億7756万
在モンゴル	1568	—	1996	11億6349万
在インド	3355	22597	1993	11億5894万
在ベネズエラ	1290	12163	2001	10億9330万
在サウジアラビア	2887	—	1985	9億8973万

在ベトナム	1672	—	1998	9億6337万
在タンザニア	931	—	2003	8億2552万
在イスラエル	1606	3015	2001	7億2897万
在パナマ	980	2003	1979	2億702万

こうした贅沢極まりない公邸にタダ同然で住んでいる住環境から、日本の各国大使は「閣下」と呼ばれているわけだが、在外公館勤務になると、これに非課税のつかみ金である在勤手当が支給されるため、とりわけキャリアは「海外に一度赴任すると、それでマンションが買える」、さらには「大使を二ヶ所務め上げると、億単位の蓄財ができる」といわれている。

こうした実態を披露したものとして、京大卒のキャリア外交官、スティルマン（清井）美紀恵が『女ひとり家四軒を持つ中毒記』（マガジンハウス、二〇〇〇年）の中で、七八（昭和五十三）年の入省以来、計四軒のマンションや一戸建て住宅を購入した経緯を明かしている。

これら購入資金はトータルで二億円を超え、うち、三軒は転売しているが、購入費用の出所は「自己資金とローン」としている。例えば、パリの十六区のアパルトマン（購入価格百四十万フラン、日本円換算で約二千八百万円）については、何と四年余りで全額を払い終えている。国家公務員の本給だけで、東京やパリの物価の高い場所に暮らしながら、わずか四年でこれだけの金額を払い終えることは絶対に不可能で、「在勤手当で買った」と言ってるようなものである。

給料の2、3倍。べらぼうな「在勤手当」「住居手当」「配偶者手当」

外務省の内部では、ノンキャリアですら、「麻雀で負けて借金をこしらえたので、在外（公館）に行って、返済してきまーす」などと戯言を言っている有様なのだが、その「原資」となっているのが、「在勤手当」（「在勤俸」ともいう）という名の、本給を遥かに上回るべらぼうな額の〝非課税所得〟である（「在勤手当」とは、本来、「外国の勤務地で外交官として活動するための経費」という位置付けであることから、「所得」ではないため、課税の対象外である）。

この「在勤手当」は、大きく「在勤基本手当」「住居手当」「配偶者手当」の三つからなっている。

「在勤基本手当」とは、「勤務に必要な衣食などの経費に充当する」ものとされ、〇五年度は三千一人に対し、総額百四十七億三千五百五万円が支給されている。同様に、「住居手当」は、二千八百三人に計八十一億四千六百五十万円、「配偶者手当」は、千五百四十七人に計十七億四千七百七十九万円が、それぞれ支給されている。

そして、これら三つを合わせた「在勤手当」の〇五年度の支給総額は、三千百八十人に計二百五十六億七千百八十九万円にも上っている。つまり、本給とは別に在外公館勤務の外務省職員には、一人平均年間八百七万円の在勤手当が支払われている。これは、本給のざっと二―三倍に達している。

例えば、在ロシア日本大使館の月額の在勤基本手当（〇五年度）は、次のようになっている。

大使	86万円
公使	69万円
特号	65万7000円
1号	62万6500円
2号	60万2400円
3号	52万7600円
4号	45万5100円
5号	40万2400円
6号	35万4100円
7号	32万5500円
8号	30万1300円
9号	27万7200円

例えば、ここで、ナンバー2の公使だと、在勤基本手当は毎月六十九万円だが、これに夫人

を同伴すると「配偶者手当」が月に十三万八千円が加算され、トータルで年額九百九十三万六千円、三年勤務すれば二千九百八十万円に達する。さらにこれとは別に公使の「住居手当」の限度額は月九千九百十七ドル（一ドル百十円換算で月約百九万円、年間で一千三百八万円、三年勤務すれば三千九百二十四万円）。

ちなみに、ロシアは国会議員、大学教授、高級官僚のエリート層でも月十五万円程度の給料で、モスクワで八十五平方メートル程度の３ＬＤＫの住宅に住み、優雅とされる生活をしている。ロシア人の一人あたりの平均所得が月三万円といわれている現状と比較してみても、「月約百九万円」という住居手当が、いかに法外であるかがわかる。

国会議員は年間延べ８７００人が在外公館で「便宜供与」

話を在外公館の「便宜供与」に戻すと、そうした首相をはじめ、国会議員らが外遊する際には、その地位や役職によって、外務省の内部では、次の七段階にランク付けがなされる。

ＡＡ　皇族、総理、国務大臣、衆・参両院議長、前・元総理など
ＢＢ　衆・参両院副議長、衆・参正式派遣議員団、各省庁副大臣・大臣政務官、前・元衆・参両院議長、前・元国務大臣、都道府県知事など
ＣＣ　衆・参両院議員、各省庁事務次官、各省庁局部長、都道府県議会議長など

ＣＣ―ＧＧ　各省庁課長など
ＤＤ　その他の国家公務員、地方公務員、公益を目的とする法人・団体の職員など
ＴＴ―ＸＸ　上述のいずれかに該当する者であって、とりあえず通報するが、追って本人から通報がある場合には、しかるべき便宜供与を行なう者
ＴＴ　上述のいずれかに該当する者であって、参考までに通報する者

最高ランクの「ＡＡ」だと、送迎（空港でのＶＩＰルームの使用）、設宴（最低一日一回はレセプションやパーティーを開催）、現地での事情説明などを大使や総領事といった在外公館長が行ない、さらに在外公館長も訪問先に同行し、案内をする場合もある。

これが「ＣＣ」になると、送迎は原則として大使館員が行ない、必要に応じて設宴や現地の事情説明、案内を行なう。これが、「ＣＣ―ＧＧ」になると、送迎は現地職員か運転手のみとなる。

ここにあるように「総理大臣」は、外務省の便宜供与の格付けでも最高級の「ＡＡ」にランクされているため、「首相外遊」の場合は、受け入れる側の在外公館としても、「粗相」がないよう、全力で対応しなければならない。

特に外遊先では、日本国内とは違い、マスコミの監視の目も緩いこともあり、例えば、前出の元外務省会計担当のノンキャリア事務官、小林祐武は手記『私とキャリアが外務省を腐らせ

ました』の中で、そうした「首相外遊」の際のハメの外しぶりについて、こう紹介している。

〈東南アジアの某国でＡＰＥＣが開催されたときのことである。首相以下、日本政府関係者の宿泊先は、全館貸し切りにした一流ホテルだった。

私もロジスティックの担当として同行し、相部屋ながら同僚とその一流ホテルの部屋をあてがわれた。ただ私は、事前の準備作業の疲れが抜けておらず、身体の疲労はピークに達していた。もともと腰痛持ちの私は、激しくなっていた腰の痛みを和らげるため、マッサージ師を部屋に呼ぼうと、ホテルの部屋に備え付けの説明書に目を通した。「トラディショナル・マッサージ」という、いわゆる基本コースがあったので、電話でそのコースを注文し、マッサージ師の到着を待った。

そこにやってきたのは、ハッとするほど若くてきれいな女性だった。小脇に抱えた桶には、ボディローションが入っていた……。

「ちょっと待って、ちょっと待って」

私は追い返そうとした。なにせ部屋は同僚と相部屋である。仮に元気な身体であっても、同僚の前で怪しげなサービスを受けるわけにはいかなかった。

「本当に疲れているんだから、そんな〝スペシャル・サービス〟は要らないんだ。どうしてもやらなきゃならないのなら帰ってくれ」

そう言って、その女性を部屋からつまみ出した。

それからしばらくたったころ、部屋のドアをノックする音がした。開けてみると、先ほどの娘が泣きながら立っていた。恐らく経営者にでも叱られたのだろう。

私は彼女を部屋に入れることにした。その上で、本当の〝基本コース〟のマッサージをしてもらい、スペシャルの分の料金を払ってあげた。わざわざ断ることでもないだろうが、もちろんこのときのマッサージ代は、プール金を流用したのではなく、きちんと自分の財布から払った。

それから数日後の最後の晩のときに、また私はマッサージ師を部屋に呼んだ。やってきたのは、先日と同じ女性だった。

二度目ともなると、多少は打ち解けてくる。彼女は世間話のついでに、「前の晩は、〇〇号室に呼ばれたのよ」と私に漏らした。

「えっ」

その部屋番号には聞き覚えがあった。だが、一応われわれロジ部隊の虎の巻、通称「ロジブック」をめくり、誰の部屋かを確認してみた。そこにあったのは、ときの首相の部屋番号だった。彼がボディローションを使ったスペシャル・サービスまで受けたかどうかまで、その娘に確かめる気にはなれなかった。〉

じつは、在外公館の「便宜供与」において最も重要なのは、国会議員の外遊である。

外務省大臣官房総務課が二〇〇〇年八月でまとめた九九年一年間の、在外公館の便宜供与件数は全体で三万三千二百二十九件、便宜供与を受けた来訪者の数は延べで十六万二千九百六十四人に達しているが、このうち、国会議員は二千八百八十一人で、これに日数を掛け合わせた延べ人数は八千七百十六人。ちなみに衆参両院の国会議員の総数は八百三十二人いるが、単純計算の上では、一日に約二十四人の国会議員が世界のどこかの在外公館で便宜供与を受けていることになる。

なお、国会議員に対する、こうした在外公館における便宜供与の件数（延べ人数）は、次の通りである。

①在フランス大使館	644
②在韓国大使館	495
③在イギリス大使館	440
④在アメリカ大使館	380
⑤在イタリア大使館	341
⑥在ドイツ大使館	241
⑦在中国大使館	210

「日本で禁止されたことをするため」に国会議員が欧州視察

衆院事務局職員として、国対の裏方仕事にも長年、関わってきた平野貞夫（元参院議員）によると、衆院議長・前尾繁三郎の秘書時代の一九七三（昭和四十八）年九月、共産党を除く与野党の国対委員長が議長と一緒に議員団を編成し、欧州に視察に訪れたが、その際、議員たちに売春婦を紹介してやったときの情景を、手記『公明党・創価学会と日本』（講談社、二〇〇五年）の中で、こう描写している。

〈イギリスとフランスは公式訪問なので、一日中公式行事が入り、遊ぶ暇はまったくなかった。そんなわけで娼婦制度が残っていたスペインのマドリッドでは、それを楽しみにしている議員もいた。マドリッドに到着した翌朝、朝食をしていると、社会党国対委員長が、「議長、今夜は平野君を解放してやってほしい。たくさんお金を持たして……」という。何のことかわからないので、昼頃、公明党の国対委員長に「どういう意味ですか」と相談すると、「日本では禁止されたことをするためだよ」という。

私は在外公館の職員にこっそり連絡して、夜の一一時頃、前尾議長の話相手に七〇歳を過ぎた民社党国対委員長だけを残し、大使館員が予約したクラブに出かけた。そこで各人が選んだ女性に私がドル紙幣を渡すと、自民党の国対委員長は、病気除けの衛生用品を手渡し、各人は女性といっしょに出ていった。〉

この前年の一九七二(昭和四十七)年十二月の総選挙では、共産党が三十八人もの大量当選を果たしたことで、国会内での発言力が増大し、「料亭政治を廃止せよ」と主張。そうした批判をかわすため、それまで「日本国内でやっていたこと」を、海外視察の際に紛れ込ませて行なったものである。

こうした与野党国対議員らによる海外視察を「前尾議長構想」と呼び、平野自身、手記の中では「それ自体は大成功で、その後の国会改革に役立った」とも述懐している。

ちなみに、「料亭政治」とは、もちろん、そうした料亭を舞台に与野党の実力者が密談し、情報交換したり、法案審議の行方をはじめとする政局動向を決めることであるが、それ以上に野党議員に対する、「飲ませ」(＝飲食接待)、「握らせ」(＝現金供与)に加えて、「やらせ」(＝女性の世話)も含まれていた。そして、これら費用の出所が、外務省から上納させた分も含めた、官房機密費だったのである。

なお、平野が前尾議長の秘書時代、「平野君は、女の世話が上手だ」との評判が国対関係者の間では広まり、海外視察の際は、平野の随行を指名する議員が急増してしまったという。そのため、議員団がよく視察に訪れる欧州の主要都市にある日本の大使館の職員からは、そうやって「羽を伸ばす国会議員」の好みの女性のタイプを、平野に聞かれたものだったという。

また、これと同様の話については、バンコクの在タイ日本大使館で勤務したことのある前出の元外務省会計担当ノンキャリア事務官の小林祐武は、手記『私とキャリアが外務省と日本を腐らせました』の中で、こう明かしている。

〈便宜供与のついでに、私がタイの日本大使館に勤務していたときに、日本の議員団が定宿にしている一流ホテルがある。そしてなんとその裏側には、タイで一番と言われるソープランド「クレオパトラ」がある。スケジュールさえ空けば、たとえ真昼間からでも「クレオパトラ」に繰り出す国会議員のセンセイ方の姿は、ここでは特段珍しいものではなかったのである。

しかし中には、それに飽き足らない議員もいるのである。あるとき私は、タイを訪れたある議員のガイド役を頼まれた。国会議員が訪れると、「便宜供与」と称して在外公館は接待の席を設けたり、ガイドや通訳、運転手を務めることがある。そして中には売春宿への案内を要求してくる議員もいるのである。私は普段ならこういう仕事は請けないのだが、このときは他の職員が多忙で、対応する人間が私しかいなかった。

その議員は、案の定、売春スポットへ案内するよう、私に要求してきた。ソープランドでは満足できないのだという。私はそれまで足を踏み入れたことのない売春宿へ、しぶしぶその議員を案内した。そこまではよかったのだが、いざ到着してみるとどうも議員が納得したような顔をしていない。よくよく話を聞いて、私は閉口した。彼はいわゆるロリコン趣味だったのだ。少女買春が可能な店を所望していたのだった。

さすがの日本大使館も、少女買春のできる店など知るはずもない。だが驚くべきは、その売春宿の経営者だった。彼は議員の要求を察知したらしい。われわれに「待ってろ」とだけ言うと、どこかへ姿をくらました。

店に取り残された私とセンセイは、店主が帰ってくるのを待つしかなかった。30分ほどが過ぎただろうか。ようやく姿を現した店主は、中学校の征服を着た泣き叫ぶ少女をひっぱたきながら抱えるように連れてきた。自宅に戻って嫌がる自分の娘を引きずってきたのだ。

こうして公金を使って日本からバンコクにやってきた国会議員は、泣き叫ぶ娘とともに宿の一室に消えた。〉

8　権力の裏金の恩恵枠を広げて「共犯関係」を作る

官房長官に「行きますよ」と言うと、百万入りの封筒を「ハイ」

そもそも、「外遊による懐柔」は百二十年前からあった。明治時代、燎原の火のごとく全国に広がっていった自由民権運動を沈静化させるため、政府は一八八二（明治十五）年に集会条例を改正して運動の弾圧を強化するとともに、伊藤博文、井上馨らが、その火付け役となっていた自由党の穏健化を図るべく、党首だった板垣退助らに欧州に行かせたことが始まりである。当時は、機密費が正規に予算として計上されていたかどうかはわからないが、まだ、政府の財政基盤が安定していなかったこともあるのだろう、旅費の「出所」は財閥の三井だった。

時代は下り、国会議員による本格的な「外遊」が始まったのは、戦後の一九四九―五〇年ごろのことで、「対日講和問題」などが国会の審議日程に上り、与党単独では処理できない重要案件だったことから、与党の自由党議員とともに、当時、野党だった保守系の国民協同党（のち、保守合同で最終的には自民党に合流）の議員も渡米していた。アメリカのチャーター機で、現地での滞在費もアメリカ側が負担してくれていたが、その頃は官房機密費から餞別を渡してくれるという〝習慣〟もまだなく、足りない分を自腹で補填する議員もいたという。

関係者の話を総合すると、こうした国会議員の外遊に際し、官房機密費から餞別が渡されるのがシステム化されるのは、前述したように、一九六〇年代末、佐藤内閣の時代に外交機密費の官邸への上納が始まってからのようである。

平野貞夫によれば、衆院議長の前尾繁三郎の秘書をしていた一九七三（昭和四十八）年の時点では、当時、田中内閣の官房長官だった二階堂進から、五百万円程度を盆暮れに議長のところに持ってくるのが既に慣例化していたという。

その平野は『ヨミウリウィークリー』〇四年二月十五日号のインタビュー記事（「国会生活45年　平野貞夫が語る『機密費の使い道、極秘メモの名前』」）の中で、「外遊時の餞別」について、次のように語っている。

〈――国対委員長や議運の議員が一緒に海外視察するようになったのもそのころですか。

私は議運担当が長く、昭和50年代は議運理事と毎年、海外旅行に出かけたものです。その際、お金の工面のノウハウを理事の方々に教えました。例えば、中曽根内閣の時には、困ってる（議運委員長の）越智伊平さんに「（官房長官の）後藤田正晴さんに頭を下げたらどうか。金額もきちんと言った方がいい」とアドバイスをしました。その後、視察先のウィーンから礼状を出すことになって、議運理事の連名で手紙を出しました。「ご配慮いただき無事、旅行いたしております」という文面を私が書きました。

──各党の理事は受け取ったのですか。

受け取らなかったのは共産党だけかな。約10年間はこんな仕事をやらされました。正直、これもあれもいろいろ（笑）。催促もあうんの呼吸でね、神経を使うことが多くて、体を壊してしまった。〉

村山内閣時代に官房長官を務めた野坂浩賢は、〇一年一月二十六日付け朝日新聞朝刊のインタビューで、こう述べている。

「最も多い使い道はせんべつだ。国会議員が海外視察に出かける時に渡した。若い議員には三十万円ぐらい、委員長になると百万円ほどになる。現地の昼食会にでも使うのだろう。せんべつを受け取る人は与野党問わない。だが、共産党は呼んでも取りに来ない。長官室に呼んで渡すのが基本だが、自ら要求してくるつわものもいた」

外遊の際の餞別の受け取りについて、衆院議員の田中真紀子は、小泉内閣の外相に就任する直前の〇一年二月四日、地元の新潟県六日町で行なわれた後援会の「国政報告会」の席上、こう発言している（引用は、『週刊現代』〇一年二月二十四日号「爆弾発言！　田中真紀子が怒った！　私は機密費１００万円を叩き返した」より）

〈機密費の話は、いつか表に出ると思ってました。お父さん（故・田中角栄元首相）が総理になったときに、金庫を開けて、たまげてましたからね。

先日、新潟（選出）の議員と、山口（選出）の議員と、高知（選出）の議員と4人でご飯食べたときに聞いたんだけど、国会議員が外遊に行くときに総理官邸に行って、官房長官に「行きますよ」と言うと、100万円入っている封筒を、「はい」とくれるんですって。みんなもらってたと言うんですよ。

「オラ、お金のこと言わんかったわ」と、私が言ったら、「バカ、お前知らんのか」って言われた。他の派閥の議員も他の県（選出の議員）も、みんなお餞別もらいに行くんですって。それみんな税金ですよ。

だから、（官邸の）金庫に7000万円だか8000万円だかいつも入っていて、どんどん使ったということになるんです。こんなもん機密費じゃないですよ。本来、国の安全を守るために、スパイ活動とか諜報に使うのが機密費でしょう。

「（餞別の百万を）返してくるから、0の数が足りないかと……」

8党連立の細川内閣のときだって、自社さの村山内閣のときだって同じ。この間、（細川内閣）当時の官房長官（武村正義氏）が、在任中に使った機密費について（8カ月余りで8億円前後と）公表してましたけども、あのとき（村山内閣も）100万円持ってきた。私は（科術庁長官として）国の仕事でオーストラリアに行って（国際原子力機関の総会で）演説やらせてもらったり、ハワイに行ったりしたんですが、そのとき必ず100万円持ってくるんです。それをお返しすると、今度、官房長官自身が、「田中さん、受け取ってもらわないと困る」と言いに来た。

どの閣僚も、仕事がなくって外遊つくって、もらいに行くんだと思う。たぶん、自民党だけじゃない。超党派の議員で視察団というのがあるんです。建設省の視察団や厚生省の視察団、文部省の視察団も、みんな国のカネで行くんです。自民党、公明党、民主党、社民党……超党派で行く。そのときは、（一人）500万円もらいに行くんですって。みんな喜んでもらう。断る方がまれだって。

先日、私が大分県に呼ばれて講演したとき、村山（富市）元総理が来て言うんですよ、「真紀子ちゃん、あんたはきれいな人だった」って。顔のことかと思ったら、そうじゃない、と（笑）。「あんなに返してくるから、0の数が足りないと思った」と言うんですよ。私が金額が足りないから返しにきたと思っていたわけ。

そうじゃない。国の仕事をやらせてもらうんだから、飛行機代も、ホテル代も出てる。そのうえ、何で餞別もらう必要があるんですか。そのカネでみんな土産とか買ってくる。そういう土産を昔、もらったことがあるでしょう？　そうやって地元にバラまいてたんですよ。もうそんな時代じゃないんですから。〉

つまり、「外遊」にかこつけて、官邸も外務省も、また、国会議員らも「機密費」にタカっているだけなのである。カネを渡す方も受け取る方も、お互いが「犯罪的に費消される権力の裏金」の恩恵に被ることで「共犯関係」に陥らせ、こうやって相手の「弱み」を握ることで、政権中枢にいる人間の思惑通りに政局を進めていくことになるのである。

機密費流用事件で逮捕された「松尾克俊」という存在を、一言で説明するとするなら、それは「機密費」という、権力の裏金の「究極のマネーロンダリング装置」ということであろう。

これまで述べてきたように、松尾はこうした首相の外遊案件にかこつけ、いったんは官邸に上納しておいた外交機密費や、また、それとは別に官邸に上納されていない分の外交機密費も、自分名義の預金口座に入金し、そこから関係者一行の現地滞在分のホテルの宿泊代や飲食代、さらには土産物代といった〝必要経費〟を本人名義のクレジットカードで決裁していた。その意味で言えば、「詐欺罪」として立件された膨大な水増し請求分とは、そうしたもろもろの〝手数料〟(もしくは「口止め料」)だったとみるのが妥当だろう。

松尾の機密費私的流用は最終的に5年で8億(警視庁)

警視庁の調べでは、松尾が要人外国訪問支援室長に在任中の九三年十月から五年十カ月の間、官邸に出向いて受け取った機密費の総額は、少なくとも約十二億円に達しており、うち、四億円前後は実際にそうした外遊の際の経費に支払っていたものの、残る約八億円は松尾の「私的流用」とされている（こうした首相外遊でかかる総予算は、一回あたり数千万円から億単位に上る。なお、具体的な数字が判明しているものとして、小泉内閣の末期に小泉純一郎の行った外遊費用が、〇六年六月二十七日から七月一日までのカナダ、米国が約二億五千二百万円▽同年七月十一日から十九日までのイスラエル、ヨルダン及びサンクトペテルブルグ・サミット約二億六千八百万円▽同年八月十日から十一日のモンゴル約九千八百万円▽同年八月二十八日から九月一日までのカザフスタン、ウズベキスタン約一億九千七百万円——となっている）。

首相の外遊費用について、同行者も含めて、交通費や宿泊代、日当、食卓料といった旅費法に規定されているオモテの経費に関しては、正規の予算項目から出るが、そういった正規の項目からは出せない、いわば「ウラの費用」に機密費を充てていたわけだが、そうした内訳はじつは、前出の「古川ペーパー」に記載されている。

そこには総理府が計上したオモテの官房機密費約十二億円（内閣情報調査室に回す分を除いたもの）に、外務省から上納してきた約二十億円を合わせた計約三十二億円（正確には八九年度で三十二億二千八百万円）の大まかな内訳別の予算額が、次のように記載されていた（実際には、単位を百万円とした数字の書き込みだけだが、ここではわかりやすく書き改めた）。

1　経常経費　6億円（総理・長官等の諸経費、官邸会議費、慶弔、国公賓接遇費、総理・長官主催接宴費用等）

2　官房長官扱　16億円（内政・外交対策費）

3　官房長官予備費　5億円

4　特別経費　5億2800万円　（自民党外交対策費、夏季・年末経費、総理外遊経費、その他）

もともと外務省の機密費を移し替えてもらっているだけに、首相の外遊や、また、外国からの賓客を招いて開催するレセプションなどの「外交案件」にもかなり充てているわけだが、ここにある「2」の「官房長官扱」の部分が、官房長官室の金庫に入り、官房長官の判断において執行する、いわゆる狭義の「官房機密費」である。

この古川ペーパーの書き込みには、この官房長官扱分の年間十六億円を月毎に均等割した「133」（単位・百万円＝一億三千三百万円）の書き込みがあり、さらに「4月末の使用済額」として「250」（同・百万円＝二億五千万円）で「残額1350」（同・百万円＝十三億五千万円）の記載がある。

つまり、官房長官扱分のうち、本来であれば、月割りの執行額は一億三千三百万円なのだが、前述したように、この年は参院選を夏に控えていたこともあって、既に年度初めの四月の時点で、通常の二カ月分に迫る額を、一挙に使い切ってしまったことが窺える。

首相外遊に関する経費や、国会議員の外遊の際に配られる餞別は「4」の「特別経費」として計上されており、敢えて言うなら、松尾が官邸に行って受け取っていた機密費とは、この「特別経費」に色分けされていた部分、といえよう。

私的流用を除いても2億以上の裏金が闇の中へ消えた

機密費は、既に触れたように「官房機密費」として内閣官房に計上される分と、外務省から上納して持ってくる分とがある。

外務省から持ってくる分については、総理府（現・内閣府）の会計課を経由して、官邸内の首席内閣参事官（〇一年の省庁再編後は、内閣総務官）の部屋に持ってきて、そこから主に官房長官室の金庫へと現金が補充されるわけだが、松尾がカネを受け取りに行っていたのは、官邸内のこの首席内閣参事官のところだった。

もっともカネに色は付いていないので、官房機密費も外交機密費もいったん現金化され、総理府の会計課を通じて、首席内閣参事官の部屋にプールされた段階で、一緒くたになっているわけだが、くどいようだが、官房長官室の金庫に入っている現金は、こうした機密費のうちの一部でしかない。

九〇年代後半に官邸に勤務していた元職員は言う。

「松尾はしょっちゅう官邸に足を運んでいたが、官房長官のところには行かずに、いっつも首席（内閣）参事官室の部屋に直行していた。彼は官房副長官だった古川さんとは首席参事官の時代から仲がよかったが、そもそも松尾は歴代の首席参事官とツーカーだった。彼は仕事はきっちりとやる男だった。要は、汚いカネは全て松尾に押し付けて、例のクレジットカードなんかで付け回しにしていたってことでしょ。本当に可哀想ですよ。まさに彼こそがトカゲの尻尾じゃないですか」

松尾が要人外国訪問支援室長時代に、私的に流用したとされる機密費は、少なくとも八億円に達している。うち、競走馬(十九頭)の購入資金に計三億四千万円、ゴルフ会員権に四千三百万円、マンションに八千万円、さらに三人の女性に計八千二百万円を渡したことが判明している。計算の上では、これらから差し引いた少なくとも二億五千五百万円のうち、計二億円については預金として自らの銀行口座などに入っていたことが確認されている。それゆえ、松尾が「私的流用したカネ」の多くは、文字通り、「闇の中」へすっぽりと消えてしまった格好になっている。

そのうちの一部は、首相外遊の際の土産代や、随行した人間の現地でのホテルなどでの飲食代、さらには、日本国内でも外務省のキャリアらがゴルフ代や飲食費など、松尾がクレジットカードで決裁したものも含まれているだろう。しかし、それらを差し引いても、「巨額の使途不明金」は依然として残っている。

松尾は、自らの事件の公判では、自分以外の個人名は一切、口にせず、「事件は私個人の問題」、「何を言われても甘んじて受ける」と、罪をすべて自分一人で被り、流用した機密費の使途についても、「外交の根幹に関わる部分で、相手国に口止め料的に支払った」とだけ述べたものの、それ以上の明言は避けた。

○一年十月三十日に開かれた最終尋問で、裁判長の井上弘通は「外務省や内閣官房の管理責任があるように見えるが、何か言うことはあるか」と諭すように問いかけた。

しかし、松尾は弁護人と視線を合わせた後、こう述べた。

「本当はあるが、私は言える立場にない」

機密費捜査のターゲットは橋本龍太郎の「業務上横領罪」

事件の捜査にあたった警視庁の幹部は言う。

「今度の事件で、我々の捜査の最終ターゲットは橋龍（＝橋本龍太郎）だった。つまり、そういった外遊の際の『支度金』の名目で、首相自身にも渡っている。特に外遊が増えたのは橋龍のときだったし、そうやって外遊の回数を増やせば、支度金名目で受け取れる金額も増える。こうした『松尾』というクッションを間に挟むことで、足が付かなくなるわけだ。橋龍にはオンナの問題もあったし、そこからスキャンダル対策にカネが流れていたのではないかと睨んで、現場のレベルでは橋龍を業務上横領罪で立件したいという思いがあったが、なかなかそこまでは詰め切れなかった。そういうところもあって、松尾の公金横領を『業務上横領』でなく、『詐欺』の方での立件に至ったところはある。詐欺も業務上横領も最高刑は懲役十年で、確かに双方とも流用したカネの『使途』は調べるけれども、業務上横領の場合だと、『流用したカネを、本来の目的以外に使った』という、『使途』の部分をより精緻に立証しなければならない。それに比べると、『詐欺』の方は、『カネを騙し取った』という犯意の立証にウェートが置かれる。そうしたところも総合的に勘案すると、結果的に『詐欺罪』の方が適用しやすかったところはあった」

橋本龍太郎の女性スキャンダルで最も有名なのは、首相在職当時に週刊誌に報道された、中国人の公安当局に関係する女性とのものではないだろうか。

これは、九六年六月に週刊現代などが第一報を伝えた後、『週刊文春』の九七年九月十一日号から三回にわたり、より詳細な内容を報じていたものである。

橋本が所属していた経世会（竹下派）は、その前身である、日中国交回復に力を注いだ田中角栄の時代から、七九年に始まった対中国への円借款による医療援助を通じて、中国の衛生部や民生部とも太いパイプを構築していったが、中でも厚生族のドンでもあった橋本は、その筆頭に位置していた。

橋本と愛人関係にあったその女性は、衛生部の通訳としてたびたび来日し、八〇年代半ばには、駐日中国大使館に赴任していた夫の随員として日本に住んでおり、そうしたあたりからも両者は親密になっていったようである。

問題がこじれたのは、この中国人女性が橋本と付き合っていた当時は既に結婚しており、元夫が「橋本と妻との交際が離婚に繋がった原因の一つ」と主張していた点に加えて、この女性が「中国公安当局のスパイ」だったことが、それに拍車をかけた。

とりわけ、八九年六月の天安門事件に抗議し、日本も含めて西側諸国は中国への経済援助を一次、凍結していたが、それからわずか半年足らずの時期に、中国のベチューン医大病院医療プロジェクトに対する二十六億円もの日本政府の無償援助計画が合意に至った背景に、「中国に甘い橋龍の存在があったからではないのか」と槍玉に挙げられていたからである（こうしたODAの個別の政策決定は、自民党内の大物政治家のツルの一声で決まるケースが多い）。

この問題は、週刊文春の報道を機に国会でも取り上げられ、さらに、こうした動きとリンクするかのように、中国人の元夫が、妻だったその女性を名誉毀損で東京地裁に訴えたことから、橋本はかなりの窮地に立たされていた。

要は、中国側がいわゆる「美人局《つつもたせ》」の手口で、日本国の最高首脳を脅し上げたようにも見えるが（もっとも、女性を使った諜報工作は中国の公安当局が最も得意とするところではあるが）、ひょっとしたら、こういうスキャンダルを手打ちにするための「口止め料」として、松尾から橋本に渡された外遊の際の「支度金」が充てられた可能性はある。

川島裕外務次官の女性問題口止め料にも機密費支出？

それと、もう一つ、松尾が「外交の根幹に関わる部分で、相手国に口止め料的に支払った」という可能性があるものとして、同様に、外務省事務次官だった川島裕（〇三年より宮内庁式部官長）の女性問題がある。

これは、『噂の真相』の九九年七月号が「外務省No.1事務次官就任が内定した川島裕大使を襲った〝亡国的醜聞〟」のタイトルの記事でスッパ抜いたものだが、川島が韓国公使だった九二年八月から九四年一月の間、ソウル市鐘路区にあった高級料亭「祥雅（サンア）」に機密費を使って入り浸り、そこの李南熙（イ・ナムヒ）という女性経営者と昵懇になったが、その下で働いていたホステスに川島が入れ上げ、その後、川島が本省のアジア局長に就任して東京に戻ると、このホステスをソウルから呼び寄せたのだという。

ところが、赤坂のマンションで川島がそのホステスと行為の及んでいたところを、一部始終、ビデオで隠し撮りされ、それを韓国の国家安全企画部（旧ＫＣＩＡ、現・国家情報院）が入手していた。

で、川島がアジア局長だった九五年六月末、日本と北朝鮮との間でコメ支援の交渉が決着し、「有償十五万トン、無償十五万トンの計三十トン」（総額四十八億円分）で妥結したが、このとき、交渉の責任者だった川島が、大詰めにさしかかったところで、急に腰が引け始めていたのだという。

というのは、当時、非軍人出身大統領・金泳三の政権下で、韓国の安企部はリストラの憂き目に遭っていたうえ、この頃、韓国自身も北朝鮮にコメ支援を行なうことで、最終的には「南北首脳会談」を実現させたいというハラを持っていたため、日本が勝手に「北朝鮮にコメを送る」と言い出したことに、内心、相当、焦っていたのだという。

なお、川島が愛人にしていたこの韓国人ホステスは、当時、韓国首相だった金鐘泌（初代KCIA長官）の愛人でもあったとする説があった。

川島がその後、九五年八月に総合外交政策局長に就任した直後の『噂の真相』の同年十月号や、『SAPIO』『テーミス』といった雑誌が、この韓国人女性に入れ上げていた事実を報道した。

すると、川島は外務省から法務省入国管理局の総務課長に出向していた外務省のキャリアに指示し、急遽、そのホステスの在留期間を打ち切って、結果的に、韓国に強制送還させたのだという。で、この「後始末」に機密費が使われたのではないか、との噂は流れていた（既にこの時点で、松尾は要人外国訪問支援室長のポストにあり、首相外遊案件にかこつけ、官邸に行ってカネを受け取っていた）。

「自分を処罰するなら、機密費の不正使用をばらす」で、パス

結局、外務省のノンキャリア会計担当事務官・松尾克俊に対する機密費流用事件の捜査は、あくまで「松尾個人の犯罪」ということで幕引きがなされ、政権中枢の腐敗にメスが入るということはなかったのだが、その「意趣返し」とばかりに、警視庁は、松尾を最初の逮捕も含めると計四回逮捕したのち（最後の松尾の五回目の起訴は〇一年六月二十八日）、その後、同じノンキャリアの会計担当事務官二人を逮捕した。

具体的には、〇一年七月十六日、経済局総務参事官室課長補佐だった小林祐武を、そして、同年九月六日には、欧州局西欧第一課課長補佐だった浅川明男を、いずれも、経費の水増し請求による詐欺容疑で逮捕している。小林は、二〇〇〇年開催の九州・沖縄サミットの開催に絡み、ハイヤー代約二千二百万円を水増しして騙し取った容疑、浅川は、九五年開催のＡＰＥＣの開催に絡んで、会場となったホテル・ニューオータニの宿泊費を水増しして請求し、約四億二千三百万円を騙し取った容疑である。

こうして警視庁による相次ぐ逮捕劇で、外交機密費の官邸上納だけでなく、外務省の本省内の各課に存在する「プール金」と呼ばれる裏金の存在が明るみにされたのだが、じつは、松尾克俊、浅川明男と並んで、「外務省の三悪人」と呼ばれたもう一人のノンキャリアの会計担当事務官がいたのだが、なぜか、この人物だけは逮捕されなかった。

さらには、その人物が会計担当として在オーストラリア大使館に勤務していた九三年、公金流用に関与していたことが内部調査で発覚し、その内容がこの一連の機密費報道の中でもかなり大きく取り上げられたにもかかわらず、懲戒処分の対象すらなっていなかったのである。それゆえ、事件当時、外務省の内部では「いったい、なぜ？」と訝る声も出ていた。

このノンキャリア会計担当事務官とは、「山本信資」である。

山本は、松尾と同じ一九四五（昭和二十）年の生まれ。外務省に入省後は、七二年から約三年間、機密費をダイレクトに扱う本省の会計課に所属していた。その後はニューヨーク総領事館を経て、八七年からは在外公館課での勤務の後は、国連局の「局庶務」として、「外務省三悪人」の他の二人である、松尾、浅川と同様、「首相外遊案件」にも関わった経験があった。

なお、松尾より一期上の浅川は、八六年に経済局の局庶務として東京サミットを仕切った後、欧亜局に移り、そこの筆頭課である西欧第一課に所属する「局庶務」として、毎年ある首相の訪欧案件を扱う一方、その浅川の後任で経済局の「局庶務」に就いていたのが、松尾だった。

「三悪人」には、内部ではもともとネガティブな意味合いはなく、この松尾、浅川、山本の三人がじつによく仕事ができて、こうした首相の外遊案件において、官邸からカネを引っ張り出すために徹底的に調べ上げ、じつに一生懸命説明していく姿に、親しみを込めて「奴らは本当に悪党だ」と言っていたことから来たものである。

これまでにマスコミで報じられた記事中ではなぜか、全て匿名だったが、この山本が在オーストラリア大使館の会計責任者である一等書記官として勤務していた九三年六月、省内の査察で公金二百数十万円を着服していた事実が明るみになりながらも、それが処分されずに済んでいたことを最初に報じたのは、〇一年三月七日付け毎日新聞朝刊である。

記事によれば、山本は機密費の残金などをプールした「スペシャルファンド（SP）」と呼ばれる大使館の預金口座から、額面二百数十万円の小切手を勝手に持ち出していた。また、大使館の改修工事にかかった費用を業者に水増し請求させるなどして、本省から送金されてきた五百万円前後を着服していた疑いも浮上。加えて、首相外遊時に現地要人への土産として機密費で購入していたゴルフセットも相手に渡さず、自ら所有していたことも判明した。

当時、査察を担当した査察使の恩田宗（※記事中では山本と同様、匿名。東大法卒、五六年入省。七九年在外公館課長、八一年会計課長、八七年中近東アフリカ局長、八九年駐サウジアラビア大使を経て、九二年七月から九四年一月まで大臣官房審議官・査察使。その後、駐タイ大使に転出）は、この小切手分の二百数十万円を返金させるとともに、査察報告書を作成し、「厳罰に処するべきだ」との意見を付けて外相、事務次官宛てに提出していた。

ところが、山本は当時の会計課長・藤崎一郎（※これも記事中は匿名）に対し、「自分を処罰するなら、機密費の不正使用をばらす」と開き直ったという。そのため、国家公務員法に基づく懲戒処分はなされないまま、いったん内定していた在タイ大使館への異動が取り消されただけにとどまった（結局、その後、山本は九三年八月に在フィリピン大使館への異動となり、そこでも会計担当をしていたが、その際も業者との癒着が噂され、公金流用の疑惑が持ち上がっていた）。

公金流用調査委員会（荒木清寛委員長）は報告書も出さず

この山本の在オーストラリア大使館での公金流用が毎日新聞で報じられたのは、松尾が警視庁に逮捕されるわずか三日前だったこともあり、外務省としても放置しておけず、当時、副大臣だった荒木清寛（公明党参院議員）を長とする調査委員会が調査にあたることになった。

ところが、この調査委員会は報告書すら出さず、その約一カ月後の〇一年四月九日の参院行政監視委員会で荒木が口頭で答弁しただけで終わり、その〝調査結果〟も「山本（※実際の荒木の答弁では実名を伏せ、『A職員』としていた）は、公金ではない、館員の福利厚生用の積立金から一時的に私用したもので、査察時に返済した」というものだった。

そして、この日の午後五時四十五分から開かれた事務次官・川島裕が会見し、出席していた記者から次のような追及を受けた。

記者　公金ではない私金の部分を査察使が調べるというのは、変ではないのか。逆に職員が積み立てているものとはいえ、極めて公金としての性格が強いものであったと判断できるのではないか？

川島　一時的に借りたということである。それ自体をどう見るか、ということであると思う。

記者　極めて公的な性格が強いものであると思うが？

川島　元の原資が公金ではないということが、（私的なカネとは）違うと思う。

記者　元の原資は何か？

川島　自分自身は承知していない。

さすがに、川島のこののらりくらりな対応には、記者たちの間から抗議の声が上がり、午後七時すぎから実際に調査にあたった事務方が、ブリーフィングを行なった。その説明では、「在オーストラリア大使館では、他の在外公館と同じように、公金を管理する公金口座があるほか、一般論としては、大使館の冠婚葬祭であるとか、福利厚生に用いるために、大使をはじめ館員からの拠出金と、来訪者の寸志などを積み立てている例がある。しかし、（山本が流用した）積立金の原資はわからなかった」ということだった。

「榎公使は山本事務官の不正行為の『共謀者』」（天木元大使）

ところが、当時、在オーストラリア大使館で、この山本が転出するまでの約三カ月間、上司である同大使館ナンバー2の公使として、一緒に仕事をしていた元レバノン大使の天木直人は、手記『さらば外務省！　私は小泉首相と売国官僚を許さない』（講談社、二〇〇三年）と、この手記の刊行直後に発売となった『週刊現代』〇三年十月二十五日号において、このときの山本の公金流用の実態を次のように明かしている。

〈Y（※「山本信資」のこと。以下の「Y」のイニシャルも全て同じ）が流用したのは「私的な福利厚生積立金」だったという説明は真っ赤な嘘です。

Yは在オーストラリア日本大使館の現地職員の手当の一部（現地職員の超過勤務手当分として本省から送金されてきた資金の一部）と、オーストラリアの銀行に開かれていた日本大使館の公金口座の利子という、れっきとした公金を横領して、福利厚生積立金の中に流し込み、それを私的な用途に流用していたのです。どこから見ても、重大な犯罪でした。

その流用は、Yの上司であるE公使との話し合いによって行なわれていました。E公使は当時の出納責任者であり、私の直近の前任者です。E公使は、Yの不正行為を許していたというより、共謀関係にあったのです。

外務省は、この事実を必死に隠蔽しました。調査委員会の聞き取りが始まった直後、梅田邦夫人事課長（当時は国連代表部公使）から当時、レバノン大使だった私のもとに電話がかかってきたことがありました。私がE公使の後任のオーストラリア公使として、3カ月ほどYとともに仕事をしたことがあったからです。形式責任ではあるが、私の名前を公表せざるを得ないという梅田氏に、私は言いました。

「たとえ3カ月であっても監督責任はある。責任を取れと言われれば取る。しかし、本当に悪いことをした連中を徹底的に調べたうえで公正な処分をしないと、世間を欺くことになる。あの積立金の原資には利子収入も入っていることを、自分は出納官吏として知っているが、なぜこの問題がいっさいマスコミで報じられないのか。

梅田課長は私がそこまで知っていたことに驚いた様子で、「この話が明るみに出ると、大変なことになりますから……」と電話を切りました。外務省が隠そうとしていたことは明かです。

外務省はなぜこれほど、この事件を闇に葬りたいのでしょうか。〉

「榎公使―荒木副大臣」の創価学会ラインによる幕引き

ちなみに、この在オーストラリア大使館での山本信資が関与した公金流用問題について懲戒処分が下されたのは、当時、会計課長として山本から事情聴取した北米局長・藤崎一郎に対する「厳重注意」のみだった（処分は〇一年四月九日付け）。山本自身はもとより、「公金流用の共犯」として指摘されている天木の前任の「E公使」も、「全くお咎めなし」だったのである。

ここで、「E」と匿名にされているキャリア外交官とは、「榎泰邦」である。

榎は、一九四六（昭和二十一）年生まれ。東大法学部を中退し、六八年外務省入省。経済協力局国際機構課長、同有償資金協力課長、中近東アフリカ局中近東第一課長、在オーストラリア大使館公使、デトロイト総領事などを経て、九五年欧州共同体日本政府代表部公使、九七年大臣官房文化交流部長、九九年中近東アフリカ局長、〇一年駐南アフリカ大使、そして、〇三年十二月十六日付けで駐インド大使となっている。

榎が他のキャリア外交官とは、また全く毛並みが違うのは、外務省内で一派閥を構成している、創価学会員らでつくる「大鳳会」のボス的存在である点である。

前出の天木の手記でも、「出納官吏のE公使が、熱心な創価学会の会員であることは省内では周知の事実でした。彼は自分の息子を（池田大作名誉会長にちなんで）大作と名づけるほどの忠実な創価学会信奉者なのです」と指摘されているように、詳しくは拙著『シンジケートとしての創価学会＝公明党』（第三書館刊）の「第二章　創価学会が官庁に浸透する『総体革命』」を参照して頂きたいが、官庁の中でも外務省は創価学会員の比率が高いとされている。特に、国家公務員Ⅱ種に相当する専門職のセミキャリアや現地採用組のノンキャリアに多い。

「大鳳会」のメンバーは、創価学会の内部では「妙法（＝池田大作）の外交官」とも呼ばれ、池田大作が外遊の際、首相や国務大臣並みの「便宜供与」を図るべく動き回ることをはじめ、「創価学会＝公明党」、すなわち、池田大作の権力基盤を維持するため、粉骨砕身、尽くすことが求められている。

当時の事情をよく知る内部関係者は、こう証言する。

「じつは、その在オーストラリア大使館での公金流用について、山本は榎に全部、相談してやっている。だから、この件に榎が関与しているのは疑いの余地がない。査察があった当時、飲み食いとかも含め、ありとあらゆるものが出てきていて、内部では大問題になっていた。山本が大鳳会のメンバーであったかどうかはわからないが、おそらく、内部での査察のときに、山本は『だったら、榎を道連れにするぞ』という脅しをかけた可能性はあったと思う。松尾、浅川と並んで『三悪人』と称せられていたにもかかわらず、山本一人だけが刑事訴追を免れていることとも合わせて、在オーストラリア大使館の件も、あれだけものの見事に隠蔽されるのは、おかしい。それだけウチでは『大鳳会』の存在は、タブーなんです」

奇しくも、この在オーストラリア大使館の公金流用疑惑で、調査委員会の指揮を執った外務副大臣（公明党参院議員）の荒木清寛は、池田大作を創立者とする創価学園の第五期生で、創価大学法学部卒の弁護士資格を持つ創価学会員である。こうした経歴を持った人物が、果たして、身内ともいえる「榎泰邦」というキャリア外交官の関わっている不祥事に対して、きちんとした公正な調査を行なうことができるのだろうか。

前出の天木も同様のことを手記で、「奇しくも、調査委員会の指揮をとった荒木副大臣は、公明党の参院議員です。創価学会員に関する疑惑を調査する人物が公明党議員では、本件を公正に調査できるのでしょうか。この問題の真相は永久に闇に葬られたままになると思います。それは、この問題が自公保・小泉政権の土台を揺さぶることになりかねないからです」と指摘していた。

「日本の裏金」の究極に「一晩で百億単位のカネ」の池田大作

ところが、呆れたことに、荒木清寛はその後、この件に関して名誉毀損で東京地検に刑事告訴しているのである（天木は〇五年十二月、東京地検から事情聴取を受けている）。

荒木がこうした「言論出版妨害」に及んでいるのは、もちろん、組織（＝公明党・創価学会）の指示によるものだが、その本質的な要因とは、組織を率いる池田大作が「今、世の中は個人主義、自由主義になっているが、本当は全体主義は一番理想の形態だ」（七二年六月十五日の第六十一回社長会）と言い切っていることからも窺える、池田自身の独善性からくる、「創価学会＝公明党」の全体主義的な体質である。

つまり、在オーストラリア大使館の公金流用事件で、山本と共犯関係にあった榎が仮に失脚するに及んでしまった場合、大鳳会自体はもとより、「公明党・創価学会＝池田大作」が被るダメージは甚大である。そのためには、何としてでも、この不祥事だけは揉み消さなければならなかったということであろう。

余談だが、「権力の裏金」ということで見た場合、池田大作が動かせる〝機密費〟の額は、官邸や外務省などと比べたら、桁違いである。

池田大作の元側近は、こう証言する。

「池田が本当に凄いのは、たった一晩で百億単位のカネが準備できることです。創価学会というのは、池田が一声かけるとどこからともなくカネが集まるところなのです」

こうしたことを可能にならしめているのは、ひとえに宗教法人に対する非課税特権の存在ゆえだが（こうした点も含め、興味のある人は第三書館刊の拙著『システムとしての創価学会＝公明党』『シンジケートとしての創価学会＝公明党』『カルトとしての創価学会＝池田大作』を参照頂きたい）、誤解を恐れずにいえば、「国家の裏金」である外交機密費は年間でたった約五十五億円（うち、官邸に上納分が約二十億円）、官房機密費に至っては約十六億円に過ぎない（いずれも二〇〇〇年度）。

こうした「カネの力」から派生する「池田大作＝創価学会・公明党」の権力の強大さは、外務省はもとより、日本の政治や社会全体に対して、さまざまなプレッシャーとして働いているのが実情である。

9　権力の旨味と政争の具に供された官房機密費

「金庫にいつも八千万。なくなると夜間に補充」（武村正義）

話を官房機密費に戻す。

これまでに見てきた外交機密費の上納の手続きを見てもわかるように、「官房長官室の金庫の中にあるカネだけが、官房機密費ではない」ということである。

外務省から上納させた分もそうだし、もともと官邸分で計上された分もそうだが、カネはいったん総理府（現・内閣府）の会計課を経由し、官邸内の首席内閣参事官の部屋（〇一年の省庁再編以降は、内閣総務官室）でいったんプールされる。

「カネの溜まり」は「首席内閣参事官—総理府会計課」（〇一年の省庁再編以降は「内閣総務官—内閣府会計課」）に存在し、そこから、「官房長官扱」となる、官房長官室の金庫に入る分は、年間で約十三億円、月割りにしてだいたい一億円前後（正確な金額で月割りにすると、一億三千三百万円）が、ほぼ毎日、事務方によって補填される。

官房長官室にある金庫は、高さ約一・五メートル、幅約一メートル、奥行き約八〇センチほどの古めかしいものである。そこに現金を入れるのは首席内閣参事官と官邸事務所長の仕事で、そうやって金庫にカネを補充する作業は、だいたい、官房長官や秘書官ら官房長官室の人間がみんな帰った深夜か、または、誰もまだ出勤して来ない早朝の時間帯に行なわれる。

関係者の話を総合すると、この官房長官室の金庫は、現金をいっぱいに積め込んだとき、全部で八千万円くらいは入っているのだという。

村山内閣で官房長官を務めた野坂浩賢は、〇一年一月二十六日付け朝日新聞朝刊のインタビューで、「長官室の金庫には常時八千万円の現金が入っていた。一日で五百万円から多いときで一千万円を支出する。翌朝には減った分が補填される」と証言している一方、細川内閣時代の官房長官、武村正義は筆者の取材にこう述べている。

「(官房長官室の)金庫には百万円ずつ封筒に入ったのが、平積みになっていて、それが目分量で全体の半分ぐらいの四千万円ほどは入っていたと思う。(支出は)基本的に百万円が単位なんだ。きっちり(金庫に全部)入れようと思えば、八千万円くらいは入ったと思う。(カネが)なくなると、夜になって私とかが出払い、その翌朝に出勤してくると、また元の四千万円ぐらいのところに戻っているんだ。その間に官邸の職員が(なくなった分のカネを)継ぎ足しているんだ。まさに、おとぎの国のような話だ」

こうした官房機密費のうち、官房長官室の金庫に入る「官房長官扱」の分の執行については、基本的には総理大臣も口を挟めない「官房長官の専権事項」とされる。前述したように、官房長官が直接、相手に手渡すこの分については、慣習的に一切、領収書を取らないため、「当事者同士の証言」以外は、カネのやり取りの証拠は存在しない。

とはいえ、官房長官のキャラクターやその政治力はもとより、与党内部や霞が関との力関係、さらには、そのときどきの与野党間における議席数や、内閣支持率などからも影響を受ける政権基盤自体の安定性も、こうした官房機密費の執行において、微妙に（というか、かなり）影響している点は否めない。

羽田内閣では、官僚がサボッて、金庫を補充しなかった？

細川内閣の総辞職を受けて、九四年四月に羽田内閣が発足したものの、首班指名直後に「統一会派・改新」騒動で、社会党が連立を離脱したことで、少数与党に転落した同政権（衆院で連立与党二百五議席、野党三百四議席、参院で連立与党六十四議席、野党百八十八議席）の官房長官だった熊谷弘は、『週刊金曜日』〇一年三月九日号の佐高信との対談（「自民党の体質を露呈した二つの事件――KSD事件と官房機密費疑惑」）の中で、次のように述べている。

「確か私の記憶では、二カ月おきに補充されていたと思います。でも金庫にドッサリということはなかった。『七月になったらちゃんと（補充）します』と事務方に言われていたのですが、その前に政権がなくなってしまった」

「だから、野坂浩賢さんの『長官室の金庫には常時八千万円の現金が入っていた』『難しい政局を乗り切ろうとして……一回あたり計五百万円ぐらい（を与野党の国対幹部に配った）』という話を聞いてびっくりした」

つまり、事務方がカネの〝出し惜しみ〟をしていたことが考えられるが、事実、羽田内閣は少数与党として極めて政権基盤が脆弱だった（発足から約二カ月後に、自民党が提出した内閣不信任決議案が可決され、羽田内閣は総辞職し、村山富市を首班とする自社さ連立内閣が成立していた）。

そうした状況を裏付けるものとして、当時、事務の官房副長官だった石原信雄は、取材途中の雑談で、筆者にこう語っていた。

「羽田内閣は非常に不安定だった。（官僚たちは）みんな浮き足立って、『どうなるか』と（私のところに）相談に来ていた。これでは議論になる（重要）法案は出せないということで、右往左往していた。あれは特殊な政権。実際、何の仕事もしないで終わった」

官房長官室の金庫に現金を補填する首席内閣参事官らも、そのへんの足元をシビアに見ていたと思われる。

竹下内閣時代（八七年十月―八九年六月）の官房長官は小渕恵三だったが、当時、政務の官房副長官だった小沢一郎は、官房長官室とは別に自分の副長官室にも金庫を持ち込み、そこに官房機密費を持って来させていたという。

そのころ、小沢は自民党内の最大実力者だった金丸信の厚い庇護を受けており、それを淵源とする「政治権力」を持っていた。

小沢はもともと「田中角栄の秘蔵っ子」として、田中の背中を見ながら永田町で力をつけてのし上がってきたバックグラウンドがあり、そうした「政治とカネ」のシビアな部分を見てきたがゆえに、このような行動を取ったのだと思われる。官房長官だった小渕恵三より「格下」でありながら、小沢が竹下政権内部で大きな発言力を持っていたのは、こうした要因による。

事実、時事通信政治部次長だった田崎史郎が、小沢一郎のオフレコ発言を公表した手記「小沢一郎との訣別」（『文藝春秋』九四年十月号）には、次のようなくだりがある。

〈「選挙の時のカネの配り方を知っているのはおれだけだ。それは二階堂（進。自民党元幹事長）さんがやらんかったもんだから、全部、おれとオヤジ（田中元首相）が相談しながらやったんだから」（八五年三月十四日）〉

「官房機密費を渡すこと」を条件にして誕生した海部内閣

竹下の首相退陣後も、永田町の政局では「経世会支配」が続いたが、その要諦は総理大臣を弱小派閥から担ぎ出すことで、自民党内で圧倒的多数を占める竹下派が主導権を握ることだった。

八九年七月の参院選での自民党惨敗を受け、ワンポイントリリーフとしての宇野宗佑を使い捨て（自民党惨敗の一因に、宇野の女性スキャンダルもあった）、経世会は当時、党内最小派閥の河本派に所属していた海部俊樹を総裁に担ぎ出した（ちなみに、当時の派閥別の議員数は竹下派百五人、三塚派八十九人、宮沢派八十一人、渡辺派七十人、河本派三十一人、無派閥十八人――だった）

この「海部擁立」は、経世会のドンだった金丸信のツルの一声で決まったのだが、そのときの様子を、「竹下派の七奉行」の一人だった渡部恒三は、『週刊新潮』〇六年三月二日号の「50年の50人／『海部内閣』誕生は『金丸邸』で決まった」の中で、次のように述懐している。

〈政治記者の目を盗み、まんまと金丸邸に入った渡部氏。応接室には、金丸氏、竹下氏のほか、橋本氏を除く小渕恵三、梶山静六、羽田孜の各氏ら竹下派七奉行がズラリと顔を揃えた。

「間違いなく橋本（龍太郎）が大本命で、本人も90％以上やる気だった。で、いざ誰にするかという段階になって、橋本で大丈夫かということになった。正確に言うと、橋本には女の噂があってね。これが問題ありとなれば、別の人を立てるしかないというわけだ」（渡部氏）

経世会には宇野政権を作った責任があるという言い訳は、きれいごとに過ぎなかったのだ。

「金丸邸に来る前に、奥田（敬和）と小沢がホテルで橋本に直接、問い質した。結局、二人は金丸さんに〝女の問題はありません〟と報告できなかったんだよ」

この時点で、金丸氏は橋本氏の擁立を諦めた。そこで、迷うことなく海部氏の名を口にしたのだという。

「すると、金丸さんは〝おい渡部君、キミは海部君と早稲田で一緒だったよな。（海部は）こっちの方は大丈夫かと小指を立てて私に聞くんです」

二人は早大3年の時、渡部氏が雄弁会の幹事長、海部氏が副幹事長を務めた仲だ。以来、50年の付き合いになる。

「海部は、真面目な男だからね。愛妻家なのは誰もが知っている。ですから、直ぐに金丸さんには〝（女の問題は）絶対心配ありません〟と言った。そしたら、金丸さんがその場で、派として海部を推すということをあっという間に決めたんです。宇野に続いてまた女性問題でしくじるわけにはいかない。海部のいた旧三木派はクリーンなイメージがあったし、力のない派閥だったからね。金丸さんとしたら、海部を立てることはグッドアイデアだったんでしょう」〉

このとき、海部擁立の条件として、経世会が突きつけた条件が「官房機密費を渡すこと」だったされている。

海部総理大臣が自分で盆暮れ、金丸信に三億運んだ

当時の事情をよく知る自民党関係者は、こう明かす。

「私が知っている機密費のおどろおどろしい使い方といったら、海部が総理大臣のとき、盆暮れに金丸さんのところに三億円ずつ持っていったということだろうか。総理が自分で現金の束を運んだという話だ。政権を延命させたければ、総理大臣だって、それくらいのことはする」

このように首相としての海部は完全に経世会に首根っこを抑え付けられ、自民党総裁としての二年の任期が切れる直前の世論調査（九一年九月十八日付け朝日新聞朝刊）では、内閣支持率が五〇％、さらには「海部の続投支持」が「交代希望」を二ポイントも上回る四四％もあったにもかかわらず、経世会が「海部続投」を支持しなかったため、再選できずに内閣総辞職へと追い込まれている（このときの事情を簡単に説明すると、小選挙区導入を柱とする公職選挙法改正案などが廃案に追い込まれたため、海部がこれについて国民に「信」を問うべく、「解散・総選挙」に意欲を示したことに、経世会、すなわち、金丸が反対だったためである。金丸の内心では「雇われマダムの分際で、オーナーであるワシに逆らいやがって」という憤怒は、おそらくあったと推察される）。

こうした事情を裏付けるものとして、前出の小沢一郎のオフレコメモ「小沢一郎との訣別」には、次のようなくだりがある。

「担ぐミコシは軽くてパーがいい。担ぎ手の思うがままに動く」

「海部さんはキャパシティがないからいいんだ。みんなから馬鹿だと思われている。それで満足させている。こんな政権初めてだ」

既に説明したように、官房機密費のうち、とりわけ、官房長官室の金庫に入る毎月一億円前後の「官房長官扱」の枠は、官房長官の専権事項とされている。

しかし、これらを含めて、官房機密費を「誰」がコントロールするかは、政権中枢にいる人間たちの「力関係」が大きく影響している。つまり、カネは「権力を持っている人間」のところに流れていくのである。

ある財務省のキャリア幹部は、こう語る。

「別に政治家は、機密費の会計のしくみがどうこうなっているというところまで関心はない。とにかく、総選挙とか、必要なときに必要なだけのカネが手元にあればいいんだ。だから、オモテの枠がなくなっても、時の政権中枢が『どうしてでもカネを持って来い』と指示してくれば、我々は何とでもやりくりする。それが権力というものだ。官邸に上納する機密費的な予算は、あの松尾の事件が発覚するまでは外務省だけでなく、各省庁にあった。外務省でも外交機密費だけでなく、官邸から指示があると、ＯＤＡの諸謝金なんかも同じように上納して、国対などに使っていた。私が知る限りでは、機密費の使い方がいちばん凄かったのは野中広務だ。あの自自公路線といい、沖縄サミットの開催といい、一連の重要法案の国会成立といい、『何が何でもやるんだ』という権力者としての揺るぎない確固とした意思があった。官僚もそういう部分には敏感に反応する」

千疋屋から鮨兆まで、官房機密費で毎月二千万円支払

官房機密費のうち、官房長官室の金庫に入る「官房長官扱」の分については、官房長官、もしくは官房長官の秘書官が相手に対して、直接、手渡しするのであるが、それ以外の種々雑多な支払い、例えば、官房長官が料亭で政治家と一席設け、一杯やったりした際の料亭のツケなどは、後で請求書をまとめて官邸に送ってもらい、機密費を扱う事務方である「首席内閣参事官―官邸事務所長」のラインで入金処理を済ませ、官房長官は事後決裁を行なうという形を取る。

このように、官邸が官房機密費で支払った飲食代等の種々雑多な支出の具体例がオモテに出るということはほとんどないが（仮に、そういった書類の情報公開請求をかけたところで、そういった支払い先を示す請求書や領収書の類は、〝国家上の機密〟を理由に、まず、間違いなく非開示となる）、ごく例外的にそれがマスコミにスッパ抜かれたケースとしては、『週刊宝石』の九八年四月九日号（「全マスコミができなかった驚愕スクープ／高級料亭から銀座のクラブまで、首相官邸の『官房機密費』使用明細をスッパ抜く！」と、翌同月十六日号（「一挙公開！私的飲食からマスコミ対策までの首相官邸の〝ウラ金〟明細リスト52件」）の記事がある。

これは、橋本内閣時代の九八年二月末、「総理官邸　首席内閣参事官」の依頼で銀行振込を行なった計五十二件、総額千二百十九万四千百三十三円分の入金記録を示す一覧表で、すべて手

書きで、連絡先の欄には官邸の電話番号と、「落合」と、当時、官邸事務所長だった「落合昭」の名字が書いてあった（なお、当時の官房長官は村岡兼造）。

その五十二件分の支払い先と、金額は次の通りである（記事中では、個人はイニシャルで伏せてあり、特定できなかったところは「不明」としている）。

赤坂慶亭（料亭）36、828円▽アルマ（西洋料理店）77、220円▽ワンビシ産業（ガソリンスタンド）49、140円▽有栖川清水（料亭）813、312円▽E・S（個人）160、330円▽天一（てんぷら店）162、043円▽大漁（ふぐ割烹）714、280円▽鮨兆（すし店）162、000円▽大万（割烹）59、330円▽アンドレ（西洋料理店）47、875円▽網元満平（割烹）121、651円▽エルトゥーラ（イタリア料理店）118、800円▽中条商事（不明）349、509円▽赤坂うきよ（料亭）326、700円▽葵鮨（すし店）43、200円▽村井総業（とんかつ店）10、600円▽K・M（個人）5、000円▽ファンダーズコーポレーション（弁当宅配）9、701円▽宮川（うなぎ店）10、500円▽H・Y（個人）1、154、931円▽M・K（個人）15、000円▽石本花木園（造園業）519、750円▽やまざき（枡製造）310、880円▽琉球総合開発（ホテル）70、092円▽那覇ハイヤー（ハイヤー）62、100円▽稲木商工（貴金属製造販売）53、550円▽日本パーティーサービス（食堂）30、100円▽京樽（すし店）31、500円▽交通写真工芸社（専門写真館）１３３、８７５円▽タマヤ（割烹）５、９８０円▽なだ万（料亭）１、１１３、０００円▽寿司岩（すし店）３３、０２６円▽山田屋（料亭）１１２、５０６円▽鮨駒（すし店）５２、０５６円▽カムン（不明）６０、０００円▽松島（割烹）１７５、９３２円▽麻衣子（クラブ）１９５、１５０円▽茶寮あら井（料亭）３１４、３４９円▽徳寿（すし店）２８７、５２２円▽照よし（料亭）９９０、１４４円▽ホテル西洋（ホテル）４７３、９３２円▽一一（料亭）３９、５２８円▽外松（料亭）３４５、１５８円▽福臨門酒家（中華料理店）１７１、７８４円▽銀座千疋屋（フルーツパーラー）３１、５００円▽中外徽章（貴金属製造販売）８０１、１５０円▽松本徽章工業（貴金属製造販売）１００、８００円▽カメラ太陽堂（カメラ店）３４、６５０円▽ムラヤマ（内装工事業）８３４、７５０円▽パレスホテル（ホテル）８０、８８９円▽たつむら（料亭）１１９、８８０円▽ちとせ（菓子店）１６０、６５０円

こうした銀行振込による官邸からの支払いが、一カ月で計約千二百万円というのは少ない方で、多い月だと二千万円を超えることもあるという。

赤坂にある高級料亭「照よし」は、官邸側と内閣記者会が定期的に懇談会を開いている場所である。貴金属製造販売の中外徽章や松本徽章工業については、首相外遊の際同行する記者章やカフス、ネクタイピンなどの制作費に充てられているもので、カフスやネクタイピンは七宝焼。もちろん、そのままプレゼントされる。

カメラ太陽堂については、写真撮影が趣味だった橋本龍太郎御用達の店で、当時の週刊宝石の取材にも、店側は、橋本事務所や総理府と取引があったことを認めている。

あと、例えば、「タマヤ（割烹）5、980円」とか、「宮川（うなぎ店）10、500円」といった、割合、小口の支払いも含まれている。

小泉首相の飯島勲秘書官はホテル代が毎月百万以上

官邸に常駐する首相秘書官や首席内閣参事官らの飲み食い代なども、じつは官房機密費で落としている。

九〇年代に官邸に勤務していた関係者は、言う。

「総理の秘書官には、自宅が千葉とか遠い人間もいて、そういう人は帰らずに、料亭で一杯ひっかけてから、官邸のすぐそばのキャピトル東急の部屋でマッサージを呼んで、そのまま宿泊し、翌朝はそこから官邸に出勤していた。出所はみんな官房機密費。あと、首席（内閣）参事官も相当、料亭に入り浸っていた。私のときは羽毛田（信吾）さん。要は、みんな機密費にタカッてるわけだ。ひょっとして、機密費のいちばん多い使い道ってのは、そうやって、総理大臣や官房長官をはじめとして官邸の人間がいろんなところで飲み食いしたり、もしくは外遊なんかで摘んだりする分じゃないのかな。なにせ、面子が少ないからね」

で、総理大臣や官房長官以外にも、こうして、官邸で機密費の執行にタッチしている事務方の職員たちも、その恩恵に与っている点について、宮沢内閣時代の官房長官だった加藤紘一は筆者に、こう語っている。

「官邸事務所長が（機密費を）使い込んで、こっち（＝官房長官室）に来ないということがあった」

同様に小渕内閣の政務・官房副長官だった鈴木宗男も、こう話す。

「事務方の首席（内閣）参事官とか、そこの部屋にいる連中も飲み食いとか、（官邸の）近くのホテルとかに泊まったりして（機密費を）使っている」

こうした事例としていちばん目立ったのは、小泉内閣の首相秘書官（〇一年四月―〇六年九月）だった飯島勲のケースだったのではないだろうか。

千葉県内に自宅があった飯島は、首相秘書官就任後、赤坂プリンスホテルを定宿とする一方、さらに政治家同士の密会用としての部屋も別にまた一室を借り上げていた。ちなみに、赤坂プリンスホテルの一泊の宿泊料金（〇四年、サービス料一〇％と消費税込み）は、ビジネススイートルームで四万二千七百三十五円―五万五千九百七十五円、スイートルームで九万二千四百円―十三万八千六百円である。スイートクラスの最も安い部屋でも一カ月間あたり、計百二十八万二千五十円に達し、とても本給による自腹で支払える金額ではない。

安倍晋太郎―安倍晋三と親子二代官房長官で裏金タッチ

データとしては少し古いが、こうした官房機密費によって高級料亭が潤っていた情景を描写したものとして、一九七八（昭和五十三）年一月から十一月までの約十カ月間、赤坂の「大野」で下足番を務めていた小高正志の手記『夜に蠢く政治家たち』（エール出版、一九八一年）がある（手記中、料亭の名前は「Ａ」と匿名になっている）。

当時は、福田内閣の時代だったが、この「大野」は当時、官房長官だった安倍晋太郎の行きつけの店だったが、同じ福田派で政務の官房副長官だった森喜朗、また、父親の首相秘書官をしていた福田康夫の名前も頻繁に出てくる。

〈安倍長官はＡ（※「大野」のこと）の常連で、よく利用される。相手は政治家、企業のトップ、マスコミ関係者、官僚など、幅広い。忙しいらしく席が暖まらない感じだ。農林大臣時代に、各地の米をＡに持ち込み、味を食べ比べたために、お勝手のおばさんは釜が足りなくなって困った、というエピソードもある。仕事熱心なのだろう。

いつも陽気。だから安倍さんの席は賑やかである。岸さんの女婿という毛並みのよさゆえか、物腰は柔らかい。しかし、一方では芸者さんに軽口を叩くという愛嬌があり、受けもよい。

麻雀は好きらしく、忙しい中を縫って、よく来られる。相手は先生方や、芸能人などである。でも勝ったという話はあまり聞かない。お内儀さんとは古い友人のように親しい。長い付き合いなので、安倍さんにとっては、自分の家という感じだ。〉

安倍晋太郎はこの料亭を接待麻雀にも使っていたようだが、支払いは内閣官房充てに請求書を回し、料亭の銀行口座に振り込んでもらうという形を取っていた。なお、この「大野」には、安倍以外にも、各省庁から出向してきていた官房長官秘書官らがよく来ていたと記されている。

安倍晋三首相もまた、父親と同じ官房長官の職にあった（〇五年十一月—〇六年九月）。官房機密費のシステムが基本的に変っていないのだから、安倍も官房長官時代に「一カ月一億」の裏金を毎月扱っていたことになる。彼が「美しい国・日本」を目指しているのであれば、なおさらのこと、自らが執行にタッチしたこうした「官房機密費の中身」に対する説明責任があるのではないだろうか。

「官房機密費が『機密』のために活用されることは殆どない」

七三年から約二十年間、自民党本部事務局に勤務していた伊藤惇夫（現・政治アナリスト）は、『永田町「悪魔の辞典」』（文春新書、二〇〇四年）の中の、「官房機密費」の項で、こう記している。

〈「伊藤ちゃん、今晩暇？」

自民党本部に入ってまだ間もない頃、2週間に一度ぐらいのペースで、こんな電話がかかってくることがあった。電話の相手はなぜか仲よしだった時の官房長官の政務秘書官である。秘書官殿に付き合うことになると、その晩は銀座、赤坂、六本木と飲み歩き、最後はハイヤーで自宅の玄関に横付け、というのがいつものパターン。あまりにも派手な遊び方に、しばらくして不安を感じ始めた私は「こんなことしてていいの?」と訊いたが、秘書官殿の答えは明快だった。

「気にしなくていいんだよ。オヤジ(官房長官)から『新聞記者やオピニオン・リーダーたちとはどんどん飲め』って言われているし、逆に金の使い方が少ないと怒られる。でも、毎晩、連中と付き合ってると疲れるから、伊藤ちゃんには息抜きの相手をしてもらってるんだよ」〉

伊藤はこうした飲み代の「出所」が官房機密費からだったことをはっきりと明かしたうえで、その『永田町「悪魔の辞典」』では「官房機密費」について、次のように説明している。

「総理大臣や官房長官が自由に使える交際費。『機密』のために活用されることは殆どない。領収書は不要」

官房機密費が「オフィシャルな権力の裏金」の保守本流であるとすれば、その「使途」の最大目的は、「権力基盤を維持する」ということに尽きる。

その要諦を一言で言えば、「カネの力で相手を篭絡する」ということである。具体的には、与野党対策（国対）、選挙買収、マスコミをはじめとする言論・文化人らの懐柔、さらには、スキャンダル潰し、である。

日清、日露戦争の「富国強兵策」支援マスコミ対策に機密費

歴史的に見ても、一八九〇（明治二十三）年に初めて召集された帝国議会で、予算案を成立させるべく、民党（当時の野党）切り崩しのために大量の内閣機密費を投入し、そのスキャンダルが国会質問で暴かれたことが、わが国憲政史上初めての解散・総選挙の理由だったという点は、既に述べた。

その後、当時の朝日新聞をはじめとする大新聞が、こうした内閣機密費の提供を受け、その見返りという形で、日清、日露戦争へと突き進む明治政府の「富国強兵策」を強く後押しする論陣を張ったというのは、広く知られている。

こうした事情を裏付けるものとして、『新公論』という当時の雑誌の一九一一（明治四十四）年四月号に、次のような記事が掲載されている。

〈何れも春秋二期、或は四季に一回宛懇親会を催ふし、各省の新聞記者操縦掛は勿論主なる局長、次官、時には大臣まで出席し、何れも主人とも客ともつかずそれぞれ威厳を撤して、胡座で君僕の無礼講、芸妓も揚げて都々逸の歌ひ合いなど却々盛んなものであった。平田内相の如

きお白粉嫌いにても、又女知らずと称せらるる岡田文部次官の如きにても、この席に出て記者に杯もさし手酌もして、世話に砕けた機嫌取り振りには、如何に石部金吉の記者殿もコロリと参って御忠勤を励むやうになる者なり。古来より、金、酒、女、此の三種の魔力には大抵の男は敵し得ぬ事と相場が定まり居れるが、政府は暮夜実に此三大魔力を使い分けして、当世新聞記者の良心を麻痺せしめ、首尾能く一種の去勢を掛け了し、扨て白昼堂々として政府筋に利益ある種のみ供給す。誰れか政府筋に不利益なる記事を掲ぐるものあらんや。桂内閣は実に斯くし、其成さんとする所を思ふ儘になしつつあるなり。〉

内閣の機密費で野党を切崩した大浦事件（大正時代）

記者クラブのルーツは、第一回帝国議会の際、東京の有力紙が議会の筆記権巡って政府と交渉するために結成した「議会入り記者団」とされ、そうした記者の溜まり場所が、後に政党本部や一部の役所にもできていった。それが「記者クラブ（倶楽部）」や「記者会」と称せられるようになったのは、この桂内閣の時代である。

これに続く大正時代初期には、「大浦事件」という、内閣の機密費を使った大掛かりな野党切り崩し工作が、検察当局に摘発されている。

これは、大隈重信内閣時代、農商大臣と内務大臣を務めた大浦兼武が、一九一四（大正三）年十二月、衆議院書記官長だった林田亀太郎に命じて機密費を支出させ、野党の立憲政友会を切り崩し、陸軍二師団の増設案を通過させようとしていたものである。

当時、大浦は農商大臣だったが、内務官僚として大阪府警察部長、警視総監などの要職を歴任し、元老・山県有朋の信任が厚かったこともあって、内閣の機密費を自由に使える「議会操縦掛」の職も兼務していた。

この陸軍二師団増設案は、結局、野党が多数派を占めていた議会で否決されたことを受け、同年末、大隈は衆院の解散に踏み切るが、その際、大浦を農商大臣から内務大臣に任命し、総選挙の指揮を執らせた。

総選挙は翌一五（大正四）年三月二十五日に行なわれ、首相の大隈を支える立憲同志会などの与党が立憲政友会に圧勝したが、このとき、香川県丸亀市を地盤とする選挙区で、大掛かりな選挙違反事件が摘発され、ここから芋づる式に大浦の機密費流用による議会工作が発覚したのである。

この丸亀の選挙区から立候補しようとしていたのは、当時、政友会に所属していた白川友一という現職議員だった。

ところが、この選挙区に強力な対抗馬が立候補を予定していたため、白川は内務大臣だった大浦に対し、現金一万円を渡し、この人物の出馬を取りやめるよう働きかけていたことが、白川陣営の選挙違反捜査の過程で浮上した。実際、大浦は当時の内務省警保局長を通じ、地元の警察部長に圧力をかける一方で、自らもその対立候補者だった加治寿衛吉を説得し、立候補を断念させていた。

で、その前年の十二月、例の陸軍二師団の増設を巡り、衆院が解散か否かで浮き足立っていた最中に、「議会操縦掛」だった大浦から、衆院書記官長の林田亀太郎を通じ、賛成のとりまとめの謝礼として、この白川に計三万余円が機密費から渡され、そこから先、政友会の議員十数人にもカネが渡っていたことが、政友会内部の議員の告発によって、明るみとなったのである。

これをきっかけに検察（当時は地裁検事局）が汚職事件として捜査に乗り出し、高松地裁検事局は、衆院書記官長の林田を贈賄罪で、また、機密費を受けとっていた政友会などの議員十四人を収賄罪で起訴した（一審判決では、全員が有罪）。

捜査の焦点は、内相だった大浦の刑事処分だったが、これは当時、検事総長だった平沼騏一郎（一八六七―一九五二。一九三九年には首相を務める）が政治的判断で、「大浦の内相辞任、政界引退」と引き換えに「起訴猶予」としたことを、自らの回顧録の中で明らかにしている。

90年前の内閣機密費醜聞は一議員の執念の内部告発から

この大浦の罪状を告発したのは、当時、政友会に所属していた村野常右衛門という衆院議員だった。総選挙から約三カ月後の一九一五（大正四）年六月十七日、村野はこう、大浦を弾劾している。

「大浦内相を告発したのは、自分の一身を賭して企てたので、三十幾年憲政に尽くした自分の真心から涌き出たのである。内相の一万円事件に関係あることは、自分は信じて疑わぬが、林田書記官長が、起訴されたとなると、この問題は全部林田書記官長が背負って立つことは、過ぐる議会の委員会のときの様子から推して明瞭である。自分は今日まで単に告発しただけで、それ以外は神聖なる司法権に信頼して事件の成り行きには一向注意しなかったが、林田書記官長がやられたということは、同氏には気の毒だが、自分の初志が幾分達せられたわけである。この際、果たして内相が潔白であるならば、自分を誣告罪に問いでもするようなことがあれば、結構だと思う。それはともかくも、内相は官憲を応用して選挙に勝つと同時に辞職するのが当然だったので、今となっては時期を失しておる。なお、政友会がこの事件をきっかけに内閣乗っ取りをやるだろうなどという人々もあるが、自分の考えとしては、政友会はなお両三年、野にあって野党の苦しい経験を積んだ方がよいと思う」

当時の政治状況を説明しておくと、明治末期から日本の財政事情は極めて悪化していたにもかかわらず、一九一一（明治四十四）の辛亥革命を満州における権益強化の絶好の機会とみた陸軍は、朝鮮に駐屯させる二師団の増設を強く求めていた。

ところが、明治天皇の死去で大正天皇が即位すると、時代の空気が一変し、「閥族打破、憲政擁護」を掲げる護憲運動（第一次護憲運動）が広まっていき、世に言う「大正デモクラシー」の幕開けとなった。

当時、立憲国民党の犬養毅と立憲政友会の尾崎行雄はこの運動の中心となり、陸軍出身の桂太郎は、国民党の一部を加えた新政党（のちの立憲同志会）を立ち上げ、これらに対抗したものの、少数与党だったため、わずか五十日間で退陣を余儀なくされた（これを「大正政変」という）。

さらに、これに追い打ちをかけるように、一四（大正三）年には、軍艦購入に関わる汚職、シーメンス事件が勃発し、何としてでもこの陸軍二個師団の増設を実現したかった元老と陸軍は、同志会を与党にし、言論界と大衆に人気のあった大隈重信を首相に引っ張り出して組閣し、師団増設に反対していた政友会に打撃を加えようとしていた経緯があった。

結局、懸案の陸軍二師団の増設案は、この一五（大正四）年三月の総選挙で圧勝した同志会など与党の賛成多数で成立をみた。しかし、村野の告発によって、検察の捜査が大浦の身辺に迫ってきたことから、同年七月二十八日の閣議で、大浦は機密費を使った一連の野党工作の事実を認め、内相を辞任した。

これだけにとどまらず、首相の大隈重信も、天皇に総辞職を奏請したものの、慰留されてその職に留まるという「狂言辞職騒動」にまで発展し、こうした対応に不満を抱いた外相、蔵相、海相の三閣僚が辞職するという、大揺れの結末となった。

今から一世紀近くも前の大日本帝国治世下で、こうした機密費スキャンダルが明るみになった背景を見ていくとき、当時の「大正デモクラシー」という時代の空気の変化が引き金となった、政友会から同志会への「政権交代」が、大きな要因としてある。

いわば、手の内を知り尽くした者が「野」に下ったことで、そうした「政権与党の膿《ウミ》」を追及しやすい状況が整っていたところに、「村野常右衛門」という政友会に所属していた衆院議員の乾坤一擲の告発が、とどめを刺した格好になった。思うに、時代状況を動かすのは、結局のところ、最後は、おそらく、一人の人間の断固たる決意と行動なのであろう。

10　マスコミ抱込み、対立候補下ろしに官房機密費

「背広代千万、パーティー三千万、餞別二千万」（加藤紘一の出納長）

官房機密費のうちでも、とりわけ、官房長官室の金庫に入って、官房長官の手によって執行される「官房長官扱」の分については、領収書を全く残さない習慣になっているので、「使途」については、当事者が喋らない限り、オモテに出ることはない。

ごく極めて稀な例外として、加藤紘一が宮沢内閣の官房長官時代、官房機密費のうちの一部の使途を記した金銭出納帳が、共産党によって暴露されたことがある。

これは、共産党委員長の志井和夫が〇二年四月十二日、記者会見して明らかにしたもので、共産党が入手したのは、①「コクヨの金銭出納帳に手書きで書かれた、加藤紘一が官房長官在任中の九一年十一月から九二年十二月までの十四カ月分の金銭出納簿」、②「①を月毎に収入、支出別に整理した、「内閣」の用箋に手書きで書かれたメモ」、③「①を支出目的別に整理した、「内閣」の用箋に手書きで書かれたメモ」――の三点である（これら資料のコピー全文は、〇二年四月十三日付けの『赤旗』が掲載）。

会見で志井は「ある人物から提供された資料で、（機密費の帳簿という）説明があった。加藤

長官が使う分の機密費の執行にかかわった人物が明細を出納帳に記載し、官邸職員がそれをもとに収支などを整理したもの」と述べている。

ただ、出納帳に記載されている毎月の「収入」のほとんどが「長官より」とあるものの、官房長官在任中の十四カ月間で、その総額は一億四千三百八十六万円と、「官房長官扱」で執行する金額のうちの一割程度に過ぎず、これは、加藤の個人事務所を経由して執行された分とみられている（なお、加藤は筆者の取材に対し、共産党が入手したこの資料の件については何も答えなかった）。

その金銭出納帳の記載では、一回の入金額はほぼ百万円単位（八百万円、六百万円、五百万円、三百万円、二百万円、百万円）で、平均すると毎月一千万円前後に達していた。

一方、支出では、内訳別にみると、最も多かったのは「国会対策」で計三千五百四十七万円。「背広代」名目として、当時、公明党参院議員団長だった黒柳明に百万円（九一年十一月二十六日）、同党選対副委員長だった鶴岡洋ら三幹部に百六十万五千円（同十一月十四日）とある。ただ、同じ与党だった自民党議員に対する支出も多く、自民党総務会のメンバー三十九人への「背広代」として計千百七十万円、また、河本敏夫、海部俊樹に各三百万円、自民党の政治改革本部長代理だった粕谷茂に二百九十万円など。

次いで「パーティー」が七十七件、計三千二十八万円。「励ます会」「出版記念」などの名目で開かれた政治家のパーティー券購入や寸志に充てられたものとみられ、自民党議員だけでなく、野党の議員にも支払われていたことが記されている。最も高額だったのは、自民党参院議員の久世公尭、楢崎泰昌に対する三千万円。野党でも民社党政審会長だった中野寛成に五十万円、また、当時、社会党の若手議員が結成していた「ニューウェーブの会」にも百万円の記載がある。

このパーティー名目での支払い先を拾い上げると（カッコ内は金額）、山本有二（十万円、二十万円）、武部勤（十万円、二十万円）、中谷元（三十万円）、中曽根康弘（三十万円）、山東昭子（五十万円）、山口敏夫（三十万円）、小林興起（三十万円）、武藤嘉文（三十万円）、川崎二郎（二百万円）、佐藤孝行（三十万円）、杉浦正健（二十万円）、片山虎之助（二十万円）、中尾栄一（二十万円）、桜井新（二十万円）――などである（なお、川崎二郎が「二百万円」と他の議員より桁が一つ多いのは、加藤と同じ宏池会の所属で、加藤と近い関係にあったことが影響していると思われる）。

この他、パーティー関連の支出で目を引いたのが、九二年四月七日の「江沢民歓迎パーティー」に四十万円で、これは加藤が「親中国派」として、中国最高首脳との関係にも気を使っていることが窺える。また、九二年六月二十五日には、毎日新聞特別顧問で政治評論家の「岩見隆夫パーティー」に十万円とあるが、これは岩見が日本記者クラブ賞を受賞したことを受け、同僚らが会費一万円のパーティーを開催、政治家も含めて七百―八百人が出席していたが、そのときの「祝い金」とみられる。

「餞別」に分類されているものが、総額二千四十三万円（二十件）。自民党幹部や官僚、官邸警護官ら多岐にわたる。このうち、金銭出納帳に「餞別　綿貫100、小泉、熊谷50」と記され、計二百万円が支出された九二年四月二十八日の翌日には、当時、自民党幹事長の綿貫民輔（のち、衆院議長、国民新党代表）が、同副幹事長の小泉純一郎（のち、首相）、同副幹事長の熊谷弘（のち、官房長官、民主党国対委員長）とともに、自民党としての東欧諸国訪問に出発している。なお、加藤紘一は筆者の取材に対し、こうした国会議員の外遊の際、官房機密費から餞別として支出していたことを認めている。

「政府の付合う団体、審議会、内政に三分割支出」（塩川正十郎）

こうした官房長官室の金庫に入って、官房長官の手で直接、執行される「官房長官扱」の官房機密費の「使途」について、宇野内閣の官房長官だった塩川正十郎は、『VIEWS』九四年二月二十三日号の記事で、次のように述べている。

「官房機密費の使途はそれほどいい加減ではないんだ。大雑把にいうと、3分割され、一つは政府が付き合いをする団体に流れる。これは600団体くらいある。もう一つが種々の審議会や諮問機関にかかる費用。これは政府がお願いしてお集まり頂くわけだからこちらで費用負担するのは当然だろ？　残る3分の1は内政だ」

ここにある「内政」とは、要は、「政権基盤を維持するうえで必要な政治的な運営経費」のことで、具体的には、既に触れている国対や選挙、餞別などである（それは、現金の場合もあるし、料亭や高級クラブなどでの飲食のこともある）。

塩川自身、〇一年一月二十八日に放映されたテレビ朝日系の「サンデープロジェクト」で、次のように語っている。

「野党対策に使っているのは事実です。現ナマでやるのと、それからまあ、要するに一席設けて、一席の代（金）をこちらが負担するとか」

もっとも、塩川はこの三カ月後に発足した小泉内閣の財務相に任命され、このときの発言が国会で野党から追及されると、「（具体的には）忘れた」「覚えていない」（〇一年五月十五日の衆院予算委）、「週刊誌に書いてあったのを、さも、自分の体験したかのような錯覚に陥って喋ってしまったのかな、と今では深く反省している」（同月二十二日の参院予算委）などと、見苦しいばかりの言い訳に終始している。

〇一年六月十八日の参院決算委員会で、平野貞夫（自由党副幹事長）が、かつて衆院事務局時代、自ら国対において現金の運び役をやり、具体的には中曽根内閣時代、与野党の衆院議運のメンバーが欧州訪問をした際、同行した平野が当時の官房長官・後藤田正晴宛に、議運連名の餞別の礼状を代筆した経験を暴露した。そこからたたみかけるように「（機密費が野党対策に使われたとの）財務相は本当だ。あるいはそれ以上のことが行なわれていた」と、平野が追及すると、塩川は「平野さんはみんな知ってるんでしょう。ボクのことは勘弁してほしい」とかわすのがやっとだった。

その平野によると、官邸から国対にカネが回ってくるようになったのは、外務省から官邸への機密費の上納が始まった一九六六（昭和四十一）年度以降のことだといい、そうした内幕を明かした『ヨミウリウィークリー』〇四年二月十五日号のインタビュー記事で、平野はこう語っている。

〈結局、椎名さんの要求通りに予算がつき（※当時、佐藤内閣の外相だった椎名悦三郎。日韓基本条約の締結を担当する一方、前述したように外交機密費の増額を要求していた）、結果、官邸から国会対策費がくるようになりました。副議長秘書だった僕は、当時の官房副長官、竹下登さんのところにもらいに行ったものです。白い封筒に入って月に３００万くらい。

――そうした機密費は、どう使われたのですか。

当時、自民党の議運理事の末席に、金丸信（のち副総裁）さんがいました。「社会党と飲みに行くから出してくれ」「今日は石和温泉に（野党理事を）連れていく」などと言われ、１回につき、だいたい20万円ぐらい渡しました。相手はそのころ社会党の議運を担当していた議員だと思います。このあたりから、議員が海外視察にいく際の餞別、盆暮れの金が出るようになりま

したね。〉

「竹村健一三百万、田原総一朗百万、三宅久之百万……」の極秘メモ

塩川の言うところの「政府が付き合いをする団体」だが、じつは何とでも受け取れる、極めて融通の効く表現ではあるが、一義的には、各省庁が関係する団体への補助金や賛助金でありながらも、中には「利害関係」にあることから、省庁からの直接の支出が禁じられているところもあり、そうしたところを官邸がまとめて面倒を見ている形になっている。それゆえ、こうした「政府が付き合いする団体」の中には、例えば、北方領土の返還を強く求めている団体や、ブラックジャーナリズム的な情報誌に対する購読料も含まれる。

また、「種々の審議会や諮問機関にかかる費用」とは、ある政策を実行に移すにあたって、そういう方向に世論を誘導していくため、概ね時の政府・与党寄りの学者・文化人らを集めて会合を開き、意見を取りまとめることがあるが、それにかかる交通費や謝礼である（こうした費用は、予算を組む一年以上も前から判明していないことが多く、臨機応変に対応する必要があるため、官房機密費から拠出されている）。それゆえ、こうした費用は、「マスコミ・文化人対策」の一部でもある、といえる。

ある元官房長官秘書官は、こう話す。

「総理大臣に意見を具申するってことで、結構、マスコミ的には硬派で有名な大学教授が、与党議員と一緒に総理のところに行ったんだけど、それで出されたのは、ペラペラの何枚かの紙に書かれたスカスカの文章だった。で、総理のところに行く前に官房長官室にやってきて、ちゃんと、（官房長官から）カネを貰っていくんだ。あと、著名な政治評論家と一席設けて、そこに政府・与党の関係者を絡ませ、一緒にメシを食うこともある。名目は『講演』とか『勉強だが、まあ、雑談だね。その際、現ナマを渡す。こうやってカネを握らせておけば、あんまり我々を攻撃してくるような言論も吐いて来ないでしょう。連中を飼い馴らすための必要経費ですよ」

細川内閣で官房長官を務めた武村正義は、筆者にこう語っていた。

「使い道を考える前に、いろんな付き合いのある人がやって来る。議員の外遊とかになると、その議員団長とかに渡す。アジアで五十万、アメリカ、ヨーロッパで百万とか。基本的に（機密費を渡す額は）百万円が単位。マスコミ関係も貰いに来た。名前は言えないが、テレビにも出ている有名な人物で、そういった人間がやっている勉強会にも出した。出すのも百万単位。だいたい、毎日のように支出していたように思う。慣例というか、向こうから（タカリに）来るんだ。本当だったら、もう少し、渡した人間にありがたみを感じてもらっていいのになあ、と思うが……」

こうした官房機密費を使った、マスコミ・文化人対策、さらには、ブラックジャーナリズムに対する支払いの具体例が表沙汰になるケースはほとんどないが、これまでの報道などから、その数少ない例をいくつか挙げる。

まず、『フォーカス』の二〇〇〇年五月三十一日号が、「極秘メモ流出！／『内閣官房機密費』を貰った政治評論家の名前」のタイトルの記事で、八九（平成元）年ごろに作成されたという、「官房機密費を渡した先の政治評論家らの実名リスト」を掲載している。

このリストは、「内閣」の文字の入った用箋二枚に手書きされたもので、氏名の右隣に「１００」とか「２００」といった数字が書き込まれている。うち、マスコミ・文化人関連とみられるうち、黒塗り部分から外されて氏名が判読できるのは、次の通りである（単位は万円）。

竹村健一　２００▽藤原弘達　２００▽中谷武世　２００▽田原総一郎《ママ》　１００▽俵孝太郎　１００▽細川隆一郎　２００▽宮崎吉政　１００▽早坂茂三　１００▽中村慶一郎　１００▽宮原政人　１００▽山本正　１００▽奈須田敬　１００▽一木香告樹　１００▽五味武　50▽三宅久之　１００▽飯島清　１００▽今村富也（マスコミ情報研究会）　２００▽重本勝弘（現代政治経済研究会）　１００▽田沢和行（アジア外交政策研究所）　１００

「角栄インタビューの後、百万渡されたが返却」（田原総一朗）

このうち、俵孝太郎、細川隆一郎はフォーカスの取材に対し、現金の受け取りを認めている。

「100万円なんて、そんなに多くは貰っていないよ。実際には桁が一つ少ない。当時、政府の審議会や総理の私的懇談会のメンバーになっていたが、報酬は車代程度しか貰えない。それを補うための、まさに報償費として出ていたということです」（俵孝太郎）、「確かに金を届けてきたことはあった。わたしは新聞社を辞めて政治評論家になったが、要するに浪人だ。天から金が落ちてきたら、それは拾う。いつの間から来なくなってしまったがね。でも、それで筆を曲げたことは断じてないよ！」（細川隆一郎）と、それぞれ答えている。

「マスコミ情報研究会」の代表を務める今村富也については、同じリストにも名を連ねている、政治評論家の大御所的存在でもある宮崎吉政の事務所にもいたことがあり、政界のフィクサーや事件屋とも太いパイプを持っていることでも知られる。

業界関係者の間では「マス研」と呼ばれていた、この「マスコミ情報研究会」を今村が立ち上げたのは八〇年代のことで、八〇年代終わりから九〇年代前半にかけて、『フライデー』や『週刊現代』の編集長だった元木昌彦、『週刊文春』の編集長だった花田紀凱らが主要メンバーとして参加。自民党本部に近い平河町に事務所を置き、当時、小渕恵三、羽田孜、奥田敬和といった経世会や、加藤紘一、河野洋平といった宏池会など、自民党をはじめとする政権与党の有力議員ら（他には後藤田正晴、山崎拓、渡辺美智雄など）を招いての講演をはじめ、「勉強会」や「囲む会」と称する宴席を頻繁に開いていたことでも知られる。

また、田原総一朗については、こうしたカネの授受があったこと自体は認めたうえで、フォーカスの取材には、次のように述べている。

「確かに、何度か政治家から金を渡されたことはある。一番最初は、田中角栄だった。インタビューした帰り際に現金１００万円が入った封筒を渡されたが、秘書にそのまま返した。その後も、何人かの首相から申し出があったが、一度も受け取っていない。内閣官房の機密費かどうかは知らないが、受け取れば完全に賄賂です。貰えばその人に対して何も言えなくなってしまうし、すぐに噂が流れて私自身の信頼や評判が落ちてしまいますよ」

ところが、『週刊現代』の〇一年八月十一日号が、このリスト問題を再び取り上げ、田原に電話取材したところ、フォーカスのときとは一転し、こう答えている。

「機密費について？　僕は取材していないからわからないよ。それに私はそんなものをもらったことはいっさいない」

なお、田原に関しては、前出の加藤紘一の官房長官時代の官房機密費の使途の一部を記した金銭出納帳に、九二年十一月十二日、「田原総一朗香典」として五万円を支出した記載がある。取材に田原は「その時期に妻の父が亡くなり、親交があった加藤氏から香典を頂いたのだと思う。個人の支出と思ったから受け取ったのであろうが、機密費から出ていたとすれば迷惑。返すことも考えたい」（〇二年四月十三日付け毎日新聞朝刊）とコメントしていた。

そもそも田原が官房機密費のことを取材したことがある、なしにかかわらず、少なくともジャーナリストとして緊張感を持って、権力と対峙しているのであれば、そうした存在を嗅覚で敏感に感じ取るはずである。で、本当に官房機密費を貰っていたかどうかは、田原自身がこれまでどういう仕事をやってきて、それがどんな結果を日本の政治にもたらしてきたかを検証すれば、自ずと見えてくるのではないだろうか。

「ブラックジャーナリズム」のモデル五味には毎年二百万

このリストに出てくる、五味武は、院内専門誌『国会タイムズ』を主宰し、大下英治の小説『ブラックジャーナリズム』のモデルになった人物としても知られており、マスコミの取材に対し、五味は官房機密費の受け取りをはっきりと認めている。

『サンデー毎日』〇一年十二月九日号（「私は福田官房長官に機密費200万円の札束を投げ返した」）によると、五味は国会タイムズを発行する傍ら、「グローバル・レインボー・シップ」（GRS）というNGO（非政府組織）を運営しており、国会タイムズには創刊以来、三十年以上にわたって毎年六十万円を、GRSにも二十年以上にわたって毎年二百万円を歴代官房長官から貰ってきたことを明かしている。

その五味が、官房長官だった福田康夫に対し、現金二百万円を突き返したのは、〇一年十一月九日正午ごろ、衆院第一議員会館にある福田の事務所でのことである。そのとき、五味は福田とサシで会っており、福田が「どうぞ」と現金入りの封筒をテーブルの上に置いたところ、二人の間で口論となり、福田が「そんなことを言うなら（カネを）返してほしい」と言うと、五味は「お前はオヤジとは違うな！」と吐き捨て、封筒を福田に向かって投げつけたという。

なお、口論の理由とは、当時、与党三党の幹事長がパキスタンに出かけた際、「なぜ、アフガニスタンの難民キャンプに足を伸ばさなかったのか」と五味が問い質したところ、福田が「時間がなかったからだ」と答えたことに腹を立てたからだという。

福田康夫長官の金は「機密費かどうか、聞かないのが常識」

福田はサンデー毎日の取材に、このとき、五味に現金を渡していたこと自体は認めており、「(出所は)自分のポケットマネー、もしくは事務所の経費から出した。金額も半分(100万円)だ」と述べている。

この顛末を報じた『噂の真相』〇二年四月号(「田中真紀子外相更迭の仕掛人・福田康夫官房長官のマル秘機密費疑惑」)、同六月号(「デタラメ使途の実態が初めて判明した官邸機密費なる税金私物化の〝極致〟」)によると、この年(〇一年)の前半に発覚した松尾克俊の機密費流用事件の影響で、こうした福田の支出が急に慎重になり、五味の再三の催促にも逃げ回っていたが、同じ派閥の長老で、当時、財務大臣だった「塩爺」こと、塩川正十郎に言われて、ようやく五味との面会に至ったのだという。五味は、自らが運営するNGOのGRSには、歴代官房長官から、八一年くらいから毎年二回、百万円ずつ貰っていたが、福田の前任者である中川秀直のときは、「一回に二百万円出してくれたこともある」と、五味は明かしている。

なお、カネの「出所」について、福田が「ポケットマネー、もしくは事務所の経費から」と反論していることについては、五味はこう述べている。

「機密費かどうかなんて、あうんの呼吸で聞かないのが常識」

官邸としては、自らの権力基盤の維持に直結する、「世論の動向」には最も神経を尖らせていることもあって、ブラックジャーナリズムも含め、マスコミ対策には力を入れている。

それゆえ、そうした立場にある人間たちを懐柔しようと、酒食で一席設けたり、現金を渡すなどしているわけで、既にオモテに出ている分でも、例えば、前出の『夜に蠢く政治家たち』には、当時、福田内閣の官房長官だった安倍晋太郎の行きつけの赤坂の高級料亭「大野」に、安倍自身はもちろん、政務官房副長官・森喜朗、さらには首相秘書官・福田康夫も新聞記者たちと頻繁に会食している様子が描かれている。また、加藤紘一が官房長官時代の機密費の使途の一部を記した金銭出納簿には、九一年十二月二十日に「番記者忘年会」として三十六万円の支出の記載がある。

橋本内閣の官房長官だった村岡兼造の時代に流出した、「総理官邸首席内閣参事官」名で九八年二月末に官房機密費が銀行振込で支払われた先のリストにあった、赤坂の高級料亭「照よし」は、官邸が内閣記者会のメンバーと定期的に懇談を開いている場所でもあるし、「なだ万」も同様である。あと、銀座の高級クラブ「麻衣子」は、こうしたマスコミの幹部らが頻繁に出入りする〝御用達〟の店だった。

ブラックジャーナリズム的大会に小泉首相の巨大花輪

もう一つ具体例を挙げると、ブラックジャーナリズム的な色彩の強い情報系ミニコミ紙でつくる「社団法人・日本地方新聞協会」（会長、中島繁治・主役新聞社長）の「創設五十五周年記念全国（東京）大会」の懇親会が、〇四年十一月十七日午後六時すぎから、東京・西新宿の京王プラザホテル本館五階のコンコードBCで開かれており、会場には首相・小泉純一郎名の、もの凄く大きな花輪が飾られていたが、こうした「花輪代」も官房機密費から支出される。

なお、同会は〇三年に雑誌媒体の編集者、記者らを集めて「日本報道クラブ」なる所属団体を立ち上げ、そこには元週刊文春編集長の花田紀凱と作家の大下英治が「名誉会員」として名を連ねているが、懇親会ではこの所属団体の設立を祝う名目でも執り行なわれた（※筆者のいう「ブラックジャーナリズム」の定義とは、金銭の提供等をもって記事の掲載を止めたり、もしくはトーンを落とすことを恥じらいもなく行なうメディアを総称しており、規模の大小であるとか、世間的に名が通っているかどうかとか、流通が店頭販売されない会員制であるかどうかとか、また、執筆者が組織に所属しているかフリーランスであるかどうかは問わない。問われるのは、「書かれた」（もしくは、「書かれずにボツにした」）中身である）。

新聞社の政治部記者が取材メモを毎週流して月に18万円

政治部の官邸担当記者は、与野党はもとより、外務省などの各持ち場からの「取材メモ」をアクセスできる立場にあるので、こうしたメモを官房長官に流し、その謝礼として現金を官房長官の側近から受け取っていた「大手ベテラン政治部記者の告白」として、『週刊ポスト』の〇二年五月三日号が紹介している。

それによると、この記者は官邸キャップ時代、週三回、定期的にこうしたメモを自分でワープロで打ち直した後で、親しかった官房長官の側近の内閣官房の職員に渡し、その見返りに、現金入りの茶封筒を貰っていた。最初は一万円、途中から一万五千円にアップし、それが一週間で四万五千円、一カ月では十八万円の〝お小遣い〟になったわけで、それを五年間続けたことで、トータルで軽く一千万円を超えていたことを明かしたうえで、こう述べている。

「カネとメモの受け渡しには気を使いましたね。人目につかないところ、総理府の地下とか、議員会館の中にある面談室などで受け渡しをしていました。もちろんこちらは領収証なんてきらないし、封筒も市販のもので、何も書いてありませんでした。

私が渡した情報はその日のうちに官房長官に上げられていたので、金は間違いなく機密費の一部でしょう。一般の人は意外と思うかもしれませんが、実は官邸には、驚くほど情報が入らないんです。内調（内閣情報調査室）にも情報収集能力がない。もちろん、霞が関からはどんなことがあったのか逐一報告されますが、官邸に不利な情報となるとまるで入ってこない。そこでオフレコの部分も含めて、与野党の政治家がどんな発言をしているのか探っていたんです」

このように、握った情報を自らの手では書かずに、金銭の提供と引き換えに権力に一方的に流す存在を「ブラックジャーナリスト」（もしくは「ブラック化したジャーナリスト」）と呼ぶが、もっとも同様のことは、官邸以上に機密費予算を持っている外務省でもやっている。

具体的には、外務省の「霞クラブ」に所属する記者のうち、都合のいい記事を書く「与党記者」と「野党記者」に色分けしたうえで、「与党記者」に対しては、飲食接待を継続的に行ない、まずは不祥事などの際に筆を抑えてもらうように働きかける。

そうやって、双方の間に「持ちつ、持たれつの関係」が出来上がると、その「与党記者」にカネを握らす方向へと持っていく。

前出の外務省の専門職外交官・佐藤優は『月刊現代』〇六年八月号に寄せた手記（「外務省『犯罪白書』3・対マスコミ謀略工作」）の中で、次のように明かしている。

〈『外交フォーラム』の座談会に出席してもらいカネを流すなどという合法的手法から、匿名で先にあげた政局レポートを作成させ破格の「原稿料」を払ったり、大使館の印を押した白紙領収書を渡すなどというかなりヤバイ手法まで、相手を見てさまざまな対応をする。国家機関とマスコミとの関係を考えた場合、外務省からカネを貰って、職務上知り得た政治家からのオフレコ情報を報告書にした事実が露見した場合、その記者は恐らく馘首になるだろう。現に政局レポートを書いた記者から、「佐藤さん、このレポートを僕が書いたことは絶対に言わないで欲しい」と頼み込まれたこともある。外務省はカネ絡みの話で記者の「弱み」を握った上で、そのような記者には「特ダネ」情報をリークし、出世するように協力する。そしてその記者が現役である限り外務省「与党」にとどまるようにする。〉

日銀総裁、検事総長、会計検査院長への餞別も論功次第

官房長官が自らの手で執行する官房機密費の「官房長官扱」の分については、いわゆる「付き合い」で出しているものについては、事務方の首席内閣参事官に確認することもある。

宇野内閣の官房長官だった塩川正十郎は、〇一年二月二十三日付け読売新聞朝刊のインタビューで次のように述べている。

〈――官房機密費の使い方について前任者（※なお、塩川の前任の官房長官は小渕恵三）から申し送りはあったか。

「ない。しかし、官房長官就任後、首席内閣参事官（当時は古川貞二郎官房副長官）に出費の仕方を聞いた。そうすると『それは出している』『初めてだ』などと教えてくれた」

——出し方は、どう決めるのか。

「官房長官と官房副長官で相談して決めることもあった。官房副長官からいろんな団体や学術関係者に（出資するよう）言ってくることも多かったからだ」〉

この塩川発言を裏付ける形で、ある元官房長官秘書官は、こう証言する。

「学者とか文化人といった、付き合いで出しているところは、事務方でだいたいの金額がわかるんでそこで確認する。でも、そんなに出す必要はない。ただ、ややこしいブラック（ジャーナリスト）の連中に渡す分やスキャンダルを揉み消す場合なんかは、出すか出さないか、出すとしたらいくらぐらいかは、官房長官が判断する。なぜなら、それは非常に高度な政治的案件だからだ」

官房長官が自らの手で直接、執行する「官房長官扱」の分の官房機密費について、こうして「付き合い」で出す分は、だいたい「一本」（＝百万円）が基本だが、相手や案件によっては、「半分」（＝五十万円）や「二本」（＝二百万円）、「三本」（＝三百万円）になることもある。例えば、退任に伴って日銀総裁、検事総長、会計検査院長らに贈られる餞別についても、基本は「一本」だが、時の政権に対する〝論功行賞〟によって、そこは微妙なサジ加減がなされるのだという。

九八年の沖縄知事選では官房機密費から一億円以上

こうした「日頃の付き合い」とは別に、イレギュラーに「高額の支出」――具体的には一千万円以上で、時には数千万から億に達することもある――に迫られることがある。それが、「選挙」（特に買収工作）、「臨機」（内政、外交とも。例えば、ハイジャック犯への身代金など）、そして、「スキャンダル対策」である。それらについて、既にマスメディア等で報じられていたものに、筆者の独自取材によって明らかになったものを加えて、ここで紹介する。

「選挙」とは、まずは、衆参両院の国政選挙であるが、こうした選挙にかかるカネは、政権与党である自民党の場合、基本的には「党」の方で面倒を見る。

ここでいう「カネ」とは、機密的に使う買収工作費のことを指す。具体的に選挙における「買収資金」とは、「当選」を実現するため、集票の中核となる選挙区の都道府県議らや後援会幹部に「もろもろの活動費用」として渡すカネであったり、対立候補を降ろすために渡すカネである。そうしたカネは、自民党の場合、幹事長決裁で支出できる「政策活動費」のほか、派閥単位の裏金もあるが、詳しくは次章で触れる。

官房機密費から、そうした買収工作費として出すこともあるが、自民党側との調整については、「あうんの呼吸」で行なわれる。

国政選挙のうち、首相や官房長官が全国遊説に出かけた際にかかる交通費、宿泊代、食事代などのオモテの必要経費については、官房機密費から出している一方、地方選挙であっても、米軍基地の問題を抱える沖縄の県知事選、那覇市長選、名護市長選のほか、統一地方選の主役的存在である東京都知事選など、政局動向をダイレクトに左右するものについては、「官邸が責任を持つ」という意味からも、官房機密費から支出する。

巨額の官房機密費が選挙に投入されたケースとして、〇一年三月七日付け毎日新聞朝刊（国家のウソ・機密費疑惑第二回「選挙資金に官邸の影／『表に出たら大変』」と同月十五日付け『赤旗』（「沖縄県知事選・自民の寄付金／７０００万円が出所不明」）が報じた、九八年十一月投票の沖縄県知事選がある。

このとき、自公の推す保守系の稲嶺恵一が、革新系の大田昌秀の三選を阻止し、初当選を果たしているが、稲嶺陣営でかかった選挙費用のトータル四億─五億円のうち、自民党から来た分が二億か三億で、うち、官房機密費からの分が一億円を超えていたという。

自民党沖縄県連の関係者は、毎日新聞の取材に「（稲嶺陣営に流れたうちの）一億円以上が官房機密費からだった」と明かしたうえで、次のように述べている。

「官邸から知事選の資金が出たのは間違いない。私自身、選対の会議で報告を受けた。元は税金だからね。選挙に機密費を使ったなんて表に出たら大変なことになる」

これを裏付けるように、稲嶺の選挙母体だった「沖縄・未来をひらく県民の会」が沖縄選管に提出した九八年度分の政治資金収支報告書によると、同会は自民党本部から九八年十月五日に一億円、告示直前の同二十七日に七千万円の寄付を受けたとの記載がある。

ところが、自民党本部の政治資金収支報告書（九八年分）には、九八年十月五日に「沖縄未来をひらく県民の会」に一億円を寄付したという記載はあるものの、これ以外に同会への寄付はなされていなかったのである（もっとも、このことを指摘した赤旗の報道を受け、沖縄県議会で「この七千万円は機密費からの支出だったのではないか」と追及されると、その後、「この七千万円の入金は記載ミスだった」として、稲嶺側は収支報告書を訂正している）。

もっとも政権与党が、そのふんだんな資金力をバックに自らの権力基盤を維持するため、選挙に莫大なカネを投入するのは、おそらくいつものことのようで、かつて自社さ政権において、自民党幹事長・加藤紘一の下で、選挙を取り仕切る総務局長を務めたこともある、加藤と同じ宏池会に所属していた白川勝彦（橋本内閣で自治大臣を歴任）は、筆者にこう述べていた。

「総務局長のとき、選挙（＝九六年十月施行の衆院選）で三億円使った。幹事長の判断だ。機密費の使途は機密だよ。墓場まで持っていく話だ。でも、そういうカネは必要だ」

ここで言う「機密費」とは、官房機密費ではなく、自民党の機密費、つまり、「政策活動費」のことである。

九一年の都知事選に立候補辞退した猪木に一億円

九一年春の統一地方選で行なわれた東京都知事選で、アントニオ猪木（本名・猪木寛至、当時、スポーツ平和党参院議員）の出馬辞退と引き換えに多額の現金が動き、この「出所」が官房機密費だった可能性を、アントニオ猪木と極めて近い関係にあった作家の加治将一が自伝的ノンフィクション『アントニオ猪木の謎』（新潮社、二〇〇三年）の中で明かしている。

猪木が記者会見を開き、正式に都知事選出馬断念を表明するのは、九一年三月十二日のことだが、その二日後、加治は、「高岡」という不動産会社の社長を通じて「カネを取りに来てくれ」と連絡があり、「猪木に貸した三千万円は返してもらったよ」と、現金の入った紙袋を高岡から受け取った。

加治が確認すると、百万円の束が七十あったが、そのとき、通常なら銀行名と判が押してあるはずの札束をくるむ帯は白紙で、札は手の切れるようなピン札だったことを明かにしたうえで、こう自著では記している。

〈以前、そういう札束の存在を聞いたことがある。官房機密費だ。総理の秘書から教えてもらったのだが、金庫には日銀から直接届けられた、無印帯の札束が積まれているらしい。その秘書いわく、「官房機密費」なのだが、触れられるのは海部総理ではなく、だれあろう政府を牛耳っている剛腕幹事長、小沢、ただ一人なのだというのだ。

なるほどと、私は勝手に納得した。札束と小沢が直結した。〉

この高岡の経営する会社の監査役には当時、自民党幹事長だった小沢一郎の金庫番といわれていた秘書・中條武彦が名を連ねており、加治が高岡からカネを受け取る半月ほど前の九一年二月二十五日には、この高岡の仲介で加治も同席し、東京のホテルオークラの２０５号室で、小沢と猪木は面会していた。

猪木はその前年の九〇年十二月、クウェートに軍事侵攻を行なっていたイラクの首都・バグダッドに単身乗り込み、日本人の人質を解放させて一緒に帰国させる快挙を成し遂げていたが、このとき、航空機のチャーター代など三千万円を、この高岡が肩代わりしていた。

高岡は、右翼団体・日本皇民党（本部・高松市）による竹下登への「ホメ殺し」（八七年）を中止させることに成功していた広域暴力団・稲川会二代目会長の石井進にも可愛がられていた。その際、皇民党のホメ殺しを中止させるべく、間に入って動いたのが、金丸信の要請を受けた東京佐川急便社長の渡辺広康だったが、じつは、猪木が筆頭株主でもあり、経営権を握っていた「新日本プロレス」側は、佐川急便グループから総額約三十億円もの負債を抱えていた。こうした込み入った人間関係の中心に、この高岡という人物は位置し、もちろん、高岡はその「皇民党事件の真相」も熟知していた。

このときの都知事選では、四選を目指していた鈴木俊一に対抗すべく、小沢一郎は「自民・公明・民社」の枠組みでＮＨＫのニュースキャスターだった磯村尚徳を擁立すべく動いており、もし、知名度の高いアントニオ猪木が出馬するとなると、無党派層を奪われてしまうことになるので、並々ならぬ危機感を、小沢は抱いていた。

話を繋いだ高岡によれば、小沢サイドから届けられたのは一億円だった。猪木側に肩代わりしていた三千万円を差し引き、残りの七千万円を「都知事選出馬断念」と引き換えに、高岡から猪木に渡されたということになる。

これには後日談があり、加治によれば、この七千万円を猪木に渡そうとすると、猪木は「それを貰ったら、俺はダメになる」と言って、「小佐野角栄」という架空名義の銀行口座に入金されたのち、眠ったままになっているのだという。

九五年の参院選で候補者調整に一億円を機密費支出

もう一つ、選挙で官房機密費が同様な形で使われたケースとして、村山内閣時代の九五年七月の参院選（七月二十三日投票）における、大分選挙区（改選数一）における「候補者調整」がある。

大分は、当時の首相・村山富市の地元だったが、じつはこのときの自社間の選挙協力が最後まで難航した。

もともと、大分選挙区では、村山と同じ社会党の現職・梶原敬義が三選を目指して出馬を予定していたが、当初、六月九日の時点では、自民党大分県連会長の堤隆一ら、自民党の地元県連幹部が官邸に乗り込んで村山と直談判し、この段階では自民党側は「我々としては独自候補を擁立する」とまくし立てていた。

それをほぐしたのが他ならぬ村山自身で、それから三日後の六月十二日夜、村山は東京・元赤坂の日本料理屋「菊亭」で開かれた、「大分県選出与党国会議員によるサミット激励会」という名目で開かれた会合の席上、同じ衆院・大分1区選出（当時は中選挙区）の自民党の衛藤征士郎らと懇談。その場で、「自民党は（候補者が）まだのようじゃし、ここはひとつ、梶原君をよろしく」と要請する一方、村山は自民党大分県連会長の堤にも電話を入れ、深く頭を下げた。

その結果、自民党は独自候補擁立を断念。参院選の公示日である七月六日には、ＪＲ大分駅前で行なわれた出陣式では、自民党の県議たちは、今まで巻いたことのない赤い鉢巻姿で、社会党の支持者たちに負けじと、「団結頑張ろう！」と空に向かって拳を突き上げ、選挙戦を盛り上げた。また、梶原の大企業回りでも、自民党側が根回しし、役員、管理職が出てきて握手をするほどの力の入れようだった。

自民党が選挙戦では全面協力してくれたおかげで、社会党の梶原は、次点の岩男淳一郎（無所属）に約二十二万票差をつけ、トリプルスコアに近い約三十四万三千票を獲得する圧勝を収め、何とか村山は首相としてのメンツを守った形だが、じつは、この「選挙協力」の話が大筋でまとまった直後の六月二十一日の午後、自民党大分県連会長の堤は、自民党同県議の首藤健次を従えて官邸を訪れ、村山と面会。この場で村山は二人に「大変、感謝している」と頭を下げ、村山を中央に、堤、首藤の二人がその両脇を固める形で一緒に握手をしている記念写真を撮影している（なお、その3ショット写真は、九五年七月十三日付け毎日新聞朝刊記事「95参院選／前線を行く『票変』・第一回」に掲載されている）。

ちなみに、この六月二十一日というのは、羽田発函館行きの全日空機857便が昼前、山形上空付近でハイジャックされ、午後零時四十分過ぎに函館空港に着陸、乗っ取り犯の男は乗客、乗員を人質に機内に立て篭もったため、官邸でも首相の村山以下、関係閣僚が集まり、緊急対策会議を開いていた（官邸に第一報が入ったのは、発生から約二十分後の午後零時十七分）。

そのころ、ハイジャック犯は「プラスチック爆弾のタイマーをセットする」と脅迫していたのだが、村山は午後二時前、その会議の席を中座してまで、官邸を訪れた自民党大分県連会長の堤らと面談。この場で、自民党大分県連は、社会党公認候補の梶原を「支持」することを正式に決めたのである（なお、ハイジャック犯は、翌日未明に逮捕され、乗客、乗員は全員無事だった）。

こうした経緯を見ても、村山にとっては、自らのお膝元の「候補者調整」がいかに重要であったかがわかるが、当時の事情をよく知る社会党中枢の関係者は、「このときの参院選大分選挙区で、自民党の対立候補擁立を断念させる過程で、官房機密費が使われた」として、こう明かす。

「向こう（＝自民党）は官邸に機密費があるのを知ってるから、それでタカッてくる。村山さんも総理大臣としてのメンツがあるから、地元の選挙区で絶対に負けるわけにはいかない。自民党だってそんなことを百も承知で話を吹っかけてくる。だから、五十嵐（広三、当時の官房長官）に命じて、カネを出させたということだ。そういうときの額は一億を下らない。その参院選後に官房長官が五十嵐から野坂に交代したが、あるとき、二人が機密費の使い方を話していて、『あいつらに（機密費を）やったら、裸踊りするだろうなあ』と言っていたのを聞いたことがある。社会党はずうーっと野党にいて機密費なんて知らなかったから、いろいろと自民党に（機密費の使い方を）教えてもらったんだと思う。でも、それで汚れていったんだろうなあ……」

なお、村山は九八年七月、第三書館から『そうじゃのう……　村山富市「首相体験」のすべてを語る』（インタビュー・辻元清美）を上梓しているが、その際、版元の北川明社長がインタビューに同席しており、「官房機密費」のことに水を向けると、村山は急に表情をこわばらせて、「それ以上のことはカンベンしてくれ」と、話を遮ったという（それゆえ、『そうじゃのう……』には、官房機密費に関するくだりは、一切出てこない）。

11　機密費効果で成立した消費税導入と重要法案

「与野党の国対幹部に一回五百万」（野坂浩賢元官房長官）

一回あたりの支出が一千万円を超える「臨機」の裏金支出とは、内政においては、選挙のほかだと、「政局」、つまり、国会で「重要法案」を通すときである。

これは、既に見てきたように、機密費が内閣に予算計上された明治時代から延々と続いていることであり、むしろ、表沙汰にならずに「闇」の中へ消えていったものの方が、とてつもなく多いといえる。

戦後、表向きは「保革対決」といわれてきた五五年体制下では、こうしたウラの国対政治においては、法案の取引を巡ってやりとりされる「金額」は、「重要法案一本あたり、五千万から一億」ということが、まことしやかに囁かれてきた。

前出の「古川ぺーぱー」において、竹下内閣時における「税制改正のための特別の扱い」、すなわち、「消費税導入」を円滑に進めるために、八八年度の官邸、外務省の機密費をそれぞれ一億円、四億円と計五億円増額した旨の記載があったことを紹介したが、消費税導入はとりわけ、国民世論の反発が必至だったことに加えて、一度、中曽根内閣時代に売上税導入が失敗に終わっていたいきさつもあり、〝増額補正〟が必要との判断が働いたのかもしれない。

こうした国対関連の官房機密費の支出について、村山内閣時代の官房長官・野坂浩賢（在任九五年八月—九六年一月）は、〇一年一月二十六日付け朝日新聞朝刊のインタビューで、こう証言している。

「三回ほど与野党の国対委員長幹部に渡したことがあった。法案通過だったか難しい政局を乗り切ろうとしてだ。一回あたり計五百万ぐらい。金で解決するのかと矛盾を感じたが、実際には効果があったのとなかったのと半々だった」

細川内閣の官房長官だった武村正義は、こう筆者に語っている。

「国対とか、与党の議員にも（機密費を）渡した。（当時、新生党の）奥田敬和には一千万円渡した。小沢（一郎。当時、新生党代表幹事）さんには、官房長官に就任して二度目に会ったとき、『官房機密費を渡しましょうか』と申し出たが、向こうから断ってきた」

「フツーのオッサンが官邸に入ると変ってしまう」（武村正義）

なお、武村との取材は基本的にニュースソースを明示しない「オフレコ」という条件で行なっているが（取材は〇五年二月八日午後三時過ぎより、東京・千代田区の個人事務所にてサシで対面して行なった）、敢えてその一部について、本書において「オンレコ」での執筆に踏み切ったのは、外務省の松尾克俊の事件が勃発し、マスコミからの取材が殺到した際に、武村自身が〇一年二月一日付けで公表したペーパーの中で、「報償費（機密費）については大幅な改革が必要」としたうえで、次のように述べていたことによる。

「まず、金額は大幅に削減してもよいと思いますし、せめて報償費は内部的に数人が書類でチェックできる仕組みを確立し、さらに一定期間（例えば十年）が経過すれば使途を公開する制度に変えてはどうかと思います。十年後であれ、公表されることが衆知されておれば、報償費を要求したり、接近してくる人は大幅に減るでしょう」

筆者が本書を刊行する時点においては、武村が官房長官を務めていた時期から既に「十年以上」が過ぎているうえ、武村が官房機密費の「使途公表」のメドとして例示していた「一定期間」も経過しているからである。

その際、武村は筆者に「機密費の額は大幅に減らしてもいい。そのことは（あなたの本にきっちり書いておいてくれ」と言った後で、言葉少なに、こう漏らしていたのが印象的だった。

「（永田町にいる政治家も）みんなフツーのオッサンなんだ。それが、あそこ（＝首相官邸）に入ると変わってしまう。最初は（自らが代表を務めていた「新党さきがけ」は）与党に入るつもりはなく、二、三回は野党で行くつもりだったが、政権与党に入って汚れてしまったなあ……。それはある」

さらに、イレギュラーな「臨機」の支出における、「外交」の部分でいうと、人質解放の際の身代金などの工作費用は、官房機密費（外交機密費などの上納分や、もしくは外交機密費そのものも含めて）から充てられる。

こうしたものに機密費が拠出されるのは、一つに、そうしたオペレーションを秘密裏に行なう必要性もあるが、これらに対応する省庁が、例えば、外務省、運輸省（現・国土交通省）、警察庁といくつにもまたがっているため、予算措置の上で、どこが面倒を見るかという、現実的な問題が浮上するという側面もある。

既に触れたように、福田内閣時代に起こった日本赤軍による日航機ハイジャック事件で、犯人側に支払った六百万ドルの出所が官房機密費とされている（もっとも、外務省から上納させていた分が充てられている可能性は高いが）。

また、九六年十二月に発生した在ペルー日本大使館で起こった、反政府ゲリラによる人質立て篭もり事件、また、九九年に発生したキルギスでの日本人技師ら誘拐事件の解決の過程でも、それぞれ莫大な官房機密費（外交機密費を含む）が支出されている。

ビン・ラディンら反ソ・ゲリラの武器購入に官房機密費支出

個別の外交案件においても機密費を使って工作活動を行なうことがあり、例えば、外務省主任分析官だった佐藤優は、外務省の機密費だけでなく、官房機密費についても、小渕内閣の政務官房副長官だった鈴木宗男、さらには首相の橋本龍太郎、小渕恵三、森喜朗からも貰っていたことを明かしている（おそらく、北方領土返還をはじめとする対ロシア関連工作で、佐藤はこうした機密費を使っていたと思われるが、その具体的内容については、まだ、これまでのところ明らかにしていない）。

そうした個別の外交案件について、既に明らかになっているものとしては、大平内閣時代の七九年、ソ連のアフガニスタンへの軍事侵攻に対し、イスラム原理主義勢力をはじめとするゲリラ、ムジャヒディンを支援すべく（ちなみに、その中に若き日のウサマ・ビン・ラディンがいた）、ＣＩＡは非公式に日本政府にも協力を要請してきたが、その際、外相だった園田直はパキスタンにあったゲリラ基地を視察した後、数万ドルの武器購入資金を供与したとされるが、この「出所」も官房機密費だった（もっとも、外務省からの上納分、もしくは外交機密費から直接、拠出した分も含まれていたと思われる）。

宮沢内閣時代に官房長官を務めた加藤紘一が筆者に語ったところでは、当時、カンボジアのフン・セン首相が来日した折り、日本国内で行なった目の治療費を、加藤自身で決裁した官房機密費から支払ったという。

「フン・センは昔、ゲリラ戦で目を負傷し、それで目が悪かった。その治療を順天堂医大病院でやったんだが、（治療費は）表向き、『病院側の好意』ということにはなっていたが、実際には一千万円ほどかかった。それを機密費から出した」

この話も含めて加藤との間では「オフレコ」という取材の条件だったが、「アジア重視」という日本の外交を考えた場合、このケースは「生きたカネ」の使い方であると判断し、敢えてオンレコにした。機密費とは、本来、こうしたものに充てるべきものではないだろうか。

「ある国王に一千万の官房機密費。買収同然だ」（武村正義）

細川内閣の官房長官だった武村正義の証言。

「（官房機密費から出した）一千万円を超える大きな額としては、ある国の国王に渡すということになって、さすがにそれは外務省の局長を呼んで説明を求めた。それが何に使われたのか、宮殿の改装費にでも使われたのかわからないが、まあ、その国を買収しているようなもんだなあ……」

そして、イレギュラーな多額の官房機密費の支出として、「スキャンダル対策」、つまり、スキャンダルが表沙汰にならないよう、カネを使って揉み消すということだが、これはある意味、「政権与党」であることの「宿痾」といってもよいだろう。なぜなら、権力自体が、スキャンダルの恒常的な発生装置だからである。

中川秀直官房長官がスキャンダル対策に官房機密費を支出

もちろん、こうしたカネのやりとりも闇から闇へと葬り去られるので、表沙汰になるということはほとんどないが、筆者の取材で、そうしたスキャンダル対策に多額の官房機密費を支出していたとの、交際相手だった女性からの証言が出ているのが、森内閣の官房長官だった中川秀直（在任二〇〇〇年七月─十月。〇六年九月の安倍内閣に発足に伴い、自民党幹事長に就任）である。

この証言が出てくるきっかけは、中川が官房長官の辞任に追い込まれる直接の原因となった、写真週刊誌『フォーカス』の報道内容を巡り、辞任後に中川が新潮社とフォーカスの編集長、さらにはフォーカスに情報と写真を提供した、中川の交際相手だった女性の三者を相手取り、名誉毀損の損害賠償請求訴訟を広島地裁に起こしたことだった。

フォーカスが報じたのは、〇〇年十月二十五日号（十月十八日発売）から同年十一月八日号（十一月一日発売）の連続三週にわたり、九四年から九五年にかけて中川が当時、銀座のクラブのホステスだった女性と愛人関係になり、二人の間にできた子供を堕胎したこと。また、警視庁が覚醒剤の所持容疑でこの女性を内偵捜査に乗り出していたことを中川が察知し、その捜査情報を電話で女性に伝えた録音テープの内容に加え、中川自身がある大物右翼と一緒に、広島県呉市内の割烹料理店で会食している写真だった。

話を整理すると、中川がその銀座のクラブのホステスだった女性と初めて出会ったのは、九四年三月のことで、当時は細川非自民連立政権のもと、自民党は野党だった。それから中川が猛烈に口説きはじめ、三カ月ほどして男女の仲となったという。時期としては、自民党が社会党、さきがけと連立を組んで政権与党に返り咲き、中川自身も首相補佐官として官邸入りした頃とほぼ重なっている。

中川は毎月、女性に五十万円とか六十万円の手当をきっちりと渡し、夜はだいたいその女性が住んでいた赤坂のマンションで一緒に過ごしていた。

その二人の関係にヒビが入り、別れ話が持ち上がるのが、九五年五月のことである。時期としては、その女性に対する覚醒剤所持容疑で警視庁が内偵を始め、中川がその捜査情報を女性に伝えたやりとりがテープに録音された直後だが、じつは、そのころ、写真週刊誌『フライデー』が二人の関係を掴み、取材に動き始めていた（だが、記事化はされていない）。なお、女性が当時、住んでいたマンションには家宅捜索が入ったものの薬物は押収されず、女性の方も所轄署で尿検査を受けたが、結局、「シロ」ということで警視庁の捜査は終了している。

最終的に二人が別れたのは、九五年八月のことで、関係を清算するため、女性はそれまで中川から受け取った手当を返そうと一千万円を用意したが、うち、七百万円については中川は受け取らずに、返却したという。

当初は、中川はこうしたフォーカスの報道を「事実無根」、「記憶にない」などと否定していたものの、フォーカス側が〇〇年十月二十六日、中川がこの覚醒剤事件の捜査情報を女性に漏らしていた録音テープを公開、同日夜の民放ニュース番組（ＴＢＳ系「ニュース23」、テレビ朝日系「ニューステーション」）がそのやりとりの内容を報じるに及んで、翌二十七日朝、中川は辞表を首相の森喜朗に提出し、受理された。

その際の記者会見で中川は、警察の捜査情報を漏洩したことは否定したものの、女性との会話については「おぼろげではあるが、記憶がある」として、「声の主」が自分であることを認めたうえで、フォーカスが掲載した大物右翼との同席写真についても、その人物との交際については否定したが、一緒に写真撮影したことについては認めた。

そもそも自らが妻子持ちの身であるばかりでなく、日経新聞記者を経て政治家に転身した中川は、岳父（＝妻の父親）が中川俊思という元自民党の大物衆院議員で、岳父の選挙地盤を引き継いで政界入りしたことに加えて、「婿養子」として岳父の経済的基盤をも継承していた。

その最大のものが、中川俊思の尽力で設立された石油卸会社の新日本商事である。同社は元売りから仕入れた石油を電力会社に販売する事業で年商十三億円も売り上げる超優良企業だが、中川秀直自身、同社の大株主であるばかりでなく、長らく代表取締役も務めるなど、事実上のオーナーでもあった。そういう点も含め、中川にとってはこうした女性問題が大きく報じられるのは、マイナスに作用するのである。

中川は官房長官の辞任から約四カ月後の〇一年三月、フォーカスで報道された記事について、名誉毀損による損害賠償請求訴訟を広島地裁に起こしたが、中川が「名誉を毀損された」として訴えた内容とは、同誌〇〇年十一月一日号が広島県内の中川の実家を愛人だった女性が訪れた際、夫妻の寝室のベッドの上に腰掛け、夫人の愛犬を抱いているスナップ写真の撮影者を「PHOTO　中川秀直」と記したことだった（中川側は、この女性を実家に上げて写真撮影したのは、中川自身ではなく、「運転手だった」と反論）。

一審判決（〇四年十二月二十一日）は、国会議員の女性問題を報道すること自体は「国民の正当な関心に応えるもの」と、その公益性は認めたうえで、「問題となった写真の撮影者が中川であるとは考えにくく、結局のところ、本件写真の撮影者は特定できず、特定できない以上は中川自身の撮影だったともいえない」として名誉毀損を認め、被告である新潮社と当時のフォーカス編集長（＝山本伊吾）、そして、交際相手だった女性の三者に連帯して計八十万円支払うよう命じた。そして、二審・広島高裁判決（〇五年十月十九日）はフォーカス側の控訴を棄却、最高裁も〇六年三月、被告側の上告を棄却したため、これら下級審の判決が確定した形となった（ただ、中川側は裁判では争点にはしていなかったが、大物右翼との会食写真や女性との交際、さらには、その女性との交際の過程で出てきた覚醒剤事件の内偵捜査の漏洩といった、フォーカスが報じていた記事の根幹部分については、判決では「そうした事実はあった」と認定している）。

フォーカスの記事をはじめとして、これまでの報道では一貫して名が伏せられていたが、この「大物右翼」とは、右翼団体「日本青年社」の副会長、滑川裕二である。

関係者によると、中川とその女性が交際する前に、滑川はその女性と交際しており、女性は滑川の事務所で務めていたこともあった。そして、女性が九四年六月に中川と本格的な交際を始めてのち、約一年後に中川と別れてからも女性は滑川とは連絡を取り合う関係にあった。

そうした経緯から滑川は、中川とその女性との交際をはじめとして、当時、女性が住んでいたマンションに覚醒剤所持容疑で警視庁の家宅捜索が入っていたことなども掴んでいた。

そうした中川の弱みを握っていた滑川は、中川が橋本内閣の科学技術庁長官を務めていた九六年十月、それも総選挙の投票日であった同月二十日の、わずか六日前の十月十四日付けで、内容証明付き郵便の質問書を中川宛てに送ったことがあった。

その質問書には、こう記されていた（なお、女性の氏名はイニシャルにして伏せてある）。

〈前略

中川先生におかれましては、益々御健勝の事と拝察し、お喜び申し上げます。

私事で誠に恐縮とは思いますが、一筆啓上させて頂きます。

私は、貴殿とは広島県の呉市で何度か食事をし、選挙も票の売収《ママ》まで協力したことは、承知している事と思います。しかし、そういう私に対して、一度ならず二度まで侮辱されたのでは見過ごす訳にはいきません。よって平成八年十月十八日までに以下の件について回答願います。

（1）中川秀直先生と、「M・T」こと「O・N」（昭和44・7・28生）が月々150万円の手当てで、赤坂パークビルヂング2412号室で関係していた事。
（2）（1）件で私がマスコミを行かせたという事。
（3）北朝鮮に政府の要人として出発する当時の朝まで彼女を追いかけ回し、彼女の携帯電話に何度も電話をし、又朝6時―7時まで彼女と会っていて、当日の朝7時の全日空ホテルの集合に遅れた事。
（4）彼女が覚醒剤中毒であるのを知ってながらなんの処置もせず、あまつさえ貴殿も一緒に覚醒剤を打ち、赤坂パークビルヂングの物置部屋に覚醒剤を隠し持っていた事。
（5）赤坂パークビルヂング2412号室のベッドの横にあった膨大なファイルは、立場を利用した恐喝の資料である事。
（6）彼女がアークタワーズ1408号を借りるにあたって、私を保証人にさせ、その部屋に出入りしていた事。
以上の件について事実かどうか返答ねがいます。なき場合は事実と受け取りますので、ご了承下さい。〉

二〇〇〇年六月二十五日投票の総選挙において、自公保の連立与党で、公示前の計三百三十五議席は割り込み、自民党だけでも過去最大の三十八議席も減らしていたものの、連立与党全体では過半数を超える安定多数（衆院で与党が全常任委員会で委員長を独占し、しかも委員会採決で過半数を占める議席数。二百六十九議席）は確保したことから、同年四月に病気退陣で首相の座を譲り受けた形でスタートし、閣僚全員を留任させたまま新政権を発足させていた森喜朗は、念願の「自前政権」づくりに向けて人事に着手する。その「要」が官房長官だった。

森は投開票翌日の六月二十六日夜には、さっそく、官房長官に起用することを既に内定していた同じ森派の中川秀直（当時、幹事長代理）と馴染みのすし屋で懇談、政権構想を練るなどし、第二次森内閣は七月四日に発足し、中川は正式に官房長官に就任した。

ところが、このタイミングですかさず、滑川は旧知の週刊宝石の記者と接触、九六年十月に差し出していた前出の内容証明付き郵便の質問書をもとに、記事を書いてもらうよう依頼。これをもとに、『週刊宝石』は〇〇年七月二十日号（同月六日発売）で、「この親分に、この子分あり!?／中川秀直新官房長官に送られていた内容証明付き『愛人スキャンダル』文書！」のタイトルで、記事を掲載した。

この週刊宝石の記事で、滑川は「ある右翼団体の会長」として登場。中川サイドも、科学技術庁長官時代にそうした内容証明付きの文書が郵送されてきていたことは認めたものの、指摘された内容については、当時の政務秘書官だった立花隆治の「中川に質してみたが、すべて事実無根であるとのことでした。私が会長（※滑川のこと）に電話で〝そういった事実はありません〟と回答しており、なんで今ごろになって蒸し返されるのか不可解です」とのコメントを掲載していた。

しかし、記事中では、こうした中川サイドの反論に対し、滑川は「冗談じゃないっ。いつでも中川と対決する用意がある」と述べたうえで、次のように述べていた。

「私が保証人になったマンション以外にも、中川がA子と密会するために借りていた部屋があった。当時、私はここに入ったこともある。中川と村山首相（当時）のツーショットが表紙になったカレンダーが吊るされていたし、だいたいそこに置かれていたゴルフバッグの名前には〝中川〟と書かれていたんだよ」


「中川が官房長官になった。機密費がある。カネが取れる」


ところが、滑川は、中川の交際相手だった女性に対し、中川の官房長官就任直後、こう語っていたという。

「中川が官房長官になった。官房長官には何でも使える機密費がある。アイツが官房長官になったんでカネが取れる」

さらに、しばらくしてから滑川はこの女性に、こう話を持ってきた。

「仕事が終わって、中川からカネを取った。一、二千万円お前にやるんで、受け取りにサインしてくれ」

しかし、女性の側は「そんなカネは要らない」と受け取りを拒否。そして、女性はこの件について、ウラで滑川と結託していると中川に疑われるのが嫌だったので、それを打ち消すために、敢えて二人の交際を表に出すことを決断。そこで、いちばん最初に話を持っていったのが、こうした権力スキャンダルに強いと言われていた『噂の真相』だった。

「皇太子妃呼び捨て」と「官房長官女性問題」が一緒に被指弾

噂の真相関係者によると、この女性が編集部に話を持ち込んできたのは、締切ギリギリの七月下旬の段階で、ザラ紙部分の本記特集記事の方には入らないため、とりあえず、最も締切が遅い巻頭グラビアに写真だけは突っ込むことにした。それで、翌八月十日発売の同誌二〇〇〇年九月号には、「森喜朗首相の女房役・中川秀直官房長官の〝大嘘〟／スクープ！　半同棲歴のあった元愛人が本誌に告白」のタイトルで、六本木のカラオケクラブで撮影したツーショット写真を掲載した。

その写真と一緒にあった本文には、その『週刊宝石』〇〇年七月二十日号の記事について、女性は次のようにコメントしていた。

「『週刊宝石』の記事を読むと、私もこの件に関与しているような印象を持たれますが、私は過去にこんなことがあったこと自体知りませんでしたし、中川さんを脅すつもりなんて全くありません。ただ『すべてが事実無根』という中川事務所の言い分に納得できず、真実をお話しする気になったんです」

本文では、女性は銀座のクラブでアルバイトをしていたとき、客としてやってきていた中川に三カ月ほど口説かれた末、男女の関係を持ち、一時は赤坂の超高級マンションで半同棲生活状態だったことを、ここで初めて女性は自ら公に明らかにしていた。

ところが、このグラビア写真が掲載されると、滑川は噂の真相の編集部に「手打ちをしたハズなのに、いったいどういうことなんだ」と乗り込んできたのである。

というのは、同誌が○○年六月号（五月十日発売）の「一行情報」で、「雅子が再び5月に『懐妊の兆し』で情報漏れ警戒した宮内庁が箝口令の説」と、皇太子妃を呼び捨てで報じたことに、日本青年社に所属するトップ直系構成員二人が、六月七日夕方、噂の真相編集部を訪れた際、編集長の岡留安則、副編集長の川端幹人らに殴る蹴るの暴行を加え、大けがを負わす事件を引き起こしているが、その「手打ち」を、この日本青年者副会長だった滑川と、噂の真相編集長だった岡留の間で行なっていたからである。

それについては、『噂の真相』○○年八月号（七月十日発売）の巻末にある「編集長日記」で、次のように触れられている。

〈そんな中、今回の事件で心配してくれた情報誌発行会社のオーナーＩ氏がセッティングしてくれた席で、神主から日本青年社幹部となった人物と対面する機会もあった。この幹部氏とは以前に一度だけだが面識があったこともあり、今回の件で初めて穏やかな調子で対話ができた。また以前より知り合いだった右翼関係者ら数人とも意見交換した結果、本誌が「雅子」と報じたことじたいは配慮不足だったと痛感。言論テロに屈するつもりはないが、この点については率直におわびすることにした。〉

ここにある「神主から日本青年社幹部となった人物」が、滑川である。

「これ以上踏み込むとヤバイ。続報は二、三カ月ずらそう」

前出の噂の真相関係者は、このときの事情を次のように明かす。

「『日本青年社』と『噂の真相』という『組織対組織』においては、確かに玉虫色の部分はあったが、あの編集長日誌の記述で手を打ったということになった。それゆえ、中川秀直の女性問題の一方の当事者だった滑川にしてみると、その直後にあの巻頭グラビア記事がウチに出たんで、『いったい、どういうことなんだ?』ということになったんです。それで滑川が岡留編集長にねじ込み、編集長の判断で『これ以上、踏み込むとヤバイ。続報はもう二、三カ月ずらそう。まあ、グラビアで一回やったし、とりあえずはいいんじゃないか』ということになった。いずれにしても、女性が話を持ってきたのは、(二〇〇〇年の)七月の二十日を過ぎた、締切ギリギリの段階だったので、本記の特集記事の方には間に合わなかった。ただ、あの襲撃事件の直後だったので、現場としても正直、やりたいのが半分、怖いのが半分でした。それで、続報はボツになり、その女性が『話が違う』と、週刊ポストに持ってったんです（※この女性が持ち込んだネタに関する記事は、〇〇年九月二十五日発売の『週刊ポスト』同年十月六日号が「中川官房長官の愛人が告白／不倫同棲1年間の全てを話します」のタイトルで掲載）。で、週刊ポストも二、三回やる予定だったが、また、滑川が乗り込んで行ってねじ込んだため、ポストもそれ一回きりで終わった。それで、女性はフォーカスに持ち込んだ。その女性というのは、映画の『極道の妻たち』に出てくるような度胸のある人で、ウチに続報が出ないことに腹を立てていた。現場レベルでは日本青年社のことは巧妙に避けつつも、続報は記事化できるとの意見もあったのですが……。あのフォーカスの記事で、滑川と中川のツーショット写真が載っていたのを見たとき、正直、『負けた』と思いました」

なお、滑川はＮＰＯ法人「メディアオンブズマン」の理事長でもあった〇四年十月、医療機器製造会社社長から、手形の買い取り名目でカネを脅し取ろうとしたとして、警視庁に恐喝未遂容疑で逮捕、その後、起訴されている。

もっとも、このときの日本青年社構成員による噂の真相編集部襲撃事件は、同誌が〇〇年六月号（五月十日発売）で、首相に就任したばかりの森喜朗の学生時代の買春検挙歴を報じたことに対する仕返しだったという説もある。

編集長だった岡留は、『編集長を出せ！　「噂の真相」クレーム対応の舞台裏』（ソフトバンク新書、二〇〇六年）の中で、次のように述べている。

〈この二人の右翼団体員は住吉会系の日本青年社に所属していた。尖閣諸島に灯台を建設した右翼として知られ、構成員も二千人規模の日本でも最大手の団体だった。新しい会長が選出されたばかりで、その旗揚げの意味での決行だったとか、あるいは問題とされた同じ号に総理大臣に就任したばかりの森喜朗が早大時代に買春容疑で検挙されたスクープ記事が掲載されていたことと関係しているのではないか、との見方もあった。後者の方は、この右翼団体の上部組織でもある住吉会の会長が森総理と知り合いで、森援護のために、二人に第二弾記事を阻止させようとしたとの憶測である。どうやら、この会長が森と面識があるらしいということはわかったが、そんな方法を取ることが効果的かどうかは疑問である。が、二人の右翼による『噂の真相』襲撃事件が大々的に報じられたことで、森サイドに対しては、十分なメッセージが届いたことだけは間違いないだろう。〉

右翼の襲撃が「噂の真相」のあるべき理想放棄の分岐点

ここでも、岡留は日本青年社構成員による「言論テロ」に屈してはいないことを強調してはいるものの、一方で、「とはいっても、右翼二人の襲撃後は、突然訪れてくる人物に対して以前より警戒心をもつようになった。この事件をきっかけに、編集室にスタンガンや催眠スプレーも用意した。筆者ひとりの身だけではなく、10人ほどの編集スタッフを擁する会社の代表としても、スタッフを安易に危険に晒すことは避けなければならないという教訓からだったが、これは今までの『噂の真相』という雑誌の、あるべき理想の姿を放棄する分岐点ともなった出来事だった」(『「噂の真相」25年戦記』集英社新書、二〇〇五年)とも述べているように、結果的にこのときの襲撃事件が、〇四年三月号で同誌を休刊させる決断の大きな契機になっていたことだけは、間違いない。

こうした「言論テロ」の目的は「口封じ」、要は「黙らせること」である。途中経過がどうあれ、こうした襲撃事件を経て、結果として、噂の真相は休刊というか、実質的には「廃刊」になってしまったわけだから、その目的は十分に果たせたとみるのが妥当だろう。

じつに興味深いのは、『噂の真相』も含めて、この「中川秀直の女性問題」を報じた雑誌が、軒並み休刊に追い込まれていることである。

まず、『週刊宝石』(光文社発行)が〇一年二月八日号(一月二十五日発売)をもって、突然、休刊になった後、それから約半年後には新潮社発行の『フォーカス』が八月十五・二十二日合併号(八月七日発売)をもって休刊となっている。「休刊」とはいうものの、事実上の廃刊である。いずれも、表向きの理由は「採算が合わない」ということだった。

『噂の真相』が休刊するのは、〇四年四月号（三月十日発売）をもってだが、編集長だった岡留編集長がそれを最終的に決断するのは、自らが刑法の名誉毀損罪で起訴された事件の控訴審（東京高裁）判決が出た〇三年とされている（岡留に対する名誉毀損事件は、同誌が休刊されて約一年後の〇五年三月七日付けで最高裁が上告棄却を決定したため、懲役八カ月・執行猶予二年を言い渡した有罪判決が確定）。

雑誌媒体衰退の最深部に「権力の裏金」の本丸「官房機密費」

これらの雑誌媒体は、このほかにもゲリラ的なスクープを多数、飛ばしてきているが、じつは、これらの休刊は、公明党（＝創価学会・池田大作）が与党入りした「99年体制」以降、強硬に主張していたことによって実現に向かって動いてきた名誉毀損訴訟の賠償金高額化と個人情報保護法制定の流れとパラレルであることがわかる。

その詳細については、拙著『デジタル・ヘル――サイバー化監視社会の闇』（第三書館刊）の「第四章　『個人情報保護法』はいかにして歪められていったか」を参照して頂きたいが、これら二つの「言論出版弾圧」の動きが一気に加速していくのは、じつは、この中川秀直の女性スキャンダルが報じられて以降のことなのである。

つまり、それまで「言論出版弾圧施策」の推進とは、池田大作のスキャンダルを繰り返し報じてきた、とりわけ雑誌媒体をターゲットとする、公明党（＝創価学会）の意向が強かったが、自民党の方もそうした流れに乗っかり、実現に向けて本腰を入れることになったのが、ここで中川の女性問題等のスキャンダルを追及され、「官房長官辞任」にまで追い込まれたことで、政権運営において致命的な打撃を被ったことだった。

それはさておき、噂の真相の休刊に関し、筆者が一つだけ言うとすれば、自らの名誉毀損事件で、岡留編集長がもし、「無罪」を勝ち取りたかったのであれば、なぜ、「休刊」に踏み切ったのだろうか。おそらく、最高裁をはじめ、裁判所にも存在しているであろう裏金をなぜ、徹底的に暴かなかったのだろうか。そうやって書き続けていれば、おそらく、また、違った展開になったはずである（少なくとも、噂の真相に関しては、「黒字経営」であったので）。

こうした「言論、出版、報道、表現の自由」とは、「戦うこと」、すなわち、「書き続ける」以外に勝ち取ることはできない。言い換えるなら、こうした権利というのは、日々、書き続け、「戦う」ことの中に存在する。その意味では、こうした一連の事象の最深部に、「権力の裏金」の保守本流である、「官房機密費」が存在しているというのも、非常に面白い。

官邸機密費の「究極の使途」は私的流用すなわち「握りガネ」

官房機密費の「究極の使途」とは、「私的流用」、すなわち、「握りガネ」として、自らの懐に入れる分だろう。

首相をはじめ、随行の人間たちも外遊の際、「支度金」（もしくは「餞別」）と称して、外務省からの上納分からも含めて、機密費から現金を受け取っているというのは前述した通りだが、これと同様のことは、村山内閣時代の官房長官だった野坂浩賢が〇一年一月二十六日付け朝日新聞朝刊のインタビューで、次のように証言している。

「一度に最も多く出したのは、外遊で村山（富市首相）に持たせた約一千万円だろう。夏休みと言っても彼には別荘も何もないから「何とかならないか」と相談されて、那須での滞在費を出したことがある」

村山内閣時代の官邸関係者は、官房長官室から首相秘書官のところに、毎朝、現金が渡されていたことを、こう明かしている。

「毎朝、官房長官室から五十万円ずつ、（総理の）首席秘書官のところに現金が渡されていた。官房長官も任命権者は総理大臣だから、上納せざるを得なくなる。クビになったら困るんで。でも、そんなに貰ってどうしてたんだろう。別に領収書を取るわけでもないし。私も遅くまで勤務していたときとか、村山さんから十万とか、二十万とか貰ったことがある。それもたぶん、機密費からだったんだと思う」

筆者は、この「毎朝五十万円」の話を、武村正義との取材の際に切り出したところ、武村は少し驚いたような表情を見せつつも、次のように話していた。

「へー、律儀だね。途中に休みが入っても、月に一千万か……。（私は）ＡＰＥＣの時、総理に（官房機密費から）渡した。あと、細川さんのところには、秘書官を通じて、いくらかは渡していた。気持ちが伝わったかどうかはわからないが」（※なお、細川護熙は首相時代、九三年十一月十九日から二十一日まで、ＡＰＥＣ非公式首脳会議出席のため、訪米している）

これと同様の話は、〇二年四月に共産党が公表した、加藤紘一が官房長官時代の、官房機密費の使途の一部を記載した金銭出納帳の中に、毎月、十日前後になると、「長官室手当」の名目で、百十万―百二十万円程度の支出の記載がある。加藤の一年二カ月の官房長官在任期間中、これら「長官室手当」は合計で千五百四十二万円に達していたほか、警護のＳＰにも計百五十万円が支出されていたとの記載もあった（ＳＰに渡す分については、おそらくチップを渡すような感覚だったのだろう）。

第二章　「裏金」＝権力の味

貨幣の発明は、人間の文明社会の成立とパラレルである。18世紀末にフランスで、そして、20世紀の初頭にはロシアで革命が起こったが、それでも、お金は消滅しなかった。人間はなぜ、カネに心を動かされてしまうのか。そして、なぜ、その存在をタブー視し、また、隠そうとすべく、ウラに回してしまうのだろう。

そもそも、カネ自体にオモテもウラもない。そのやりとりを隠してしまうから、「裏金」と呼ぶだけのことである。

近ごろ、「保守主義」という言葉が、世の中を席巻している。「美しい国・日本」を目指しているという安倍晋三首相は、「開かれた保守主義」なるものを提唱している。

「保守」を意味する英語の「conserve」は、ラテン語の「conservāre」(con—共に＋servāre—保つ)から来ている。フランス語の「conservé」は、一義的には「缶詰にした」とか「よく保存の効く」「持ちのいい」「若々しい」という意味を持つ。つまり、『防腐剤』である。

このように、「保守主義」という言葉には、本来、「腐敗、堕落から守る」という意味が篭められている。

であるなら、我々が「共に保ち、守るべきもの」とは、「カネの魔力にからめとられ、腐敗していく人間が行なう政治から」ということであろう。「防腐剤」とは、そうした「政治とカネ」の関係を正し、チェックしていくシステムのことである。

1　「権力の裏金」機密費はヘソクリと根本的に違う

組織のあるところ裏金はある。権力の味の最も強い裏金こそ

この本では、「官邸・外務省」、「法務・検察」、「警察」に存在するオフィシャルな裏金を見る。それらの原資のメインはいずれも、戦前の「機密費」にルーツを持つ、「報償費」、「調査活動費」、「捜査費」という名称でそれぞれ予算計上されているものである。

こうした「裏金」は、あっさり言ってしまえば、官公庁はもとより、会社組織や労組、特殊法人なども含めたいろんな団体にも、ほぼ例外なく存在している、といってもいいだろう。

「裏金」と称するように、「オモテ」に出せないから、「ウラの金」なのであって、極端なことを言ってしまえば、人間が二人以上のユニットを組んで、家計や事業を営む以上は、おそらくどこにも存在しているのではないだろうか。例えば、卑近な例でいうと、夫婦間の「へそくり」がそうである。

だが、へそくりは基本的に個人の財産の使途の問題である。この本でとりあげる裏金は、公的な財産を「権力の裏金」として費消するところが、へそくりとは根本的に性質を異にする。それが、まさしく、「裏金＝権力の味」なのである。

最近（〇四—〇五年）の一連のNHKの不祥事問題で、受信料の不払いが殺到し、会長が辞任に追い込まれる事態にまで発展したが、そのきっかけとなったのは、NHKの芸能番組のチーフプロデューサーによる「裏金づくり」だった。

ここ数年の「役所の裏金問題」がブレイクする契機となった契機は、前章で触れた、〇一年に発覚した外務省機密費流用事件だろう。

時系列的には、検察の調査活動費について実名で内部告発しようとしていた大阪高検公安部長・三井環の逮捕劇（第三章参照、〇二年四月）、高知県警や北海道警などにおける裏金問題の噴出（第四章参照、〇三年七月以降）へと話はつながっている。

そこから、新聞、雑誌等で報道された裏金問題の主なものだけを拾い出してみても、「厚生労働省広島労働局における裏金づくり」（〇四年一月、中国新聞）、「日本郵政公社で裏金一億円」（〇四年五月、読売新聞）、「陸上自衛隊における裏金づくり」（〇四年十二月、フライデー）、「経済産業省大臣官房企画室で数千万円の裏金づくり」（〇五年六月、朝日新聞）、「社会保険庁で『諸謝金』を流用した裏金づくり」（〇六年五月、週刊朝日）、などがある。

さらには、東京地検が〇四年九月に、自民党旧橋本派の幹部だった元官房長官の村岡兼造だけを見せしめ的に在宅起訴し、矮小化する形で幕引き図った日歯連からの一億円闇献金事件（なお、村岡は〇六年三月の一審・東京地裁判決では無罪）も、要は日歯連から渡されたカネに「領収書を出す、出さない」で揉めた案件である。もし、領収書を発行していれば、「オモテの金」

として政治資金規正法に基づく「収支報告書」に記載されることになっていたであろうから、これも広い意味での裏金問題であろう。

ただ、こうしたところにまで話を持っていくと、焦点がぼやけてしまうので、我々の税金によって運営されている官公庁の中でも、その「権力の中枢」がコントロールする「権力の味」が最も強い「裏金」ということに的を絞って、引き続き、話を進めていく。

その視点から、前章で触れた「官房機密費」のつながりでいうと、「権力中枢の裏金」という部分において、「自民党」の方に光を当てると、じつは、党にも〝機密費〟はある。

それは「政策活動費」（「政治活動費」と呼ぶこともある）で、もともとは「国対費（＝国会対策費）」と呼んでいたものだが、前章でも触れたように、公明党書記長だった矢野絢也が、六七年（昭和四十二）に国会質問で取り上げたり、また、七四年に田中角栄退陣の引き金にもなった立花隆のレポート「田中角栄研究——その金脈と人脈」（『文藝春秋』七四年十一月号）をきっかけに、自民党の「金権政治」に対する批判が高まっていたことから、七五（昭和五十）年の政治資金規正法改正を機に、「政策活動費」へと名称変更したものである。

「銭のない候補者には金をやる。当選しそうな者に」（竹下登）

この「政策活動費（政治活動費）」については、竹下登が『政治とは何か——竹下登回顧録』

（講談社、二〇〇一年）の中で、こう語っている。

〈――一応予算はあるでしょうけれど、臨機に……。

竹下　政治活動費というのは臨機だと思えばいいんです。広報宣伝、そういうものはきちんと決まっています。年間どれだけの出版物をやって、『自由新報』がなんぼ、人件費がなんぼとか。選挙の公認料はなんぼずつとか、ここまではちゃんとする。そのプラスは政治活動費ですから、そこで強弱を含めてテコ入れしなければいけないわけですから。

だから、選挙をやるときには、その候補者の足らざるものを補っていくと。銭のない候補者には金をやる、当選しそうなものに。非常に感情を殺さなければいかんのは、なんぼ好きなやつでも、当選しそうもないのにやるわけにはいきませんしね。選挙のときは、いかに悪平等に配るかというのが幹事長の腕だと言われたこともあるんですから。一律公平主義では駄目だと。こいつに突っ込めと、当選しそうだというときには突っ込むとか。

――そういう党の政治活動の資金と、たとえば田中派の政治資金との関係というのは、無関係といえば無関係なのかもしれませんが。

竹下　原則的に言いますと、党に入るものは、党で使う。しかし党の経理を通して、これは田中派に出してくれというようなものがあるんですよ。個人後援会には限度額がなんぼとかあるのに、政党だと青天井みたいな感じですから。

――そういう裏を幹事長は全部知ってしまうということなんですね。

竹下　そうそう。まったくその通り。

――危ない仕事でもありますね。

竹下　危ない仕事です。〉

自民党の機密費「政策活動費」は官邸機密費を上まわる

「官房機密費」が、総理大臣の〝女房役〟である官房長官にその予算執行が一任されているのと同様、自民党予算のうち、それと同様に「臨機」に使える「政策活動費」は、党のナンバー2である「幹事長」の決裁で行なっている。

自民党の場合、この「党の機密費」である「政策活動費」を扱うのは、「幹事長―経理局長」のラインである。

「経理局長」とは、幹事長の下で、こうした政策活動費の「出入り」を扱う、いわば「金庫番」である。言うなれば、官房機密費を扱う首相官邸における「首席内閣参事官」（〇一年の省庁再編以降は、「内閣総務官」）に相当するポストである。

この自民党の機密費にあたる「政策活動費」については、『週刊ポスト』の〇四年十月八日号が、自民党の政治資金団体である「国民政治協会」の二〇〇〇年から〇二年までの三年分の収支報告書のコピーを入手し、その詳細な分析をもとに報じているが、この三年間で、「政策活動費」の額が、計百八十八億円に達していたことを明かしている。年平均だと六十三億円で、官房機密費のうち、「官房長官扱」の分のざっと五倍強にも達している。

一般的には、こうした政策活動費の引き出しにおいては、「幹事長一任」であり、場合によっては、幹事長は総裁の要求でも断ることもできるとされるが、金庫番としての経理局長は、その財布のヒモを握っている強さゆえ、自民党の元閣僚経験者による、次のような証言もある。

「（金庫番としての）経理局長は発言力を持っており、幹事長はＯＫでも、経理局長が首をタテに振らないと、出金が認められないこともある」

それゆえ、自民党の経理局長は、幹事長をはじめとする党三役とは違い、日頃からマスコミに露出しまくっているような、決して華やかなポストではないが、こうして「党の機密費」に直接、タッチできる立場であるため、とりわけ「五五年体制」においては、時の幹事長、もしくは総裁の「腹心」が充てられてきた。

その意味では、政策活動費をはじめとする「党のカネ」を扱う自民党の「経理局」は、〝自民党の大金庫〟と呼んでもよい。

前出の週刊ポストによると、〇〇年から〇二年までの三年間の自民党本部の収入総額は九百九十二億円に上っており、その内訳は、国民政治協会などを通した企業・団体献金が約百三十億円、個人献金約十億円、党費収入約四十八億円となっているが、最大の資金源は国民の税金から支払われる「政党交付金」の約四百四十二億円だった。繰越金などの重複を除けば、自民党本部にあるカネの半分以上は国民の血税である。

政策活動費の最大の使途は選挙だが、そのほかに、盆暮れに〝ボーナス代わり〟に議員に支給される氷代（夏）、モチ代（冬）も政策活動費から支払われている。そのときの光景について、自民党若手議員の証言として、こう紹介している。

「本部の経理局から、『何月何日の何時何分、必ず議員本人がおいで下さい』と連絡がある。そこには幹事長と経理局長が待っていて、挨拶もそこそこに現金でドンと400万円渡される。外には他の議員が順番待ちをしているから、すぐにカバンに入れて部屋を出なければならない。まるで、キャッシュ・ディスペンサーに並ぶような気分だ」

「国民政治協会」「自民党経理局」で二重マネーロンダリング

このように自民党の経理局には、大きなカネの溜まりが存在しているわけだが、いみじくも竹下登が回顧録で明かしていたように、政治家の後援会や資金管理団体に対する企業・団体からの献金には、政治資金規正法によって上限があるため（※これは、九五年、二〇〇〇年の二度の法改正によって、政治家個人に対する企業・団体献金は全面的に禁止されたため、そうしたことと引き換えに、「公費による助成」、すなわち、「政党交付金」の制度が導入されたという経緯がある)、自民党の経理局から「迂回」する形で政治家個人の元に届けられることもある。

これは、〇四年後半に発覚した日歯連(日本歯科医師連盟)の迂回献金問題の報道において明らかになったものだが、そうした政治資金規正法の縛りをくぐり抜ける「抜け道」として、自民党の資金管理団体である「国民政治協会」を通じ、企業・団体側がカネを渡す政治家を指定して献金し、自民党の経理局を通じて、その指定された議員に渡されるというものである。

つまり、議員側に直接、渡すと法に違反するので、「国民政治協会」、「自民党経理局」という、二つの〝クッション〟を間に挟むことで、「足が付かない」ようにするためで、要は「マネー・ロンダリング」である。

「国民政治協会」自体が、自民党の財界・企業からの献金窓口だったわけだが、その役割とはそもそも「カネを濾過する」ことである。

というのは、特定の業者からまとまった額のカネを受け取ると、どうしても刑法の「贈収賄罪」に触れる恐れが出てくる(そもそも献金をする側は、何かの見返りがあってするわけだが)。

こうした問題をクリアするためには、なるべく小口に分けて多くの業者から献金を受けるようにするか、または、カネの受け皿となる資金管理団体を作って、ワンクッション置くことである。

こうして国民政治協会に献金されたカネは、自民党の経理局を通じ、さらにそこから先、派閥や議員個々人へと渡されるわけだが、こうしたカネが一気に流れ込む「自民党経理局」を司るところに、「カネの集中再分配権」が存在する。自民党の幹事長、そして、経理局長の権力の源泉は、まさに「ここ」にある。

首相（＝自民党総裁）が持つ二つの「公的裏金」の最終権限

特に面白いのは、前出の週刊ポストの報道（〇四年十月八日号）で、こうした政策活動費の「受取人」として書く領収書の名前は、「幹事長」が圧倒的に多いことである。〇〇年一月から〇二年十二月までの三年間で、歴代幹事長が政策活動費の「受取人」として領収書を書いた総額は、以下の通りである。

森喜朗（幹事長在任〇〇年一月一日より―四月五日）三億三千百十五万円
野中広務（幹事長在任〇〇年四月五日―七月四日）七億一千二百二十万円
古賀誠（幹事長在任〇〇年七月四日―〇一年四月二十六日）七億一千七百二十万円
山崎拓（幹事長在任〇一年四月二十六日―〇二年九月三十日）十二億三千四百四十万円
安倍晋三（幹事長在任〇二年九月三十日―〇二年十二月三十一日まで）七億六千五百万円

これは、おそらく、前章で説明したように、官房機密費の執行において、とりわけ「官房長官扱分」については、「取扱責任者」である官房長官がまとめて機密費を受け取ったことにして領収書を書くのと同様、使途の〝機密性〟を保持するため、政策活動費においても、幹事長が同様の措置を取っているものと思われる。つまり、幹事長がまとめて受け取った形にしておいて、「そこから先」の支出は、まさに、「闇の中」である。

面白いのは、政策活動費の場合、自民党総裁（＝総理大臣）も、それなりの金額を受け取った形にして、領収書を書いている点である。

小渕恵三（首相在任〇〇年一月一日より─〇〇年四月五日）八千二百万円
森喜朗（首相在任〇〇年四月五日─〇一年四月二十六日）三億四千四百万円
小泉純一郎（首相在任〇一年四月二十六日─〇二年十二月三十一日まで）一億四千三百万円

これら、首相（＝自民党総裁）が受け取ったとして領収書を書いている政策活動費がいったい何に使われたかは、知る由もないが、これは筆者の想像でしかないが、政策活動費については、このように党総裁が自由に使える「総裁枠」があるのではないか、と思われる（それか、前章で触れたように、官房長官が任命権者である首相に官房機密費の一部を「手当」のような形で上納していたように、これも幹事長の任命権者である自民党総裁に対する「上納金」なのかもしれない）。

自民党政権においては、基本的に自民党総裁が内閣総理大臣を兼任しているわけだが、首相は「総理大臣―官房長官」、「総裁―幹事長」の二つのラインによって、「官房機密費」、そして、「政策活動費」という、いわば二つの「オフィシャルな裏金」をコントロールできる最終権限を持っている、ということになる。

こうしたカネの支出についての直接の決裁権は、官房機密費であれば、「官房長官」、政策活動費であれば、「幹事長」だが、自民党総裁である総理大臣であれば、このいずれにでも指示し、選挙であれ、国対であれ、そして、何であれ、支出を命じることはできる。

こうしたカネを自由に動かすことができることこそが、首相、とりわけ自民党政権における総理大臣の権力の源泉であるともいえよう（あと、首相が自民党の総裁派閥のボスであれば、派閥で動かせるカネもある）。

「裏金」とは、文字通り、オモテに出せないから「ウラの金」と呼んでるわけで、これが、もし、表沙汰になった場合、その捻出方法、さらには使途において、法律に違反することがままある。

ある自民党の閣僚経験者の一人は、こう話す。

「官房機密費なんて、あれはあくまで（裏金の）一部でしかないからな。オモテから入ってくるカネは、自治省（現・総務省）にちゃんと報告しなければならないため、そういったカネは（選挙での）買収や国対には使えない。自民党の国政選挙でいうと、県議が集票マシーンだから、県議にカネを渡す。あと、犯罪的に作るものとして、派閥のカネもある。これは派閥の拡大や、選挙にも使う」

これをさらに裏付けるものとして、自民党旧橋本派への日歯連からの一億円闇献金事件で、同派の会計責任者だった滝川俊行（政治資金規正法違反罪で有罪が確定）が、〇五年一月二十四日に東京地裁で開かれた元官房長官、村岡兼造の公判に証人として出廷し、次のように証言している。

「〇一年七月の参院選の際、派閥主催のパーティー券の売上金の一部を収支報告書には記載しないで裏金にし、派閥所属議員に計数億円を一斉に配った。（公職選挙法で定められた）法定費用では足りないのが、永田町の常識だ」

裏金報道キャンペーンと情報公開の流れは表裏一体

我々国民の税金を原資とした「裏金」の問題が、新聞、テレビといったマスメディアで大きく取り上げられ、広く社会問題化していく嚆矢となったのは、一九七九（昭和五十四）年に朝日新聞が行なった「公費天国キャンペーン」であろう。

これは、本書下巻の第三章、第四章でも取り上げる、法務・検察、さらには警察の裏金問題をも果敢に取材していた朝日新聞（東京本社）記者の落合博実が、まだ社会部の中堅として国税担当だった頃に取材班に加わり、そうした税務に関する豊富な知識も駆使しながら、日本鉄道建設公団（鉄建公団）をはじめとする官公庁の裏金問題に切りこんでいったのである。

この公費天国キャンペーンが行なわれたのが、ちょうど総選挙の直前だったこともあり、朝日のこの公費天国キャンペーンの煽りをまともに食らう結果となった。

このときの選挙で自民党は惨敗し、新自由クラブの支持を得ないことには政権維持ができなくなったことから、当時、一般消費税の導入をもくろんでいた大平内閣は、やむなく「撤回」へと追い込まれるのである。

その後、こうしたお役所の裏金問題がマスメディアで大きく取り上げられるようになるのは、九〇年代半ばの、いわゆる「官官接待」の問題である。

この導火線となったのは、国の機関に先駆けて、地方自治体では、住民たちからの要求によって、一九八〇年代前半から「情報公開条例」の制定が各地で相次いでいたことによる。市町村レベルでは、山形県最上郡金山町が八二（昭和五十七）年三月に全国では初めて情報公開条例が制定され、また、都道府県においては、神奈川県で同年十月に制定された（いずれも八三年四月に施行）。

こうした住民の「情報公開条例制定運動」は、九〇年代に入ると、法律知識にも詳しい弁護士らもメンバーに加わる形で、「市民オンブズマン」として、さらにヴァージョンアップされ、そのネットワークが全国規模で構築されるようになる。

オンブズマン運動の先駆けとなったのが、仙台である。

仙台市民オンブズマンが結成されたのは、九三（平成五）年六月のことだが、ちょうどその直後に前仙台市長・石井亨がゼネコン汚職で逮捕され、その逮捕をきっかけに同オンブズマンは、宮城県知事だった本間俊太郎の交際費開示請求へと追及の矛先を向け、そこから地方自治体の「裏金の原資」だった「食糧費」の存在を明るみに出していく。

そうした最中の九三年九月、本間も汚職で逮捕されたことから、この仙台市民オンブズマンの追及もさらに勢いづき、全国に飛び火していくことになる。

続く九四、九五、九六年にかけて、全国で産声を上げていったオンブズマン組織と、それを強く後押しした新聞報道によって、各自治体で裏金問題が噴出する。

そこでは、捻出していた裏金を内輪における飲み食いはもちろんだが、予算陳情のため、霞が関にある官庁のキャリア幹部の接待にも充てられていたことに批判が集中し、「官官接待」という言葉が、当時の〝流行語大賞〟にもなった。

こうした動きとパラレルで、九四年七月、仙台をはじめ、東京、名古屋、大阪など全国の十七ヵ所にできた地域のオンブズマン組織の賛同を得て、「全国市民オンブズマン連絡会議」が発足する。これをきっかけに、草の根のネットワークが張り巡らされるように、全国各地にオンブズマン組織が作られていくのだが、もともと「オンブズマン」とは、スウェーデン語の「代理人」「権限、使命を持った者」という意味である。

本来は、十八世紀初めのロシアとの北方戦争に敗れて、当時の国王・カール十二世がトルコに亡命中、内政が混乱したため、「国王の代理人」として、その職務の執行にあたる「オンブズマン」を任命したのが、そもそもの始まりだった。

その後、スウェーデンでは王政から議会政治へと移行したが、その中で、オンブズマンの役割は「国王の代理人」から、国民の自由と権利を守り、民主政治を構築していくうえで不可欠な「行政の監視」という役割を担うことになる。つまり、「主権者たる国民の代理人」ということである。

全国市民オンブズマン連絡会議の活動が大きくクローズアップされるのは、九五年四月、情報公開条例を制定している都道府県や政令指定都市を対象に、「食糧費」に関する書類の開示請求を一斉に行なったことがきっかけである。

この背景には、ちょうどこの年の春の統一地方選で、東京都知事に青島幸男、大阪府知事に横山ノックと、既成政党の枠に縛られない「無党派層の支持を受けた自治体首長」が同時に誕生していたという世論も強く後押ししていた。

続くこの九五年の十一月以降は、北海道、秋田県、鹿児島県で相次いでカラ出張が発覚したことから、追及の矛先を「カラ」へとさらに向けていく一方で、こうした活動とリンクさせる形で、国に対して「情報公開法」の制定を求めていった。

日本で情報公開法の制定を求める動きが本格的に出てきたのは、一九七六年のロッキード事件がきっかけだったが、なかなか法案提出にまでこぎつけられず、野党共同提案という形ながら、初めて国会に提出されたのは、じつに九三年六月のことだった。

しかし、その直後に宮沢内閣の不信任決議案が可決され、衆院が解散されたため廃案になってしまったが、その後、細川非自民連立政権が成立し、このときの野党共同提案に参加していた政党が軒並み政権与党となったことで、この情報公開法制定の動きは加速し、さらに九四年六月には自民、社会、さきがけの三党連立へと枠組みが変わったものの、法制定に積極的だった社・さの主張を自民党が配慮し、法案提出の準備を進めていた。全国市民オンブズマン会議の公費不正支出問題の追及は、こうした動きを強く後押しすることになった。

法案は自・社・さ政権末期の九八年三月に国会提出されたが、「国民の知る権利」が明記されていないことや、非開示決定の取り消しを求める訴えを起こす裁判所の管轄をどうするかが大きな論点となった。

結局、「国民の知る権利」の明記は見送る代わりに、手数料については一定の歯止めをかける一方、訴訟を提起できる裁判所を高裁のある全国八カ所とすることで妥協が成立。特殊法人などへの適用が見送られるなどの不備も多々あったが、何とか、九九年の通常国会で成立し、〇一年四月から施行されることになったのである。

公安調査庁が敵意をむき出しにするオンブズマン運動

「情報公開法の施行」が、国に所属する行政機関の中でも、とりわけ権力中枢といわれる「法務・検察」、「警察」といったところにいる人間たちに、どれだけの「恐怖」を与えていたかは、我々の想像以上のものがある。

法務・検察であれば「調査活動費」、警察であれば「捜査費」と、いわば「オフィシャルな裏金」を持っている。オンブズマンはもちろん、それに焚き付けられたマスメディアの追及の矛先が、もし、「ここ」に向かってきたら、とてもではないが、「組織が持たない」のである。

そのことは、法務省の外局で、検察庁以上にふんだんな調査活動費の予算を持っている公安調査庁が、九六年十月二日付けで作成した、「水曜会資料」と呼ばれる内部文書からも窺える。

「水曜会資料」とは、公安調査庁の本庁調査部が作成している、内部における最も中心的な資料で、毎週水曜日までに文書化されることからこの名が付いている。長官以下、首脳らの検討会議用に使われ、もちろん、政治家や公調が関係する機関にも流される。

当時、政府部内で進められていた情報公開法制定の動きと合わせる形で、全国の市民オンブズマンの活動が、こうした動きに拍車をかけていることに神経を尖らせ、「市民オンブズマン運動の調査」と題し、その「水曜会資料」では次のように分析している。

〈〔市民オンブズマン運動の現状と見通し〕

○昨年（※九五年）の「食糧費」「官官接待」問題から、本年（※九六年）は「カラ出張」の追及に矛先を移し、全国大会の場で調査結果を発表するとともに、都道府県知事に対する徹底した実態解明の要求、刑事告発、情報公開訴訟の提起に取り組む。
○自治体にとどまらず、中央各省庁に対しても情報公開請求を行なうため、「情報公開法」の実現を目指す。
○個人責任追及の行き過ぎ、弁護士主導の運動のあり方、活動費用不足等の問題が議論されるようになった。
○各自治体の条例では情報公開の対象となっていない議会や公安委員会の旅費・食糧費などの公開請求にも力点を置く。

昨年来、行政の監視・告発運動を推進している全国市民オンブズマン連絡会議の活動をマスコミ誌紙が大きく取り上げ、自治体の「官官接待」や「カラ・ムダ出張」が社会問題化しており、各自治体においては、公的オンブズマン制度を導入しようとする機運も高まっている状況にある（現在、導入している主要自治体は沖縄県、横浜市、川崎市。近く導入を予定しているのは宮城県、東京都）

全国市民オンブズマン連絡会議傘下の市民オンブズマン組織は、現在、36都道府県に準備会を含め39の組織が結成されている。これら市民オンブズマンの大半は、規約・会則で特定の政治目的や党派活動に利用しないことを謳っている。しかし、組織の中心メンバーは、全国連絡会議の代表幹事である井上善雄（大阪弁護士会）、高橋利明（東京弁護士会）をはじめ、事務局長の新海聡（名古屋弁護士会）、幹事の小野寺信一（仙台弁護士会）など、日共系の自由法曹団に参加している弁護士の多いことが目立つ。また、日共を離党した県会議員が組織している静岡県オンブズマン、過激派系の京都市民オンブズパースンもみられるなど、反権力的な方向を目指している運動が大半である。

同連絡会議は、7月27、28の両日、第3回市民オンブズマン全国大会（高知市・県教育会館、約280人）を開催し、自治体における「カラ・ムダ出張」の実態追及した報告や、監査委員制度の改革をテーマとした討論を行なった。大会内容は、地元の高知新聞をはじめ、毎日、読売などがそれぞれの全国版で取り上げたほか、日共も、「赤旗」紙上に協賛記事を掲載している。

以下は、全国大会などで示された市民オンブズマン運動の現状と見通しについて取りまとめたものである。

1　「カラ出張」の実態を暴露し、監査制度の見直しや情報公開請求範囲の拡大などを提起（以下略）

2　情報の全面公開を柱とした「情報公開法」の実現を目指す（以下略）

3　個人責任を過剰追及する運動の進め方、弁護士主導の運動の在り方や活動費用不足等の論議も（以下略）

4　運動の矛先は、治安部門などの権力中枢へと向かう見通し

全国市民オンブズマン連絡会議は最近、全国大会を受け幹部会議を開いた中で、当面の取組重点として、①10月15日に47都道府県の知事宛に一斉に食糧費と旅費についての情報公開請求を行なうこと②愛知県警のカラ出張疑惑に絡んで、警察・公安委員会関係などの情報公開も積極的に求めていくこと。③ＨＩＶ訴訟を踏まえ、「薬害オンブズマン」を発足することなどを協議したといわれる。

また、日共系の福岡県自治体研究所が9月8日に開いた第16回福岡県自治体フォーラムの席上でも、「市民オンブズマン福岡」の日共系弁護士が、「オンブズマン運動は、『公安・警察』情報を開示させることを最終的な目標にしている」旨発言したといわれる。

このように、運動の矛先を我が国の治安部門に及ぼそうとしていること、情報の全面公開を柱とした「情報公開法」の実現を目指していることを考え合わせると、運動は今後、加速度的に〝権力中枢〟へと矛先を向けていくものと思われる。〉

「捜査当局が裏金づくり。それをやっちゃあ、おしめえよ」

そもそも公安調査庁は、「公安調査庁設置法」に基づいて、法務省の外局として設置されたものだが、その活動範囲は、同法にも規定されているように「破壊活動防止法」「団体規制法」に則り、「無差別的大量殺人行為」を行なった団体に対する調査に限定されている。

その観点からすれば、官公庁における公金の不正支出を追及するオンブズマンまでを監視し、調査対象とすること自体、法に違反する「越権行為」もいいところだが、これに飽きたらず、さらに、日本ペンクラブ、日本ジャーナリスト会議、アムネスティ日本支部、日本婦人団体連合会、日本消費者連盟などといった市民団体までも公安調査庁は調査対象にしていたことが判明している（これら、調査対象とされた三十八団体は二〇〇〇年七月、日弁連に人権救済の申し立てを行なっている）。

もっとも、公調がこの水曜会資料でまとめていた「オンブズマン運動の矛先は、権力中枢へと向かう見通し」との見立ては、まったく正しかったわけであるが、要は、公安調査庁がこれほどまでに「過剰反応」というより、〝被害妄想〟に駆り立てられるがごとく、市民オンブズマン以下、市民団体の動向を調査していたのは、本書下巻の第三章で触れている、公安調査庁も含めた法務・検察組織の裏金である「調査活動費」の実態にメスを入れられるであろうことに対して、いかに戦々恐々としていたかの裏返しでもあろう。

高知県警の捜査費不正支出問題を追及している「市民オンブズマン高知」のメンバーの一人は、次のように話す。

「我々の活動は、（九三年に）高知県庁の須崎県税事務所でカラ出張が発覚したときからやっている。高知地検に告発したが、結果は起訴猶予だった。そのころから、（九五年の）第二回のオンブズマン全国大会から参加している。オンブズマンの全国組織といっても、別に上意下達ではなく、ヨコの連絡組織といった感じだ。道楽でやっている。始めたきっかけは、もともと曲がったことが嫌いだったから。言うべきことはきちんと言う。メンバーは思想的には右から左、人間的にも穏健から過激までいろいろいるが、目標はただ一つ、『税金の無駄使い』を正していくこと。当局はオンブズマンを『共産党員の集まり』というふうに見ているようだが、それは全然、違う。高知県警の裏金追及も、同じお役所の不正経理だから、やってることは同じ。ただ、それが『捜査の秘密』ということで、これまでバレなかっただけだ。寅さんじゃないけど、捜査当局はそうした犯罪を摘発するところでしょ。そこが裏金を作ってんだから、『それをやっちゃあ、おしめえよ』の世界でしょう」

2　「権力の裏金」を会計検査院はチェックできない

国家予算の審査要求ができるのは直接利害関係人だけ

公金の不正支出を追及するオンブズマン活動において、「情報公開請求」、「監査請求」、そして、「住民訴訟（もしくは刑事告発）」を〝三種の神器〟と呼んでいる。

前述したように、情報公開制度は地方自治体から制定が始まり、国において、ようやくその施行が始まったのは、〇一年度からだが、まず、この情報公開請求によって、旅費や食糧費など、裏金の原資となりやすいものをターゲットに内部資料を入手する。

資料を分析した結果、「どうもこれは正規に執行されていないようだ」、または、「カラであるという疑いが濃厚」という場合には、自治体の監査委員に監査請求を行なう。

その場合、監査委員は六十日以内に監査を行ない、その結果を通知しなければならないが、その〝身内意識〟から、大概は「棄却」というケースがほとんどである。

おそらく、こうした状況と裏腹にあるのだろうが、例えば、東京都監査事務局で九六年二月、九四年度分の「会議費」の中から総額百三十五万円の裏金を捻出し、内部の飲食代や懇親会費に充てていたことが発覚している。しかし、監査を行なう対象とは要は「同じ穴のムジナ」ということなのだから、そこで、不正支出を認定してその分を返還させるような監査結果を出すことが、なかなかないのもよくわかる。

そうした監査結果に不服があるときは、住民訴訟を起こし、不正に流用された公金の返還を求めるか、もしくは、警察なり、検察庁といった捜査当局に刑事告発することになる。

この「監査請求→住民訴訟」については、地方自治法の第二百四十二条で規定されており、当該自治体の住民であれば誰でも、その自治体予算の無駄使いや不正流用に対し、「監査委員→裁判所」の二段階で返還を求めていく制度が存在している（ただし、それは当該自治体の予算に限られる）。

ところが、国の予算に関しては、法律に基づいて、こうした公金の不正支出を追及する制度が存在しないのである。

確かに、会計検査院法第三十五条とそれに基づく審査規則では、国の予算執行において、カラ出張や裏金づくりといった不正経理があった場合、会計検査院に対して「審査要求」ができることになっている。

しかし、その一方で、こうした「審査要求」ができるのは、「利害関係人」に限られるとしている。

ここでいう、「利害関係人」とは、そうやって不正な予算執行がなされたことによって、直接、被害を被った人をいう。わかりやすく例えれば、警察の捜査に協力して、その結果犯人逮捕に結びつく情報を提供したり、または、「S」として捜査費を貰う立場にあるのだが、「それでも捜査費が貰えなかった」ようなケースである。

それゆえ、あるオンブズマン組織が「その予算が不正に使われた」という判決をもとに、会計検査院に審査要求を出したところで、会計検査院からは「では、あなた自身がその予算執行において、直接的な被害を被っているのか」と反論された挙げ句、「それによって、いくらいくらの損害を被ったという証明ができなければ、審査を受け付けることはできない」と、門前払いにされてしまうというのである。

実際、第四章の警察の裏金で触れる元警視庁会計担当職員の大内顕が、〇一年七月、自らが直接、関わった警視庁警備一課の日額旅費、出動旅費の裏金づくりに関して、会計検査院に審査要求を出したところ、その約一ヶ月後に「あなたは利害関係人ではない」として、却下されている。

ちなみに、大内がこのとき審査要求を行なうまでに、戦後、この制度が導入されてから全部で六十七件しかなく、大内の審査要求はじつに九一年以来、十年ぶりのことだったという（なお、この六十七件の審査結果の内訳は、却下または取り下げ四十六件、是正を要しないもの十七件、是正を要すると認められるもの三件、判定不能一件となっている。）

国会は国民による違法な税金の使途チェック立法を

本来、こうした税金が不正流用されることで被害を被るのは、最終的には納税者であるわけだから、「真の利害関係人」は、我々国民であるはずである。

しかし、会計検査院はそうした姿勢を取らない。つまり、「利害関係人」とは、例えば、「発注した工事について国が代金を払ってくれない」といった、「債務負担先の相手」しか認めていないのである。要は、審査要求を「門前払い」するための〝方便〟なのである。

さらには、会計検査院審査規則の第六条では、「審査要求が行われた事項について、訴訟が提起された場合は、審査手続きを中止することができる」との規定がある。

仮に、運よく「利害関係人」と認められ、審査要求が受理されたところで、その途中で請求者が別に裁判を起こし、公金の返還を求めると、「だったら、裁判でやればいいでしょ。それならウチは手を引きます」と、そこで審査自体を打ち切ってしまうことができるということなのである。

ここが地方自治法によって、「監査請求」、そして「住民訴訟」という〝二段階方式〟で、公金の不正支出を返還させることのできる制度が確立している自治体（＝都道府県や市区町村）の予算執行とは決定的に違う点である。

つまり、国の予算に関しては、こうした役所の裏金づくりという、不正流用を是正していく法律上のシステム自体が存在していないのである（いちおう、公権力の不正な行使によって被った被害を回復する手段として、「国家賠償法」があるが、これは第一義的には水俣病や薬害エイズといったように、政府の無策によって、肉体的、精神的にも甚大な被害に対する救済が目的であるため、いわゆる公金の不正支出の是正に特化したものではない。ツールとしてはあまりにも大風呂敷すぎて、使い勝手が非常に悪い）。

オンブズマンがこれまで主に自治体における公金不正支出問題を追及してこれたのは、「情報公開請求」、「監査請求」、そして、「住民訴訟」という、条例や法律に基づいた「解明システム」があったからこそである（これを、「公金不正追及の三点セット」と彼らは呼んでいる）。

前出の「市民オンブズマン高知」のメンバーの一人はこう話す。

「オンブズマン運動とは、司法の力を使って、役所の公金不正支出という『膿《ウミ》』を出していくことだ。楽しんで、道楽でやっている。仕事ではない。こうした追及はなかなか新聞社だけでは続かない。情報公開請求や監査請求、住民訴訟、刑事告発と、そうした一連の動きと連動していくことが必要だ。私が（そうした流れを）作る人。新聞はそれを書く人」

それゆえ、こうした法制度上の不備を解決すべく、自治体予算において「監査請求→住民訴訟」の二段階で責任追及ができるようなシステムを、国の予算執行における不正支出においても、構築しなくてはならない。例えば、大阪弁護士会が〇二年十二月二十四日付けで「公金検査請求制度（国民訴訟制度）の提言――違法な税金の使い方を国民がチェックする制度を求め国の予算執行においても、自治体同様に、不正支出された公金を国庫に返還させ、その責任を徹底追及できる法システムの整備が急がれている。大阪弁護士会が2002年に公表した「公金検査請求法案」。

公金検査請求法（案）

第１章　公金検査請求

（会計検査院に対する公金検査請求）

第１条　国民は、国、独立行政法人、別表記載の特殊法人、認可法人（以下「国等」）の各省各庁の長、理事、代表者、職員等について、違法な公金の支出、財産の取得、管理若しくは処分、契約の締結若しくは履行若しくは債務その他の義務の負担がある（当該行為がなされることが相当の確実さをもつて予測される場合を含む。）と認めるとき、又は違法に公金の賦課若しくは徴収若しくは財産の管理を怠る事実（以下「怠る事実」という。）があると認めるときは、これらを証する書面を添え、会計検査院に対し、検査を求め、当該行為を防止し、若しくは是正し、若しくは当該怠る事実を改め、又は当該行為若しくは怠る事実によつて国等のこうむつた損害を補填するために必要な措置を講ずべきことを請求することができる。

（請求の期限）

第２条　前条の規定による請求は、当該行為のあつた日又は終わつた日から１年を経過したときは、これをすることができない。ただし、当該行為を知ることができなかったことにつき相当な理由があるときは、当該行為があったことまたは終わったことを知ったときから６か月以内に行わなければならない。

（会計検査院の措置）

第３条　第１条の規定による請求があった場合において、当該行為が違法であると思料するに足りる相当な理由があり、当該行為により国に生ずる回復の困難な損害を避けるため緊急の必要があり、かつ、当該行為を停止することによって人の生命又は身体に対する重大な危害の発生の防止その他公共の福祉を著しく阻害するおそれがないと認めるときは、会計検査院は、各省各庁の長、独立行政法人、別表記載の特殊法人、認可法人（以下「独立行政法人等」）の代表者に対し、理由を付して次項の手続が終了するまでの間当該行為を停止すべきことを勧告することができる。この場合においては、会計検査院は、当該勧告の内容を第１条の規定による請求人（以下本条において「請求人」という。）に通知し、かつ、これを公表しなければならない。

（会計検査院の勧告措置）

第４条　第１条の規定による請求があった場合においては、会計検査院は、検査を行い、請求に理由がないと認めるときは、理由を付してその旨を書面により請求人に通知するとともに、これを公表し、請求に理由があると認めるときは、各省各庁の長、独立行政法人等に対し期間を示して必要な措置を講ずべきことを勧告するとともに、当該勧告の内容を請求人に通知し、かつ、これを公表しなければならない。

（会計検査院の勧告措置の期限）

第５条　前項の規定による検査及び勧告は、第１条の規定による請求があった日から６か月以内にこれを行なわなければならない。

（請求人の意見陳述、証拠提出）

第６条　会計検査院は、第４条の規定による監査を行うに当たっては、請求から２か月以内に、請求人に証拠の提出及び陳述の機会を与えなければならない。

（関係者の聴取手続）

第７条　会計検査院は、前項の規定による陳述の聴取を行う場合又は関係のある各省各庁の長その他の執行機関又は職員、独立行政法人等の代表者、職員の陳述の聴取を行う場合において、必要があると認めるときは、関係のある各省各庁の長その他の執行機関若しくは職員、独立行政法人等の代表者、職員又は請求人を立ち会わせることができる。

（会計検査院の勧告を受けた行政機関等の義務）

第８条　第４条の規定による会計検査院の勧告があったときは、当該勧告を受けた各省各庁の長、独立行政法人等は、当該勧告に示された期間内に必要な措置を講ずるとともに、その旨を会計検査院に通知しなければならない。この場合においては、会計検査院は、当該通知に係る事項を請求人に通知し、かつ、これを公表しなければならない。

第２章　国民訴訟制度

（国民訴訟で求めることができる請求内容）

第９条　第１条の規定による請求をした者は、第４条の規定による会計検査院の検査の結果若しくは勧告若しくは第８条の規定による各省各庁の長、独立行政法人等の措置に不服があるとき、又は会計検査院が第４条の規定による検査若しくは勧告を第５条の期間内に行なわないとき、若しくは各省各庁の長、独立行政法人等が第８条の規定による措置を講じないときは、裁判所に対し、第１条の請求に係る違法な行為又は怠る事実につき、訴えをもって次に掲げる請求をすることができる。

１　各省各庁の長、独立行政法人等に対する当該行為の全部又は一部の差止めの請求

２　行政処分たる当該行為の取消し又は無効確認の請求

３　各省各庁の長、独立行政法人等に対する当該怠る事実の違法確認の請求

４　当該職員又は当該行為若しくは怠る事実に係る相手方に損害賠償又は不当利得返還の請求をすることを各省各庁の長、独立行政法人等に対して求める請求。ただし、当該職員又は当該行為若しくは怠る事実に係る相手方が会計検査院法３２条３項の規定による弁償命令の対象となる者である場合にあっては、当該弁償の命令をすること求める請求。

（提訴期限）

第１０条　前条の規定による訴訟は、次の各号に掲げる期間内に提起しなければならない。

１　会計検査院の検査の結果又は勧告に不服がある場合は、当該検査の結果又は当該勧告の内容の通知があった日から３か月以内

２　会計検査院の勧告を受けた各省各庁の長、独立行政法人等の措置に不服がある場合は、当該措置に係る会計検査院の通知があった日から３か月以内

３　会計検査院が請求をした日から６か月を経過しても監査又は勧告を行わない場合は、当該６か月を経過した日から３か月以内

４　会計検査院の勧告を受けた各省各庁の長、独立行政法人等が措置を講じない場合は、当該勧告に示された期間を経過した日から３か月以内

（提訴期限）

第１１条　前条の期間は、不変期間とする。

（別訴の禁止）

第１２条　第９条の規定による訴訟が係属しているときは、他の国民は、別訴をもって同一の請求をすることができない。

（裁判管轄）

第１３条　第９条の規定による訴訟については、行政事件訴訟法１２条に定める裁判所のほか、原告の普通裁判籍の所在地を管轄する地方裁判所に提起することができる。

裁判所は、他の裁判所に同一又は同種もしくは類似の第１項の規定による訴訟が係属している場合においては、当事者の住所、尋問を受けるべき証人の住所、争点又は証拠の共通性その他の事情を考慮して、相当と認めるときは、申立てにより又は職権で、訴訟の全部又は一部について、他の裁判所に移送することができる。

（差止請求の要件）

第１４条　第９条の規定による差止めの訴えは、当該行為を差し止めることによって人の生命又は身体に対する重大な危害の発生の防止その他公共の福祉を著しく阻害するおそれがあるときは、することができない。

（訴訟告知）

第１５条　第９条の規定による訴訟が提起された場合には、当該行為を行った長、職員、代表者等又は相手方に対して、各省各庁の長、独立行政法人等は、遅滞なく、その訴訟の告知をしなければならない。

（時効中断）

第１６条　前条の訴訟告知は、当該訴訟に係る損害賠償又は不当利得返還の請求権の時効の中断に関しては、民法１４７条第１号の請求とみなす。

（時効中断）

第１７条　第１５条の訴訟告知は、第９条の規定による訴訟が終了した日から６月以内に裁判上の請求、破産手続参加、仮差押若しくは仮処分又は納入の通知をしなければ時効中断の効力を生じない。

（仮処分）

第１８条　第９条に規定する違法な行為又は怠る事実については、民事保全法（平成元年法律第９１号）に規定する仮処分をすることができない。

（行政事件訴訟法）

第１９条　第１０条から前条までに定めるもののほか、第９条の規定による訴訟については、行政事件訴訟法第４３条の規定の適用があるものとする。

（弁護士費用）

第２０条　第９条の規定による訴訟を提起した者が勝訴（一部勝訴、和解、認諾、訴訟外での賠償金の支払等を含む。）した場合において、弁護士又は弁護士法人に報酬を支払うべきときは、国に対し、その報酬額の範囲内で相当と認められる額の支払を請求することができる。

第３章　国民訴訟の効力ー国民が勝訴した場合の行政機関等の義務

（請求の義務）

第２１条　第９条の規定による訴訟について、損害賠償又は不当利得返還の請求等を命ずる判決が確定した場合においては、各省各庁の長、独立行政法人等は、当該判決が確定した日から６０日以内の日を期限として、当該請求に係る損害賠償金又は不当利得の返還金の支払請求など判決の主文、理由にしたがった措置を取らなければならない。

（訴訟提起の義務）

第２２条　前条に規定する場合において、当該判決が確定した日から６０日以内に当該請求に係る損害賠償金又は不当利得による返還金が支払われないなど、判決の主文、理由にしたがった措置が実現されない場合、各省各庁の長、独立行政法人等は、当該損害賠償又は不当利得返還の請求等右措置を実現することを目的とする訴訟を提起しなければならない。

（弁償命令の義務）

第２３条　第９条の規定による訴訟について、弁償の命令を命ずる判決が確定した場合においては、各省各庁の長は、当該判決が確定した日から６０日以内の日を期限として、弁償を命じなければならない。この場合においては、第３２条３項の規定による会計検査院の検定を求めることを要しない。

（訴訟提起の義務）

第２４条　前条の規定により弁償を命じた場合において、当該判決が確定した日から６０日以内に当該弁償の命令に係る弁償金が支払われないときは、各省各庁の長は、当該弁償の請求を目的とする訴訟を提起しなければならない。

（訴訟告知の効力）

第２５条　第９条の規定による訴訟の裁判が第１５条の訴訟告知を受けた者に対してもその効力を有するときは、当該訴訟の裁判は、国、独立行政法人等と当該訴訟告知を受けた者との間においてもその効力を有する。

以　上

て」と題する文書をまとめている。であれば、国会はこれに則り、早急に同様のシステムを立法化する必要がある。

日本中で一番仕事をしていない役所が会計検査院

話を戻して、自治体予算の不正支出をチェックする監査委員事務局に相当するのが、国の場合、「会計検査院」である。しかし、これもまっとうに機能しているかどうかは、非常に疑わしい。

まず、そもそも「会計検査院の職員は仕事をしない」という指摘がある。

主に法人税担当の調査官として十年間、国税に勤務し、その後は経営コンサルタントとして活躍している大村大次郎は、『脱税調査ウラ話・ここまで暴露（バラ）せばクビがとぶ』（あっぷる出版社、二〇〇四年）の中で、「会計検査院の人件費は税金の無駄遣い」として、こう指摘している。

〈日本のお役所の中で、一番、無駄遣いをしているのは、どこだと思いますか？　元役人の立場から言いますと、自信を持って「会計検査院」を推します。

会計検査院というのは、各官庁や関係機関の会計を検査する機関です。もちろん税務署に対しても、調査をします。

少し前に会計検査院の職員が、林野庁の職員に、裏で高級牛肉などを請求した事件がありました。その時は、とんでもない不良役人ということで、本人のみが非難されていましたが、会計検査院には、全役所的にそういう性格があるのです。

会計検査院というのは、ときどきマスコミでもたたかれることがありますが、日本の役所の中では、もっとも無能なものだと私は思います。税務署が国民に対するときの厳しさの一〇分の一もない悠長さで日々、仕事を行なっていると思われるのです。

今ではある程度改善されたかも知れませんが、私が税務署員をしていたころは、会計検査院というのは、本当に楽な商売をしていました。

会計検査院は、一定規模の税務署には毎年のように、小さい税務署でも、三年に一度程度は調査に入ります。税務署の会議室などをあてがわれ、税務署が用意した書類に目を通します。昼食は税務署が用意した特上の出前を食し、調査期間一週間のうち、少なくとも一日以上は管内視察と称して、税務署の公用車を使用して物見遊山に出かけるのです。税務署側は、会計検査院の立場を配慮して、軽微な間違いを用意しておくので、実積だけは一応残ります。

「税金の無駄遣いがこれだけありました」と会計検査院の発表のニュースが、毎年、流れます。会計検査院が指摘した税金無駄遣いの額は、会計検査院の人件費を若干上回るくらいの額なのです。桁が二、三個違うだろうというのが、元現場にいた人間の実感です。というより、会計検査院の人件費はすべて、税金の無駄遣いだろう、とも思います。

会計検査院というのは、強い権限を与えられています。マスコミや市民オンブズマンが見れないような書類も見ることができますし、質問権もあります。なのに、マスコミや市民オンブズマンが見つけるほどの税金無駄遣いさえ、見つけることが出来ないのです。

もし、財政再建を果たそうというのなら、まず、会計検査院を根底から作り直すことが急務なのではないかと思います。会計検査院がまともな仕事をすれば、財政赤字など吹っ飛ぶくらいの税金無駄遣いを見つけることができると思うのです。〉

会計検査院摘発の「税金ムダ使い」額は院の予算額が目安

この「会計検査院は仕事をしない」という指摘を裏付けるものとして、九五年十月四日付け毎日新聞朝刊が、「無駄遣い摘発、『目安は院の予算額』」として、八九年度から九三年度までに「不当支出」と指摘して公表した額が、会計検査院のその間の年間予算額とほぼ一致しているとして、こう内部関係者の証言として記している。

「指摘額が多すぎると、検査対象の官庁から反発されるので、院の予算額が目安になっている。自分たちが使う税金分ぐらいは（税の無駄遣いを）摘発するということだ」

「担当の課や局レベルで、各省庁や特殊官庁の窓口と検査結果をキャッチボールしながら、決算検査報告に載せるか載せないか綱引きが行なわれる。お互いが納得して、不当支出を認めながら公表しないものもあるし、検査官会議で削られるものも多い」

記事では具体的に、報告書では公表せずに内部処理で済ませたケースとして、食糧庁が八四年から八九年にかけて全国農業協同組合連合会（全農）を通じて、農家に支給したことになっていた「他用途利用米流通助成金」が実際には配られず、全農本部や経済連、農協、酒造組合などに分配され、その額は六年間で二百三十五億円にも達していた。

しかし、報告書で公表されて表沙汰になると、交付金の返還が命令されることもあり、食糧庁に対する「照会文書」という、公表前の事前通知用の文書で内々で知らせるだけにとどめ、この年の決算検査報告書には一切、載せなかった。いちおう、会計検査院としても、照会文書を送付したということで、「仕事をした」という実績は残るので、これだと、双方、「顔が立つ」ということなのだろう。

さすがに、この毎日新聞の記事の後は、無駄遣いの指摘額は院の予算額を上回るようにはなっている。しかし、本来であれば、「捻出した裏金の私的流用」といった悪質な場合は、会計検査院法の第三十八条にも規定されているように、検察庁への通告義務があるが、実際に告発した例は、終戦直後に詐欺や横領などで数件行なった以外、ほとんどまったくないといってもよい。

会計検査院は、一八六九（明治二）年、太政官（内閣の前身）のうちの会計官（現在の財務省の前身）の一部局として設けられた「監督司」をルーツとし、一八八九（明治二十二）年の大日本帝国憲法の発布とともに、「天皇に直属した独立機関」としての地位が保障されていた。

戦後は、天皇直属ではなくなったものの、内閣からは独立した機関であることは、そのまま維持された（筆者もそうだったが、会計検査院は財務省の一部局か、もしくはその外局と一般には思われがちだが、自治体の監査委員事務局が、組織機構上は、その当該自治体の一部に所属しているのとは違い、会計検査院の方は、機関として完全に独立しているという点は、非常に重要である）。

聖域なしの大権限を持つ検査院に「接待」と「天下り」攻勢

とりわけ、会計検査院は、その役割と機能について規定した日本国憲法第九十条に、「国の収入支出の決算はすべて検査する」とあるように、検査対象としての「聖域」は一切、存在しない。これまでにも触れた通り、官房機密費も外交機密費も、また、本書の下巻で触れる法務・検察の調査活動費も、警察の捜査費も、本来であれば、会計検査院はすべて検査することができる。

このように会計検査院に対し、法的にこれだけの「調査権限」と「独立した地位」が保障されていることもあるのだろう、そうしたヤイバを錆びつかせるべく、検査対象となる国の機関は、「接待攻勢」や「天下り紹介」に力を入れているものと思われる。

接待攻勢という点では、例えば、前出の毎日新聞の記事（九五年十月四日付け朝刊）で、九五年四月、フィリピンでのＯＤＡ事業を対象に行なわれた検査の際、調査官が検査対象となる在マニラ日本大使館や国際協力事業団からレストランで供応を受けていたことが発覚。また、九一年六月には、沖縄の宇宙開発事業団の施設を検査した際に、事業団職員から観光名所に案内されていたことが明るみにとなり、調査官三人が処分されているが、これなどはおそらく、「氷山の一角」であろう。

また、「天下り先の紹介」では、具体的には、防衛施設庁を巡る官製談合事件で〇六年三月、逮捕された同庁技術審議官だった生沢守が〇二年、当時、会計検査院の人事課長だった帆刈信一（その後、第四局長に昇格）の要請で、防衛や運輸分野の検査を担当し、〇二年十二月に農林水産検査第三課長を最後に退職した人物を、直後の〇三年一月、大手ゼネコン「大成建設」の子会社で、中堅空調設備の「大成整備」（東京都新宿区）に顧問として再就職させていたことが明るみになっている（〇六年三月十二日付け毎日新聞朝刊の報道による）。生沢の指示を受け、この会社を紹介した部下の元防衛施設庁設備課長は、毎日新聞の取材に、「検査で見解が分かれた時、再就職を世話した検査院の元課長を通じ、施設庁の意向を伝えるため。検査で仕事をかきまわされたくなかった」と話している。

会計検査院幹部は「営利企業でない」ので、ＪＲＡに天下り

会計検査院の組織は、大きく「検査官会議」と「事務総局」の二つからなり、事務総局は官

房と第一局から第五局の六つのセクションで構成されている。「会計検査院」のトップである「院長」は、三人いる「検査官」（※衆参両院の同意を得て内閣が任命し、天皇が認証する。任期は七年。検査の独立性を保障するため、任期中はその身分が保障されている）の中から互選で選ばれるが、帆刈が人事課長を経て、この発覚当時、就いていた「第四局長」というのは、文部科学省、農林水産省の検査を担当する第四局のトップで、事務総局内では総長、総局次長に次ぐナンバー3にある。

会計検査院の出世コースは「局長→事務総局次長→事務総長→検査官→院長」と決まっているので、人事課長を経験しているこの帆刈は、院内の「エリート街道」を、もちろんひた走っていた。そこで、職員の天下りを実現するため、検査対象である他省庁の幹部に頭を下げていた人間（＝人事課長）が、順調に出世しているところに、何よりまず、その組織の「限界」がはっきりと見てとれる。

さらに、その後の毎日新聞の報道では、会計検査院の調査官として現役時代、検査対象だった法人に退職後に「天下り」として再就職していた課長級以上の幹部が、〇五年八月までの五年間に「十六人」にものぼっていたことも判明している（〇六年三月十四日付け朝刊）。

国の出資比率が五〇％を超える特殊法人が会計検査院の検査対象となるが、その課長級以上の十六人はその対象である日本中央競馬会、新東京国際空港公団（現・成田国際空港）、東京メトロなどの特殊法人に「顧問」や「監事」などの肩書きで天下りしていた。国家公務員法は「営利企業」への天下りに対しては、「過去五年間、業界と関係のある部署の勤務でないこと」と規制しているが、こうした特殊法人は「非営利企業」であるため、「抜け道」となっていた。特にこの十六人中四人は課長や上席調査官として、直接、勤務を担当していたところに再就職していたという。

ところが、この「会計検査院幹部の天下り」は、一度、以前にも新聞沙汰になって、大きく取り上げられている。

九八年九月、防衛庁調達実施本部における巨額背任事件が東京地検に摘発された際、逮捕された元同本部副本部長・上野憲一（一、二審で懲役四年、その後、上告）が、背任事件の舞台となった「東洋通信機」などの防衛関連企業や、自らが専務理事も務めていた同庁の外郭団体「防衛生産管理協会」に、検査院ＯＢの天下りやその子供の就職まで面倒を見ていた。そのため、会計検査院は、東洋通信機など四社の防衛庁に対する過大請求について実態を把握していたのにもかかわらず、国会に報告し、外部にも公表する「決算検査報告」に一切掲載しなかったのである。

これは当時の国会でも追及され、九八年十月十五日の衆院決算行政監視委員会で、当時の会計検査院長、疋田周朗が「批判を真摯に受け止める。今後、公正性に疑念を持たれないように努めたい」と答弁していたが、その後の展開を見ると、いかにこの文言が「口先」だけだったかが、よくわかる。

会計検査院のシステムを見ていくと、現場で検査業務を行なう「事務総局」がまとめ上げてきた調査報告をもとに、三人の検査官で構成する「検査官会議」の審議を経て、最終的に検査報告書を作成することになっている（その意味では、組織運営においては、この「検査官会議」が「事務総局」を指揮監督するという形となっている）。

これまで見てきたように、検査の「現場」である事務総局自体で、検査先からの接待や天下りなどによる「癒着」が存在しているのは間違いないが、じつは、この「検査官会議」の方にも大きな問題がある。

それは、事務総局がまとめ上げた調査決果を検査官会議のレベルでボツにして、決算検査報告書に載せない、との判断を行なうことがあるということともつながっているのだが、この「検査官」の人事を見ているととても興味深いことが窺える。

結論から先に言うと、この三人の検査官は、「会計検査院プロパー」「事務次官ＯＢ」「学者（大学教授）」の三者の〝指定席〟で占められ、その三人の中から互選で選ばれる「会計検査院長」（＝院長検査官）は、年功序列というのか、古株の検査官から順に「たらい回し」にしているのである。

会計検査院のトップそのものが「天下り受入れ枠」

例えば、この十年、具体的には一九九六年以降において検査官、そして、院長検査官を務めた人物の過去の経歴を記すと、こうである。

矢崎新二　八九年会計検査院検査官、九四年四月より院長検査官（九六年九月退任）＝五三年大蔵省入省。主計局主計官、主計局次長、防衛庁防衛局長を経て、八五年に防衛庁事務次官に就任。

疋田周朗　九二年十月より会計検査院検査官、九六年九月より院長検査官（九九年十月退任。なお、その後、〇〇年一月には浅沼組特別顧問、同七月に凸版印刷監査役に就任）＝五九年会計検査院入り。第二局上席調査官、第一局長、事務総局次長を経て九一年に事務総長に就任。

金子晃　九七年会計検査院検査官、九九年十二月より院長検査官（〇二年七月退任）＝慶大助教授を経て、七六年四月より同教授。〇三年四月より同名誉教授。

杉浦力　九七年二月より会計検査院検査官、〇二年八月より院長検査官（〇四年二月退任）＝六二年総理府入省。恩給局次長、長官官房審議官、総務庁人事局長を経て、九五年総務庁事務次官に就任。

森下伸昭　九九年十二月より会計検査院検査官、〇四年二月より院長検査官＝六六年会計検査院入り。第一局租税検査第一課長、人事課長、総務課長、第二局長、第五局長、事務総局次長を経て、九八年に事務総長に就任。

大塚宗春　〇二年七月より会計検査院検査官＝早大商学部助教授を経て、八〇年より同教授官房長を経て、〇三年に総務省事務次官に就任。

西村正紀　〇四年二月より会計検査院検査官＝六八年行政管理庁入省。総務庁会計課長、同（九八年から〇〇年までは商学部長も併任）。

これを見てもわかるように、三人いる「検査官」のうちの一人については、「省庁事務次官OB」を〝天下り〟として受け入れている。

会計検査院は法的には完全な「独立性」が保障されているにもかかわらず、このようにさまざまな形によって、その「骨抜き」が図られているわけである。そうしたところから俯瞰すれば、「会計検査院は人件費の無駄遣い」と批判されたり、一般の国民からの「検査要求」をやたら門前払いにしたがるのも、頷ける。

前述したように、自治体予算については、地方自治法第二百四十二条によって、「監査請求→住民訴訟」の形で、公金の不正支出を追及できる手段が確保されているが、国の予算については、会計検査院がこうした体たらくのうえ、自治体の監査委員事務局に相当する、「会計検査院」に対する審査要求、さらにはそれとリンクした住民訴訟（＝国民訴訟）の制度が確立していないため、司法の場において裏金づくりを解明していく手だてが、現段階では残念ながら、存在していないのである。

司法の場における責任追及は民事だけでなく、刑事もあるが、警察はもとより、検察庁に対して、こうした役所の裏金づくりについて、市民団体やオンブズマンが刑事告発したところで、自治体、警察も含めて、これまですべて不起訴（起訴猶予も含む）にしてきたのは、本書下巻の第三章、第四章で述べている通りである。

それゆえ、自治体予算に比べて、国の予算を流用した裏金づくりが、そもそも表に出しにくいことに加え、これまで見てきたように、中でも法務・検察、警察、外務省、そして、官邸における「オフィシャルな裏金」については、なかなかその膿を出し切るのが、さらに困難な状況に置かれているのである。

3 「権力の裏金」を限りなくゼロに近づける努力を

橋本派への一億円献金は、オモテからウラへこう変った

そもそもカネ(=現金、貨幣)の存在自体に、「オモテ」も「ウラ」もない。人目につかないよう、受け渡しをした事実を〝隠す〟から、「裏金」になるだけのことである。

その端的な例が、〇四年に発覚した自民党旧橋本派に対する、日歯連からの一億円闇献金事件である。

これは、〇一年七月二日の午後七時すぎ、東京・赤坂の料亭「口悦」で、日歯連の会長だった臼田貞夫が、当時の橋本派会長だった橋本龍太郎に、一億円の小切手の入った茶封筒を手渡した。その場には、日歯連の会計担当だった内田裕丈、橋本派事務総長の野中広務も同席していた(青木幹雄は、この小切手の授受から約三十分後に同席した)。

最初、臼田から封筒を受け取った橋本は、中から小切手を取り出して金額を確認。テーブルの右隣に座っていた野中に小切手が封筒から半分ほど出た状態で渡すと、野中も金額を確認し、橋本に返そうとした。すると、橋本が手で水を掬うように、野中に小切手を持たせようとした。

野中は小切手を橋本に返そうとするが、橋本は「いやいや」と手で遮るような仕草をし、野中が再度、「どうぞ、どうぞ」と言いながら突き返すと、橋本は茶封筒を背広の内ポケットに入れた。

翌日、橋本は麹町の個人事務所で、秘書仲間を通じて呼びつけていた平成研究会（橋本派）の会計担当だった滝川俊行に、「はいこれに日歯からです。昨夜、臼田とメシを食ってね」と、一億円の小切手の入った封筒を渡した。滝川はすぐこの小切手を大和銀行衆院支店で換金し、平成研の口座に入れた後、その六日後の七月九日に大和銀行の担当者にその一億円を平成研の事務所まで運ばせ、大型の金庫に収納したという。

ここで、日歯連側が現金でなく、小切手の形で持参したのは、「正規の献金」だと思っていたからである。橋本に小切手を手渡してから約二ヶ月後、内田は「（一億円の領収書が）まだ来ていない」と臼田に報告すると、臼田は「それだと困るんで、領収書は取るように」と指示している。

年が明けて〇二年の三月中旬、政治資金収支報告書の提出期限が迫ってきたことから、さらに日歯連側は平成研に催促したが、結局、領収書を発行してもらうことはできなかった。このとき、臼田は憤慨しつつも、「何か事情があるのだろう」と思い、収支報告書への記載を断念した。

それでも、臼田は橋本派はダメでも、国民政治協会からでも領収書が取れるのであれば取っておこうと、滝川を通じて働きかけてはいるが、結局、国政協からも領収書は発行してもらえず、この橋本派への一億円の献金は、「オモテ」から「ウラ」になってしまったのである。

裏金を許す「チェック不在」そして、警察・検察も同罪

このとき、日歯連からの献金をなぜ、「裏金」として隠してしまったかであるが、橋本派の会計担当者だった滝川が、「橋本会長から指示はなかったが、参院選の前で、一億円という大金は表に出せない献金と思った」と、東京地検特捜部の調べに対して供述しているように、おそらくこれは、〇一年七月二十九日に投票のあった参院選で使われてしまったのだろう。

こうした選挙においてかかる費用については、公職選挙法の規定を上回ってしまうと、厳密には違法である。それゆえ、これをくぐり抜けるには、「裏金」として費消することで、表向きはあくまで「なかったことにする」しかないのである。

また、同様のことは、〇七年一月に入って、家賃がかからない議員会館を主たる事務所にしていながら、「事務所費」として政治資金収支報告書（〇五年分）に記載していたケースが続出したことでもいえる。

うち、自民党では文部科学相・伊吹文明、農相・松岡利勝、政調会長・中川昭一ら、また民主党では政調会長の松本文明が、年間一千万円を超える金額が「事務所費」として計上されていた。中でも、文科相の伊吹は事務所費が「四千百四十六万千三百二十二円」にも上っており、会見では、飲食代をこうした事務所費に流用していたことを認めたうえで、「冠婚葬祭など領収

書の取れないものは、事務所費や人件費でしか処理できない」と語っていた（なお、この「事務所費」については、〇六年四月より民主党代表を務める小沢一郎の資金管理団体「陸山会」が、〇五年分の政治資金報告書に約四億一千五百万円を計上していた一方で、〇六年九月まで五年四カ月間首相を務めた小泉純一郎も、八七年から九四年までの八年間で、自らの資金管理団体「東泉会」の事務所費として計四千四百八十五万円（年平均五百六十万円）を計上。ちなみに、東泉会の所在地は、会の会計責任者でもある小泉の姉・信子の赤坂の自宅マンションだった）。

政治資金規正法では、収支報告書に記載する政治団体の支出を「経常経費」と「政治活動費」とに分類し、政治活動費は支出が五万円以上の場合は細目を書き込み、領収書の写しも添付するよう義務づけられている。

しかし、事務所費をはじめとする経常経費については支出総額を報告書に書き込むだけでよく、明細や領収書の添付が要らない。要するに、領収書のない支出を「事務所費」として潜り込ませれば、外からは全くわからなくなる。つまり、支出を「事務所費」として計上してしまえば、「裏金」を〝オモテの金〟として会計処理できるのである。

こうしたカネの流れを巡る「オモテ」と「ウラ」の局面の変化については、「権力のオフィシャルな裏金」である、法務・検察の調査活動費、警察の捜査費、外交機密費、そして、官房機密費のいずれにも当てはまる。

「裏金の存在」、すなわち、「真のカネの流れ」を隠蔽するためには、調査活動費、捜査費であれば、偽造領収書を作成し、仮に会計検査院が立ち入り検査に来たところで、「捜査に適正に使われた」とウソをつく。そして、外交、官房機密費については、「それは国家機密に属するため、公表できない」などと、煙に巻くのである。

「権力の裏金」について、なぜ、「本当の使途」を隠し続けることができるのかといえば、もちろん、本章で既に触れたように、国の予算は、自治体のそれとは違って、不正支出を追及できる法的手段が確立されていなかったり、会計検査院がまともに機能していないことに加えて、本来、こうした裏金づくりという「犯罪」を捜査する立場にある警察や検察自身がまったく同じことをやってきているため、「摘発」に乗り出すことがない、という事情もある。

ただ、それと同等か、もしくはそれ以上の要因として、こうした裏のカネのやり取りは必ず、キャッシュでなされる、ということもある。もちろん、そういう場合は、領収書は取らない。なぜなら、金融機関や郵便局に「授受の記録」が残ってしまう、振り込みや小切手などとは違って、こうした当事者同士による「現金の直接の授受」は、最終的にその当事者本人（もしくは、その現場に立ち会った人間）が「口を割らない」限り、表沙汰になることは決してないからである。だから、「裏金」なのである。

「裏金」とは、「カネのやり取りがあったことを隠すこと」である。なぜ「隠すのか」といえば、もしオモテに出したら、不都合なことがそこに存在するから、ということに尽きるだろう。

文明社会のタブーとリンクしつつ、カネは影響力を持つ

貨幣の誕生は、文明社会の成立とパラレルである。

古代メソポタミア、エジプト、中国と、いずれも農耕が発達し、富の蓄積が始まって、「国家」と呼ばれる権力機構が整ってくることとほぼ同時並行で、コイン（硬貨）が生まれている。

地中海世界と近東で、金、銀、青銅のコインが出現するのは紀元前七世紀のことだが、まず、「銀」を貨幣として使い始めたのは、メソポタミアだと紀元前二四〇〇年にも遡るという。また、中国でも、円銭、布銭、刀銭といった貨幣が流通していくのは、春秋戦国時代（紀元前四五一―同二二一）であるが、既に商（紀元前十七世紀―同十一世紀半ば）の時代の墓から、「富の象徴」とされる大量の「宝貝」が見つかっており、これが貨幣の起源とみられている。金銭、経済、資産に関する漢字として、「賄賂」「贈」「財」「貯」と、「貝」にまつわるものが多いのも、おそらくここから来ていると思われる。

そして、金属製の硬貨よりは遥かにかさばりが少ない「紙幣」（＝銀行券）の登場は、資本主義の発展と期を一にしている。それは十七世紀末、イギリスのイングランド銀行（一六九四年設立）、スコットランド銀行（一六九五年設立）がそれぞれ発行したものであるが、こうした「マネーシステム」が、現在ではほぼ全世界的に確立されているのは、既に承知の通りである。

人間社会、とりわけ、文明が高度に発達した社会において、「タブー」とされるものが、三つある。それは、「死」、「セックス」、そして「カネ」である。

本書は、そうしたテーマを深く追求する学問書ではないので、その点に深入りするすることは避けるが、その三つのうちでも、とりわけ、「カネ」の存在は、なぜ、タブーとされてしまうのだろうか？

例えば、ある人に対して、「あなたは、いくらの貯金、もしくは借金がありますか？」、「あなたはいくら収入があって、それはどこから得ていますか？」と尋ねることは、非常に失礼なこととされている。

現代の「資本主義社会」においては、「カネで買えないモノはない」とさえ言われているが、貨幣が持っている機能とは、「交換」と「蓄積」である。

カネがあれば、食料や衣服、住宅を確保できるのはもちろん、旅行やエステ、さらには風俗店といったサービスも受けることができる。病院で治療を受ければ、保険が適用されるとはいっても、いくらかの自己負担分は必要である。とりわけ、国民皆保険制度が確立していないアメリカではその高額の治療費から、「病気破産」ということがいわれているほどだ。

そうしたカネはインフレで貨幣価値が下落でもしない限りは、タンス預金であれ、銀行なり郵便局に預けてさえおけば、貨幣が持っている「等価交換性」が損なわれることはない。

つまり、現代においては、カネは生存欲、食欲、性欲、所有欲といった、ありとあらゆる人間の欲望を満たしてくれる存在なわけだ。そこから、「死」や「セックス」といった他の二つの文明社会のタブーとも微妙にリンクしつつ、「カネ」というのは今日においてもなお、強い影響力を持ちつづけているのである。

スイスの心理学者、カール・ユングとその弟子たちからなるユング学派は、こうした文明社会においてタブーとされる「死」、「セックス」、「カネ」の三つを象徴しているものは、「グレートマザー」（偉大なる母性）であるとしている。逆に言えば、こうしたタブーの成立とは、グレートマザーなるものに対する「抑圧の裏返し」なのだという。

古代ヨーロッパで作られた偶像は、妊娠した女性をかたどった豊満なものが多い（これと同様のことは、日本の縄文時代における「土偶」でもみられる）。こうした「豊穣、多産」の意味が込められた妊婦の偶像は、まさに「グレートマザー」であった。

現在においても、貨幣経済が浸透していない未開の地もあるが（しかし、ここでいう「未開」とは「文明」への対比であって、決して「野蛮」を意味するものではない）、そこでは、セックスも、そして、死すらもタブーとされない。ひょっとしたら、人間はさまざまな欲望を肥大化させていくことと裏腹に、タブーを作り出してきたのかもしれない。

古代文明の成立に伴って、人々は狩猟採取から農耕牧畜へと生活形態を変えていったが、そこで生まれた余剰生産物が、「富」へと転化する。その延長線上に「貨幣の出現」がある。

　そこで興味深いのは、こうした文明社会の出現によって、ほぼ例外なく、穏健で平和的だった「母系社会」から、好戦的な「父系社会」へと転換していった点である。とりわけ、「家父長制」の出現は、「富の継承」とも密接に関わっていた。

　一般的に男性が女性より「優位」であるとされるのは、その「肉体的な強さ」である（それゆえ、例えば、オリンピックの競技は男女別に行なわれるが、そこには男性が女性より『肉体的に優位にある』という暗黙の前提がある）。

　肉体的に強ければ、それだけ多くの生産を行なうことが可能である。そこに青銅や鉄によって作られた農機具が発明されたことで、男性の優位性はさらに強化されていった。

　こうしたプロセスの中で、女性は男性に従属させられていき、俗に言うところの「男女差別」が生まれてくるのだが、じつは「売春」も、こうした文明社会の発展とともに登場した。さらに言えば、貧富の差から派生している階級制度や、さらには、私有財産制といったことも、ある意味、こうした「文明社会」の中に包含されているといってもよいだろう。

カネの魔力を知るからこそ、「権力の裏金」のウミの抉出を

　一般に「カネ」は、権力を構成する要素の一部とみなされている。

　それは、カネの力によって、人間をコントロールすることができるからに他ならないが、「権力の源泉としてのカネ」を見たとき、そうした権力機構において、いったんカネが集まり、そ

れを「再分配」するセクションが大きな力を持っているのは、こうした理由による。

それが例えば、日本の省庁（＝政府機関）においては、財務省（旧・大蔵省）であるわけだし、警察組織においては、裏金を集中管理する「会計課」だった。同様のことは、家庭において、稼ぎはダンナであっても、財布のヒモを嫁が握っている場合、ダンナが嫁に頭が上がらないのも、そのためである。

おそらく、人間の社会が存在する限り、貨幣が消えてなくなるということはないだろう。であれば、本書で見てきた「権力の裏金」が、今後、消えてなくなることもないだろう。

しかし、こうした「権力の裏金」は、できる限り少なくし、そして、ゼロに近づける努力は常に続けなければならない。

なぜなら、「権力の裏金」とは「暗黒政治の産物」であるからだ。人間の良心を麻痺させ、腐敗、堕落させてしまうのが、こうした「カネ」の力だからだ。腐敗した政治は、そこで税金を払っている国民を、間違いなく不幸にする。それだけは絶対に食い止めなければならない。

逆に言えば、民主主義をさらに確固としたものにしていくためには、とりわけ筆者をはじめとするジャーナリズムが、こうした「権力の裏金」が抱え持つウミを撤底的に抉り出さなければならない、ということに他ならない。

主要参考・引用文献（上、下巻分まとめてここに記した）

◎単行本・冊子等

荻野富士夫『思想検事』（岩波新書、二〇〇〇年）
三井環『告発！検察「裏ガネ作り」――口封じで逮捕された元大阪高検公安部長の「獄中手記」』（光文社、二〇〇三年）
三井環「二〇〇四年十月二十七日大阪地裁公判最終弁論提出の陳述書」（http://www012.upp.so-net.ne.jp/uragane/）
三井環「二〇〇六年七月十日大阪高裁初公判提出の陳述書」
魚住昭『特捜検察の闇』（文春文庫、二〇〇三年）
別冊宝島Ｒｅａｌ０４１『暴走する「検察」』（宝島社、二〇〇三年）
山本祐司『東京地検特捜部』（角川文庫、一九八五年）
野田敬生「陳述書（仙台市民オンブズマンが起こした東北公安調査局の調査活動費関連文書の非開示処分取り消しを求めた訴訟で、仙台地裁に二〇〇三年一月七日付けで提出した、公安調査庁の調査活動費に関して言及した陳述書）」（http://homepage3.nifty.com/argus/senchin.doc）
伊藤栄樹『秋霜烈日――検事総長の回想』（朝日新聞社、一九八八年）
山口宏、副島隆彦『裁判の秘密』（洋泉社、一九九七年）
山口宏、副島隆彦『裁判のカラクリ』（講談社、二〇〇〇年）
読売新聞大阪本社社会部『警官汚職』（角川書店、一九八四年）
小林道雄『日本警察　腐蝕の構造』（講談社、一九八六年）
『盗聴――権力の犯罪』（日本共産党出版局、一九八七年）
大野達三『警備公安警察の素顔』（新日本出版社・新日本新書、一九八八年）
松橋忠光『わが罪はつねにわが前にあり』（社会思想社・現代教養文庫、一九九四年）
松橋忠光、小林道雄『ある、とくべつな幹部警察官の戦後』（岩波ブックレット、一九九四年）
島袋修『公安警察スパイ養成所』（宝島社、一九九五年）
谷川葉『警察が狙撃された日』（三一書房、一九九八年）

青木理『日本の公安警察』（講談社現代新書、二〇〇〇年）
黒木昭雄『警察腐敗・警視庁警察官の告発』（講談社＋α新書、二〇〇〇年）
杉浦生『警察署の内幕』（講談社、二〇〇〇年）
小林道雄『警察は変わるか』（岩波ブックレット、二〇〇〇年）
東玲治『記者物語』（創風社出版、二〇〇一年）
織川隆『北海道警察　日本で一番悪い奴ら』（講談社、二〇〇三年）
北海道新聞取材班『追及・北海道警「裏金」疑惑』（講談社文庫、二〇〇四年）
大谷昭宏、宮崎学、高田昌幸、佐藤一『警察幹部を逮捕せよ！　泥沼の裏金作り』（旬報社、二〇〇四年）
しんぶん赤旗取材班『裏金　警察の犯罪』（新日本出版社、二〇〇四年）
曽我部司『北海道警察の冷たい夏』（講談社文庫、二〇〇四年）
真田左近『Ｇｏｏｄ　Ｂｙｅ　警察』（文藝書房、二〇〇四年）
原田宏二『警察内部告発者――Ｗｈｉｓｔｌｅ　Ｂｌｏｗｅｒ』（講談社、二〇〇五年）
大内顕『警視庁ウラ金担当――会計責任者18年間の「仕事」』（講談社＋α文庫、二〇〇五年）
小高正志『夜に蠢く政治家たち』（エール出版社、一九八一年）
共同通信社社会部編『沈黙のファイル』（共同通信社、一九九六年）
小池政行『踊る日本大使館』（講談社、二〇〇〇年）
スティルマン美紀恵『女ひとり家四軒持つ中毒記』（マガジンハウス、二〇〇〇年）
竹下登『政治とは何か――竹下登回顧録』（講談社、二〇〇一年）
春名幹男『秘密のファイル――ＣＩＡの対日工作（上、下）』（共同通信社、二〇〇〇年）
竹下利明『小説　総領事館』（東京図書出版会、二〇〇一年）
久家義之『大使館なんかいらない』（幻冬社、二〇〇一年）
読売新聞社会部『外務省激震　ドキュメント機密費』（中公新書ラクレ、二〇〇一年）
歳川隆雄『機密費』（集英社新書、二〇〇一年）
伊藤惇夫『永田町「悪魔の辞典」』（文春新書、二〇〇四年）

別冊宝島Ｒｅａｌ０３５『疑惑だらけの外務省』（宝島社、二〇〇二年）
小池政行『こんな外務省は必要か?――調査報告書の欺瞞を暴く』（朝日新聞社、二〇〇二年）
小黒純『検証　病める外務省』（岩波書店、二〇〇二年）
前田英昭『国会の「機密費」論争』（高文堂出版社、二〇〇三年）
加治将一『アントニオ猪木の謎』（新潮社、二〇〇三年）
天木直人『さらば外務省！』（講談社、二〇〇三年）
小林祐武『私とキャリアが外務省を腐らせました』（講談社、二〇〇四年）
平野貞夫『公明党・創価学会の真実』（講談社、二〇〇五年）
平野貞夫『公明党・創価学会と日本』（講談社、二〇〇五年）
佐藤優『国家の罠　外務省のラスプーチンと呼ばれて』（新潮社、二〇〇五年）
鈴木宗男『闇権力の執行人』（講談社、二〇〇六年）
岡留安則『「噂の真相」25年戦記』（集英社新書、二〇〇五年）
岡留安則『編集長を出せ！「噂の真相」クレーム対応の舞台裏』（ソフトバンク新書、二〇〇六年）
松井茂記『情報公開法』（岩波新書、一九九六年）
松井茂記『情報公開法入門』（岩波新書、二〇〇〇年）
仙台市民オンブズマン『官壁を衝く』（毎日新聞社、一九九九年）
角田富夫『公安調査庁㊙文書集』（社会批評社、二〇〇一年）
東京新聞取材班『自民党迂回献金システムの闇』（角川学芸出版、二〇〇五年）

◎新聞、雑誌記事等

第一章

橋本隆「政界最大のナゾ『官房機密費』16億円はどこへ消える?」（『ＶＩＥＷＳ』一九九四年二月二十三日号
「外務省高官の『2億円』着服疑惑」（『週刊ポスト』一九九七年三月七日号）
「『お子様ランチ』ばかりか『ゴルフ練習場』まで『2億円機密費着服疑惑』外務省『証拠隠滅』工作をスッパ抜く！」

（『週刊ポスト』一九九七年三月十四日号）
「外務省・外交機密費は高級官僚の『第2の給料』か」（『週刊ポスト』一九九七年三月二十一日号）
「『2億円着服疑惑』だから新聞・TVは報じられない　追及！『外務省機密費』にたかった『大マスコミ記者』」（『週刊ポスト』一九九七年三月二十八日号）
「高級料亭から銀座のクラブまで、首相官邸の『官房機密費』使用明細書をスッパ抜く」（『週刊宝石』一九九八年四月九日号）
「一挙公開！私的飲食からマスコミ対策まで首相官邸の〝ウラ金〟明細リスト52件」（『週刊宝石』一九九八年四月十六日号）
「スクープ・内閣官房機密費の極秘メモ入手！」（『週刊朝日』一九九八年四月十日号）
「政府がひた隠す内閣官房機密費のヴェールに包まれた〝腐敗の極致〟」（『噂の真相』一九九八年六月号）
「極秘メモ流出！『内閣官房機密費』を貰った政治評論家の名前　１００万円、２００万円を盆暮に…」（『フォーカス』二〇〇〇年五月三十一日号）
「外交機密費56億は外務省の『裏給料』だ」（『週刊ポスト』二〇〇一年一月二十六日号）
「機密費で、タイ・プーケット旅行の官僚も『河野・外務省よ』機密費疑惑で『被害者面』するな！」（『週刊ポスト』（二〇〇一年二月二日号）
「『機密費疑惑隠蔽工作』をした外務省高官を証人喚問せよ」（『週刊ポスト』二〇〇一年二月十六日号）
「門外不出の『機密費・内部メモ』入手」（『週刊ポスト』二〇〇一年二月二十三日号）
「現役外務官僚が決意の告発『私は機密費の証拠を隠滅した』」（『週刊ポスト』二〇〇一年三月二日号）
「外務省のもう一つの機密費『諸謝金』１２０億円はやっぱり〝使途不明〟」（『週刊ポスト』二〇〇一年四月六日号）
「官房長官が総理に現ナマ1億円を手渡した」（『週刊ポスト』二〇〇二年五月三日号）
「ノンキャリア事務官は生け贄！『血税で大豪遊』キャリアを告発する」（『週刊現代』二〇〇一年二月十日号）
「爆弾発言！田中真紀子が怒った！『ほかの議員は喜んでもらっているけど…』『私は機密費１００万円を叩き返した』」（『週刊現代』二〇〇一年二月二十四日号）
「『世論』はこうして作られる『機密費』は有名ジャーナリスト・学者に配られている」（『週刊現代』二〇〇一年八月十

一日号）
「外交機密費を食い散らかした男　松尾克俊『底無しの欲望』」（『週刊文春』二〇〇一年二月八日号）
「他にもいる！機密費をもらったジャーナリスト・政治家たち」（『週刊文春』二〇〇二年四月二十五日号）
「外務省『機密費』で前室長が扶養した『5人の女』」（『週刊新潮』二〇〇一年二月八日号）
「機密費『上納』の動かぬ証拠　内閣『極秘文書』入手」（『サンデー毎日』二〇〇一年三月四日号）
「爆弾証言『私は福田官房長官に機密費200万円の札束を投げ返した』」（『サンデー毎日』二〇〇一年十二月九日号）
「国際交流サービス協会の素顔・外務省のへそくり疑惑　外郭団体に経費を水増し請求させ、キックバックで飲み会、旅行／公金を思うままにむさぼる構図は機密費流用だけではない」（『アエラ』二〇〇一年二月二十六日号）
熊谷弘、佐高信「対談・政治とカネ　自民党の体質を露呈した二つの事件・KSD事件と官房機密費疑惑」（『週刊金曜日』二〇〇一年三月九日号）
「田中真紀子外相の改革に反発する外務官僚と政治家連合の情報操作」（『噂の真相』二〇〇一年八月号）
太田義三「外務省機密費乱用事件で隠された官房機密費温存の不透明な政治決着」（『噂の真相』二〇〇一年十月号）
「〝伏魔殿〟外務省官僚の妨害バッシングと田中真紀子外相の機密費事件での逆襲劇」（噂の真相）二〇〇二年一月号
林清太郎「田中真紀子外相更迭の仕掛人福田康夫官房長官のマル秘機密費疑惑」（『噂の真相』二〇〇二年四月号）
「デタラメ使途の実態が初めて判明した官邸機密費なる税金私物化の〝極致〟」（『噂の真相』二〇〇二年六月号）
「高級料亭のカモメ芸者が全面告白！　政治家連の呆れ果てたハレンチ行状記」（『噂の真相』二〇〇三年二月号）
天木直人「実名告発　私は見た！売国官僚どもの公金横領」（『週刊現代』二〇〇三年十月二十五日号）
小池政行「外相更迭かくして『機密費問題』は封印された」（『月刊現代』二〇〇二年四月号）
野田敬生「告発・外務省の〝公金横領〟『何一つ悪いことはしていません』それなのに家4軒を持っているスイス公使」（『週刊金曜日』二〇〇五年十一月十八日号）
「ムネオがばらす『外交官は天国』リスト」（『アエラ』二〇〇五年十一月二十八日号）
若林亜紀「大使館公邸徹底調査　なんとゴージャズ」（『アエラ』二〇〇六年五月一・八日号）
鈴木宗男「『外務省の犯罪』を暴く！・全五回」（『週刊新潮』二〇〇五年十月二十七日号―同十一月二十四日号）
鈴木宗男「『私は知っている』・外務省『腐敗官僚』の実名と悪行」（『月刊現代』二〇〇六年二月号）

佐藤優「外務省『犯罪白書』1　隠蔽される不祥事」(『月刊現代』二〇〇六年六月号)
佐藤優「外務省『犯罪白書』2　公金にタカる官僚たち」(『月刊現代』二〇〇六年七月号)
佐藤優「外務省『犯罪白書』3　対マスコミ謀略工作」(『月刊現代』二〇〇六年八月号)
佐藤優「外務省『犯罪白書』4　私が手を染めた『白紙領収書』作り」(『月刊現代』二〇〇六年九月号)
佐藤優「佐藤優の飛耳長目①・報償費(機密費)関連文書を開示せよ」(『週刊金曜日』二〇〇六年三月十日号)
佐藤優「〝ハレンチ官僚天国〟日本は崩壊前夜のソ連そっくり」(『週刊現代』二〇〇六年四月八日号)
「総理府広報で汚職・東京地検摘発　前室長収賄で逮捕／契約に便宜、230万円／5000万円受領の疑いも」(『読売新聞』一九八八年五月十一日付け夕刊)
「権力が動く・連立内閣時代①　官邸のカネ　初めて非自民に／品格問われる使途」(『毎日新聞』一九九三年八月八日付け朝刊)
「野坂浩賢元官房長官に聞く・『機密費』こう使った　金庫に常時8000万円／減った分翌朝補てん／与野党国対に500万」(『朝日新聞』二〇〇一年一月二十六日付け朝刊)
「機密費流用の松尾前室長　封筒入り現金を分配／首相外遊の同行職員に／高級ホテル宿泊代補てん」(『毎日新聞』二〇〇一年一月二十六日付け夕刊)
「機密費支払い　個人カード利用を継承／松尾元室長から現室長へ／省ぐるみ浮き彫り」(『読売新聞』二〇〇一年一月二十六日付け夕刊)
「松尾元室長『外務省高官からも公金』外交機密費の疑い／会計課幹部が仲介」(『読売新聞』二〇〇一年一月三十一日付け朝刊)
「在外公館にも裏金　外交機密費や議員団の『慰労金』プール／大使、私的流用も」(『毎日新聞』二〇〇一年一月三十一日付け夕刊)
「外交機密費上納を明記　予算査定書・官邸分として計上／政府答弁と食い違い／財政法違反の疑い」(『北海道新聞』二〇〇一年二月八日付け朝刊＝共同通信配信記事)
「機密費支出・語るほどに不明朗　元室長の一筆、領収書代わり／政府説明、二転三転」(『朝日新聞』二〇〇一年二月十日付け朝刊)

「局長会食費・元室長が補てん　機密費流用・外務省幹部が証言／『省ぐるみ』裏金化」（『読売新聞』二〇〇一年二月十四日付け朝刊）
「外交機密費、外相・次官は無制限　会食費限度額・内部通知判明／外務審議官も」（『読売新聞』二〇〇一年二月十四日付け朝刊）
「機密費ベール・募る疑念　首相・官房長官の経験者らに聞く／官邸でのやりとり・みな『知らぬ』／『上納』うわさ聞く／外遊増背景か／使途、事後公開を／減額よくない」（『朝日新聞』二〇〇一年二月十八日付け朝刊）
「官房機密費・塩川元長官インタビュー　首席内閣参事官に使途相談／国会議員懇親会の応援にも」（『読売新聞』二〇〇一年二月二十三日付け朝刊）
「外務省から官邸へ年20億　上納システム判明／月1、2回小切手で渡す」（『毎日新聞』二〇〇一年三月五日付け朝刊）
「国家のウソ・機密費疑惑（全四回）」（『毎日新聞』二〇〇一年三月六日付け朝刊―同三月九日付け朝刊）
「宿泊費水増し、アジア・中東訪問に集中　松尾元室長／実費の数倍請求」（『朝日新聞』二〇〇一年三月八日付け朝刊）
「首相官邸・機密費、元室長要求通り　職員間で申し送り／『水増しでも黙認』」（『読売新聞』二〇〇一年三月九日付け朝刊）
「機密費ずさん使用・外務官僚は言った『余った分はパクリも可』」（『朝日新聞』二〇〇一年三月九日付け朝刊）
「『松尾資金』群がるキャリア　ゴルフにマージャン…『いつもおごり』／機密費流用・頼めば予算も融通」（『読売新聞』二〇〇一年三月十日付け夕刊）
「黒い金庫・税が泣く　機密費群がる『官』と『政』／首相外遊の随行団・白い封筒に10万円／銀座の洋服仕立券・贈り先は野党幹部」（『朝日新聞』二〇〇一年三月十一日付け朝刊）
「聖域の犯罪2・歴代首相の信任、自慢」（『読売新聞』二〇〇一年三月十三日付け朝刊）
「『随行団飲食も機密費で』松尾容疑者・水増し、官邸も承知／〝黙認〟で犯行エスカレート?」（『読売新聞』二〇〇一年三月十三日付け夕刊）
「内閣官房と外務省の機密費流用文書　古川官房副長官の筆跡と一致」（『日刊スポーツ』二〇〇一年三月十四日付け朝刊）
「沖縄県知事選・自民の寄付金　7000万円が出所不明／官房機密費流用の関連問われる」（『赤旗』二〇〇一年三月十五日付け朝刊）

「官邸『ゼロのケタ少ない』後任者提出の見積書に／松尾元室長宿泊費詐欺」（『毎日新聞』二〇〇一年三月十六日付け夕刊）
「機密費で首相地元対策　水増し宿泊費、土産代の穴埋めに／松尾元室長供述」（『毎日新聞』二〇〇一年三月二十八日付け朝刊）
「機密費で首相・議員の土産　外国訪問時、元室長供述／一回で１０００万円の例」（『朝日新聞』二〇〇一年三月三十一日付け朝刊）
「機密費流用、『首相土産代』も水増し　松尾被告供述／総額２億５０００万円」（『読売新聞』二〇〇一年五月六日付け朝刊）
「ＫＳＤ機密費を追って・内閣官房闇金の巻（全十二回）」（『赤旗』二〇〇一年三月二十九日付け―同四月十二日付け朝刊）
「外務省渡切費、在外公館で公私不透明　約４割がＯＤＡ予算／花や洗濯代に」（『毎日新聞』二〇〇二年二月十一日付け朝刊）
「在仏大使館、支出の8割年度末に　99年度・渡切費を消化か」（『毎日新聞』二〇〇二年二月十八日付け朝刊）
「官房機密費の詳細な使途、明るみに　宮沢内閣・加藤官房朝刊時代／高級背広代、パーティー、せん別…『国家機密に値するものなし／志位委員長が内部文書公表」（『赤旗』二〇〇二年四月十三日付け朝刊）
「官房機密費、官房長官8割請求　初めて一部開示／98年度は12億円」（『読売新聞』二〇〇三年十一月十八日付け朝刊）
「大使館員が公金流用　外務省、処分せず／豪州で93年／機密費など二百数十万」（『毎日新聞』二〇〇一年三月七日付け朝刊）
「外務省幹部、口止め工作『機密費より問題』／今年3月、同僚職員呼び数回／副大臣不問『事実なし』発表」（『読売新聞』二〇〇一年八月二十六日付け朝刊）
「省内に君臨『三悪人』浅川容疑者ら大物ノンキャリア／庶務掌握、強大な実力」（『読売新聞』二〇〇一年九月七日付け朝刊）
「橋本首相〝疑惑の女性〟は『中国情報部員』」（『週刊文春』九七年九月十一日号）
「北朝鮮に対するコメ支援に見る及び腰の外交推進者の外務省エリートの女性問題と謀略性」（『噂の真相』一九九五年十月号）

「外務省No.1事務次官就任が内定した川島裕大使を襲った〝亡国的大醜聞〟」(『噂の真相』一九九九年七月号)
「平野参院議員、衆院議長秘書など経験語る　盆暮れの贈り物も70年代に機密費で」(『朝日新聞』二〇〇一年三月二十二日付け朝刊)
「国会生活45年、平野貞夫が語る『機密費の使い道、極秘メモの名前』」(『読売ウィークリー』二〇〇四年二月十五日号)
「1500万ドルもの資金が、CIAから自民党に流れていた!」(『Ｖｉｅｗｓ』一九九五年三月号)
「CIA、自民党に数百万ドル、50―60年代　元高官ら明かす／『反共』狙い援助」(『朝日新聞』一九九四年十月十日付け朝刊)
「CIA、自民に資金提供　極秘に数百万ドル／50―60年代『対共産主義のため』／『佐藤栄作氏が要請』」(『毎日新聞』一九九四年十月十日付け朝刊)
「公文書の記録・USCAR時代⑦　主席公選と西銘支援、米も関与し資金提供」(『琉球新報』二〇〇〇年七月十六日付け朝刊)
「連載記事・金権(全四十九回)」(『毎日新聞』一九八三年七月二十六日付け朝刊―同九月十八日付け朝刊)
加賀孝英「自民党への遺言・元選対事務部長、金尚の裏面史告白(『週刊文春』二〇〇二年八月十五・二十二日合併号―同九月十二日号)
「この親分に、この子分あり!?　中川秀直新官房長官に送られていた内容証明付き『愛人スキャンダル』文書!」(『週刊宝石』二〇〇〇年七月二十日号)
「森喜朗首相の女房役・中川秀直官房長官の〝大嘘〟　スクープ!半同棲歴のあった元愛人が本誌に告白」(『噂の真相』二〇〇〇年九月号)
「中川官房長官の愛人が告白『不倫同棲1年間の全てを話します』」(『週刊ポスト』二〇〇〇年九月二十五日号)
「中川官房長官の『犯罪』!　その決定的証拠、虚偽答弁から捜査情報漏洩まで」(『フォーカス』二〇〇〇年十月二十五日号)
「拝啓・中川官房長官殿『これでも記憶にございませんか』」(『フォーカス』二〇〇〇年十一月一日号)
「中川官房長官のクビを取った『問題テープ』全公開」(『フォーカス』二〇〇〇年十一月八日号)
「徹底追跡・闇に消えた中川秀直『機密費二億二千万円』」(『週刊文春』二〇〇四年二月十九日号)

「『海部内閣』誕生は『金丸邸』で決まった」(『週刊新潮』二〇〇六年三月二日号)
田崎史郎「現役政治部デスクの極秘メモ・小沢一郎との訣別」(『文藝春秋』一九九四年十月号)
「『外務省の依頼で情報収集』残留孤児2世の日本人男性、中国で7年服役／原博文氏の証言(上、中、下)」(『産経新聞』二〇〇六年二月二十一日付け朝刊—同二月二十三日付け朝刊)

第二章

武冨薫、松田光世「小泉・自民『偽領収証で税金横領』の重大疑惑『筆跡鑑定』が暴いた300億円裏金システム！」(『週刊ポスト』二〇〇四年十二月二十四日号)
武冨薫、松田光世「鈴木宗男・元自民党総務局長が全暴露！　小泉・自民『白紙領収証を使った裏ガネ選挙』の現場」(『週刊ポスト』二〇〇五年一月一・七日合併号)
歳川隆雄「鈴木宗男吼える『私が2年の実刑で、なぜ橋本会長は不問なのか』」(『月刊現代』二〇〇五年一月号)

第三章

「三井環出獄緊急インタビュー・検察は暴力団と結託していた」(『月刊現代』二〇〇三年七月号)
三井環「検察検察と山口組の闇に消えた2億円『私は3人の検察幹部に嵌められた』」(『月刊現代』二〇〇三年十二月号)
内部告発文書入手！　検察の裏ガネ作りを暴露する」(『週刊現代』一九九九年五月二十二日号)
「怒りの告発！　税金数十億円が検察の『裏ガネ』に消えていた！」(一九九九年五月二十七日号)
「吉永祐介率いる検察庁の政界摘発を〝妨害〟する〝内憂外患〟の存在を剥ぐ！」(『噂の真相』一九九四年二月号)
「検察庁の大物幹部が〝主犯〟となった組織的な公金横領犯罪を徹底告発！」(『噂の真相』二〇〇一年二月号)
「元検事総長が名誉会長に名を列ねる怪しい検察タニマチをスッパ抜く」(『噂の真相』二〇〇二年三月号)
「遂に現役の高検検事が衝撃告白！　検察総ぐるみ公金横領の呆れた実態」(『噂の真相』二〇〇二年六月号)
「現役高検検事の内部告発を封殺した検察の卑劣な権力私物化を暴く！」(『噂の真相』二〇〇二年七月号)
「検察元事務官が衝撃の内部告発！　検察と裁判所の信じ難き癒着の実態」(『噂の真相』二〇〇二年八月号)
「検察スキャンダル封殺で逮捕された三井公安部長と検察総力戦の〝死闘〟」(『噂の真相』二〇〇二年十月号)
尾塚野形「大阪高検公安部長の告発を封殺した不当逮捕の全容と調査活動費接待の真相」(『噂の真相』二〇〇三年三月号)
落合博実「現職幹部が衝撃告発！　検察『裏ガネ』の全貌」(『週刊朝日』二〇〇一年十二月七日号)

落合博実「調査活動費よりひどい　カラ出張費で『官官接待』『女体盛り』…」（『週刊朝日』二〇〇一年十二月十四日号）
落合博実「これが『調活費』不正流用証拠文書だ！」（『週刊朝日』二〇〇一年十二月二十一日号）
落合博実「金沢地検検事・職員『特別料金』ゴルフ三昧」（『週刊朝日』二〇〇二年一月四・十一日号）
「検察『調査活動費』新年度予算で半減は裏ガネの『証明』」（『週刊朝日』二〇〇二年一月十八日号）
落合博実「大阪高検公安部長が本誌に託した検察腐敗『暴露シナリオ』」（『週刊朝日』二〇〇二年五月十七日号）
落合博実「裏ガネ『封印』狙いの猿芝居!? 前大阪高検公安部長事件で検察首脳『処分』の裏側」（『週刊朝日』二〇〇二年六月十四日号）
落合博実「検察がおびえる！　三井前大阪高検公安部長『裏ガネ告発』獄中メモ」（『週刊朝日』二〇〇二年八月九日号）
落合博実「大阪高検公安部長初公判で驚愕の新事実『賄賂』のデート嬢は殺害されていた」（『週刊朝日』二〇〇二年八月十六・二十三日号）
五十嵐京治「三井元公安部長獄中尋問　調活費で接待した幹部の名前」（『週刊朝日』二〇〇二年十一月二十九日号）
落合博実「三井環前高検公安部長保釈後独占インタビュー・『検察への怒りこみ上げた325日　裏ガネ追及戦いはこれからだ』」（『週刊朝日』二〇〇三年三月二十八日号）
緊急対談・立花隆VS三井環「検察の『裏ガネ』撤底追及『検察は泥沼に入ってしまった』」（『週刊朝日』二〇〇三年四月十八日号）
今西憲之、五十嵐京治「三井裁判で注目の元検察幹部りそな社外取締役に内定！」（『週刊朝日』二〇〇三年六月二十日号）
今西憲之、五十嵐京治「検察裏ガネ疑惑『三井裁判』証人元大物検事のらりくらり」（『週刊朝日』二〇〇三年九月五日号）
緊急対談・魚住昭VS三井環「検察裏ガネ疑惑・裁判所と検察が癒着を証明した実刑判決1年8ヵ月」（『週刊朝日』二〇〇五年二月十八日号）
「現職幹部がすべてを語った・最後の聖域検察庁組織ぐるみ『機密費』横領を告発する！」（『週刊文春』二〇〇一年十一月八日号）
「検察庁『機密費』極秘マニュアルを公開する！」（『週刊文春』二〇〇一年十一月十五日号）
「元副検事が覚悟の実名告発！　検察『機密費』流用を暴く・これが『偽造領収書』だ！」（『週刊文春』二〇〇二年五月三十日号）

「大阪高検『公安部長』が逮捕直前本誌に語った『検察腐敗』告発」（『週刊新潮』二〇〇二年五月十六日号）
「告発文書入手・悪徳エリート検事が逮捕直前に明かした〝検察不祥事〟全真相」（『サンデー毎日』二〇〇二年五月十九日号）
「ムネオ捜査の最中に、三井問題で処分されたトップが…　原田検事総長が通う〝検察御用達〟の『会員制クラブ』」（『フライデー』二〇〇二年七月十九日号）
落合博実「大阪高検公安部長が私に訴えたこと　十カ月間密着した記者が見た〝悪徳検事〟の実像」（『文藝春秋』二〇〇二年七月号）
山口一臣「大阪高検公安部長逮捕と検察の情報操作」（『創』二〇〇二年七月号）
大倉喜九郎「暴走する検察『四八万円で検察幹部を逮捕？　なんでやねん？』内部の不正を告発しようとした幹部を、口封じのために身柄拘束　調査活動費とは何か？　検察に何が起きているのか？」（『世界』二〇〇二年八月号）
「4人の内部告発者と裏ガネ報道『封殺』の土壌・検察幹部は『秋霜烈日のバッジ』をはずせ」（『月刊現代』二〇〇二年九月号）
野田敬生「三井元公安部長裁判と山口組射殺事件との〝接点〟」（『創』二〇〇三年三月号）
竹村元一郎「裏ガネ・暴力団　私を逮捕した検察の闇――三井環・前大阪高検公安部長に聞く」（『週刊金曜日』二〇〇三年六月六日号）
黒木昭雄「三井前大阪高検部長が『デッチ上げ逮捕』憤激告発！」（『アサヒ芸能』二〇〇三年四月三日号）
川上道大「原田検事総長の罷免を強く求める　原田総長が総監督の演劇・『三井口封じ』に暴力団出演依頼か」（『四国タイムズ』二〇〇三年六月五日号）
宮崎学「キツネ目闇事件調書　大阪高検前公安部長は現代の〝悪代官〟・内部告発者が清廉潔白のはずがない！」（『アサヒ芸能』二〇〇二年五月十六日号）
真神博「特捜検事はなぜ辞めたか」（『文藝春秋』一九八八年一月号）
「次期検事総長が確実視される則定衛高検検事長のスキャンダル劇」（『噂の真相』一九九九年五月号）
「山口組桑田兼吉若頭補佐の長男が初激白！　父の知られざる闘病１８５０日」（『アサヒ芸能』二〇〇三年二月十三日号）
「山口組最新情報・桑田兼吉組長『収監』に巨大組織山健組の〝沈黙〟の不気味」（『週刊大衆』二〇〇三年十月十三日号）

寺澤有「最高裁判所長官が血税で『宴会』&『手土産』」(『フライデー』二〇〇二年九月二十七日号)
「神戸製鋼、総会屋に3000万円　専務ら3人送検へ　利益供与容疑総会屋を逮捕　総額2億円超か」(『読売新聞』一九九九年十一月九日付け夕刊)
「法務省矯正管区・暴力団関係者に情報料　OB証言・調活費から支出」(『東京新聞』二〇〇三年六月十六日付け朝刊)

第四章

「警察の書類ごっそり部外へ　きょう国会で追及　日共が入手、内容公表」(『朝日新聞』一九六〇年十月二十四日付け朝刊)
「スッパ抜かれた警察　花代から手持ち潜望鏡まで」(『週刊朝日』一九六〇年十一月六日号)
寺澤有「遂に発覚した警視庁裏金づくりの動かぬ決定的証拠を独占入手!」(『噂の真相』一九九六年六月号)
「悪事を取締る警察をめぐる裏金操作が次々と発覚　銃撃された国松孝次警察庁長官の自宅購入に疑惑」(『噂の真相』一九九六年十月号)
「〝死者への謝礼〟〝疑惑の領収書〟の謎を追え　内部告発『これが警視庁〝裏ガネ作り〟の手口だ!』」(『フライデー』一九九九年四月二十三日号)
「朝日のベテラン警察記者の定年の慰労パーティーが警察庁トップが勢ぞろいで場所も警察関係施設内」(『噂の真相』一九九九年八月号)
小林道雄、落合博実、寺澤有、佐高信「警察追及座談会・改革を期待するのは滑稽なことでしかない」(『週刊金曜日』二〇〇〇年四月十四日号)
相馬香苗「捜査情報に寄りすがるメディアの警察癒着体質」(『週刊金曜日』二〇〇〇年四月十四日号)
長野智子「『NEWS』な毎日・警察の実態はこんなもの　北海道警稲葉事件」(『Grazia』二〇〇四年一月号)
真山謙二「警察の猿芝居を会計検査院は見ぬけない　極秘内部文書を入手・(警察庁が主導する裏金作り『捏造現場』(『月刊現代』二〇〇四年五月号)
真山謙二「仰天!　警視庁が指示『裏ガネ作りはこうゴマかせ』マニュアル文書」(『フライデー』二〇〇四年六月十一日号)
「夜食代、バス代まで事細かに…　警察捜査費マニュアル独占入手!」(『フラッシュ』二〇〇四年六月二十九日号)

小林道雄、新藤宗幸、今井亮一、佐藤一「警察改革はどうすれば可能か・不正経理問題の根源を問う」（『世界』二〇〇四年五月号）
「またも発覚！『裏ガネ作り』に『検挙率水増し』まで　元警部補が実名告発する群馬県警の『腐った内情』」（『フライデー』二〇〇四年八月十三日号）
高田昌幸「権力監視の役割取り戻す」（『新聞研究』二〇〇四年十月号）
大内顕「スクープ・北海道警14億円の不正経理で謝罪のさなか　愛媛県警裏ガネ工作の『領収証偽造セット』」（『週刊現代』二〇〇四年十月九日号）
平田剛士「元北海道警警視・斎藤邦雄氏の『告白』裏金を認めさせた元警官二人の勇気」（『週刊金曜日』二〇〇四年十月二十二日号）
竹内誠「県警は『公安に尾行させる』と脅した『高知新聞』が警察裏金を暴くまで」（『週刊金曜日』二〇〇四年十月二十二日号）
清水勉「警察から裏金をなくすために　求められる外部チェックの強化」（『週刊金曜日』二〇〇四年十月二十二日号）
大河原宗平「元群馬県警警部補インタビュー　私は裏金づくりを手伝った」（『週刊金曜日』二〇〇四年十月二十二日号）
浅野史郎「宮城県知事インタビュー　宮城県警の不正の疑いは消えない」（『週刊金曜日』二〇〇四年十月二十二日号）
「インタビュー・裏金を実名告発した仙波敏郎巡査部長　犯罪を強制する愛媛県警の報復人事」（『週刊金曜日』二〇〇五年二月十一日号）
「『組織の闇』を内部告発した愛媛県警巡査部長が〝遺書〟まで書いた知られざる『素顔』」（『サンデー毎日』二〇〇五年三月二十日号）
「仕事もなく『通信司令室』から松山城を眺める日々…　愛媛県警『裏ガネ告発』警察官に〝報復人事〟現場写真」（『フライデー』二〇〇五年四月十五日号）
「ふざけんな！　ケーサツ裏金作りの新手口を暴く！」（『週刊プレイボーイ』二〇〇五年二月十五日号）
「スクープ入手！　これが警察の『交通取り締まりノルマ表』だ」（『フライデー』二〇〇五年二月十八日号）
寺澤有「多発する偽造通貨事件のウラで大不祥事が発覚　警察が『ニセ札』で裏金作りを告発」（『週刊現代』二〇〇五年三月五日号）

寺澤有「漆間警察庁長官『捜査費で宴会』」（『週刊現代』二〇〇五年七月二十三日号）

「漆間警察庁長官・愛知県警本部長時代『裏金マニュアル』を公開する」（『週刊現代』二〇〇五年八月六日号）

「漆間警察庁長官『捜査費で宴会』〝逃げ得〟を許すな！　記者会見出席を求めた『仮処分命令申立』却下を検証する」（『週刊現代』二〇〇五年十一月二十六日号）

落合博実「朝日新聞が警察に屈した日　元エース記者が告発・私の決定的スクープはいかにして圧殺されたか」（『文藝春秋』二〇〇五年十月号）

原田宏二「これはジャーナリズムの自殺だ　北海道新聞と北海道警察の『手打ち』をめぐって」（『世界』二〇〇六年六月号）

曽我部司「25億円の覚醒剤が捜査ミスから流入　北海道警が闇に葬った大スキャンダル」（『月刊現代』二〇〇四年九月号）

「稲葉元警部・獄中の告発　ロシア船員拳銃事件『偽証は捜査会議で決定』」（『北海道新聞』二〇〇四年十一月二十九日付け朝刊）

「道警と函館税関『泳がせ捜査』失敗・覚せい剤１３０キロ道内流入？　２０００年、石狩湾新港に／大麻も2トン、密売か／捜査関係者ら複数が証言／末端価格１５０億円超／稲葉元警部の上申書にも」（『北海道新聞』二〇〇五年三月十三日付け朝刊）

鳥越俊太郎「『ザ・スクープ』打ち切りは納得できない／『桶川ストーカー事件』など数々のスクープを放ってきたテレビ朝日の番組『ザ・スクープ』の打ち切りが決まった。正当な理由がみつからないその決定に、敢えて異を唱える！」（『創』二〇〇二年九月号）

小田桐誠「『ザ・スクープ』打ち切りに視聴者の抗議続々」（『創』二〇〇二年九月号）

柳原三佳「ニッポン警察の大罪—死因究明を徹底せよ」（『月刊現代』二〇〇六年三月号）

あとがき

「巨額裏金、岐阜県ドロ沼『４００万焼いた』証拠なし・組織ぐるみ遠い解明／隠し口座『放置を了解』・『改革派』前知事にも矛先」（『朝日新聞』二〇〇六年八月二十二日付け朝刊）

「岐阜県裏金、調査結果近く公表　私的流用なかったか？／『焼いた』証言、虚偽の見方も」（『読売新聞』二〇〇六年八月二十八日付け朝刊）

【著者略歴】
古川 利明（ふるかわ・としあき）

1965年、新潟県生まれ。1988年3月、慶応義塾大学文学部（仏文学専攻）卒業。同年4月、毎日新聞社入社。大阪本社社会部、高知支局、姫路支局、大阪本社社会部（東京本社政治部、高槻駐在）を経て、1994年8月退社。
その間1994年には首相官邸で、毎日新聞東京本社政治部記者として、細川首相の「総理番」記者を務める。
1996年1月、東京新聞（中日新聞東京本社）入社。首都圏部「ＴＯＫＹＯ発」取材班を経て、1997年7月退社。
現在、フリージャーナリスト。
著書 『追いつめられた子どもたち――検証・風の子学園事件』（1993年、エピック刊）
『新聞記者卒業――オレがブンヤを二度辞めたワケ』（1999年、第三書館刊）
『システムとしての創価学会＝公明党』（1999年、第三書館刊）
『シンジケートとしての創価学会＝公明党』（1999年、第三書館刊）
『カルトとしての創価学会＝池田大作』（2000年、第三書館刊）
『あなたが病院で「殺される」しくみ』（2002年、第三書館刊）
『デジタル・ヘル――サイバー化「監視社会」の闇』（2004年、第三書館刊）
『ウラ金 権力の味』（2007年、第三書館刊）

日本の裏金（上）
――首相官邸・外務省編
二〇〇七年二月一五日初版発行
定価 一六〇〇円＋税
著者 古川利明
装丁 勝木雄二
発行者 北川 明
発行 第三書館
住所 東京都新宿区大久保二―一―八
電話（〇三）三二〇八―六六六八

ISBN978-4-8074-0700-2 C0031

古川利明の本

新聞記者卒業 定価 1500 円＋税

毎日新聞社政治部から東京新聞社会部へ。そうして今、望んでフリージャーナリスト。

システムとしての創価学会・公明党 定価 1500 円＋税

公明党が自民党にすりよって与党化していくのは池田大作の野望に基づく戦略である。

シンジケートとしての創価学会・公明党 定価 1500 円＋税

創価学会の莫大な「財務」の秘密と、マスコミ・官界・司法に浸透する「総体革命」。

カルトとしての創価学会・池田大作 定価 1500 円＋税

フランス国会は創価学会を「カルト団体」と認定した。「世界桂冠詩人」称号の正体。

あなたが病院で「殺される」しくみ 定価 1600 円＋税

続出する、システムとしての医療過誤。「殺されない」ために患者に何ができるのか。

デジタル・ヘル 定価 2000 円＋税

あなたのすべてが監視され、記録される、サイバー化情報ファシズム"地獄”の到来。

日本の裏金（上）——首相官邸・外務省編 定価 1600 円＋税

月一億の官房機密費をあの人はどう使った？外交機密費で競走馬十九頭、札束手玉。

日本の裏金（下）——検察・警察編 定価 1600 円＋税

検察の裏金告発の現職公安部長検事は逮捕。警察会計の仕事の 99.9%は裏金づくり。

ウラ金 権力の味 定価 950 円＋税

『日本の裏金』上・下巻のエッセンスと最重要ポイントを要約した,裏金問題早判り。